SRE with Java Microservices

자바 마이크로서비스를 활용한 SRE

| 표지 설명 |

표지 동물은 크림 반점 호랑이 나방(*Epicallia villica*)이다. 유럽 남서부, 러시아 중부, 중동, 북아프리카에 걸쳐 삼림 지역과 너른 초원에 서식한다. 성충의 날개 길이는 평균 5cm로 암컷이 수컷보다 약간 더 크다. 앞날개는 검은색 바탕에 크림색 반점이 있고 뒷날개는 밝은 주황색 바탕에 검은 반점이 있다. 몸통의 위쪽 3분의 1은 검은색 털로 덮여있으며 양 옆에 크림색 반점이 있다. 나머지 부분은 주황색으로 시작해 꼬리 쪽까지 점차 다홍색으로 변한다. 등에는 작은 검정 반점들이 있고 더듬이는 검은색이다. 성체는 주로 5월과 6월 밤에 날아다니며 암컷은 늦여름 무렵 평균 50개의 알을 낳는다. 알은 빠르게 부화하고 애벌레는 늦여름을 거쳐 가을과 겨울 사이에 먹이를 먹는다. 머리쪽 털은 짙은 갈색이며 다리 쪽은 붉은색이다. 민들레, 소리쟁이, 톱풀, 질경이 등의 식물을 섭취한다. 봄이 되면 자신의 털로 갈색 펠트천 같은 고치를 만들고, 20일 정도 번데기로 지내다가 성충으로 탈바꿈해 새로운 생애 주기를 시작한다.

오라일리 표지에 등장하는 동물은 대부분 멸종위기종이다. 이 동물들은 모두 소중한 존재이다. 표지 그림은 『Encyclopedie D'Histoire Naturelle: Papillons』의 흑백 판화에 기초해서 캐런 몽고메리Karen Montgomery가 그렸다.

자바 마이크로서비스를 활용한 SRE

기업에서 신뢰할 수 있는 마이크로서비스를 위한 패턴

초판 1쇄 발행 2022년 3월 10일

지은이 조너선 슈나이더 / **옮긴이** 정병열 / **펴낸이** 김태헌
펴낸곳 한빛미디어(주) / **주소** 서울시 서대문구 연희로2길 62 한빛미디어(주) IT출판부
전화 02-325-5544 / **팩스** 02-336-7124
등록 1999년 6월 24일 제25100-2017-000058호 / **ISBN** 979-11-6224-528-6 93000

총괄 전정아 / **책임편집** 고지연 / **기획·편집** 김지은
디자인 표지 윤혜원 내지 박정화 / **전산편집** 백지선
영업 김형진, 김진불, 조유미 / **마케팅** 박상용, 송경석, 한종진, 이행은, 고광일, 성화정 / **제작** 박성우, 김정우

이 책에 대한 의견이나 오탈자 및 잘못된 내용에 대한 수정 정보는 한빛미디어(주)의 홈페이지나 아래 이메일로 알려주십시오. 잘못된 책은 구입하신 서점에서 교환해드립니다. 책값은 뒤표지에 표시되어 있습니다.

한빛미디어 홈페이지 www.hanbit.co.kr / 이메일 ask@hanbit.co.kr

지금 하지 않으면 할 수 없는 일이 있습니다.
책으로 펴내고 싶은 아이디어나 원고를 메일(writer@hanbit.co.kr)로 보내주세요.
한빛미디어(주)는 여러분의 소중한 경험과 지식을 기다리고 있습니다.

SRE with Java Microservices

자바 마이크로서비스를 활용한 SRE

O'REILLY® 한빛미디어
Hanbit Media, Inc.

지은이 · 옮긴이 소개

지은이 **조너선 슈나이더** Jonathan Schneider

자동화된 소스 코드 변환과 자산 가시성을 통해 애플리케이션과 인프라를 현대화하는 Moderne의
CEO이자 공동 설립자. 이전에는 넷플릭스의 애플리케이션 모니터링 및 엔지니어링 도구를 다루는
스프링팀에서 근무했었다.

옮긴이 **정병열** cloudshadow@gmail.com

개발자와 번역가로 활동하고 있다. BASIC으로 처음 언어를 접하고 PC 통신 시절 나우누리 프로그
래밍 동호회에서 활동했었다. 2000년대 초반부터 언어나 플랫폼을 가리지 않고 다양한 개발 프로
젝트를 수행했다. 상당 기간 DA, SE를 겸직했으며 현재는 MSA 구축과 운영에 매진하고 있다. 분
산 시스템 분야의 선도 기술과 레거시 스택 사이의 실용적 접점에 관심이 많고, 양질의 개발 서적 출
간에 일조하고자 틈틈이 노력하는 중이다. 옮긴 책으로는 『러닝 PHP』, 『Modern PHP』, 『PHP &
MySQL 닌자 비법서』(이상 한빛미디어) 등이 있다.

2020년 말에 발생했던 구글의 장애는 광범위한 서비스 영역만큼이나 많은 사람에게 불편을 초래했다. 유튜브, 지메일, 구글 드라이브 등의 핵심 서비스가 마비됐을 뿐만 아니라 구글 외 사이트까지 트래픽이 폭증했다. 워낙 여파가 컸던 탓에 정부 부처까지 직접 나서 사태를 조사하고 구글 측에 소명 자료와 사후 조치까지 요구했다. 소위 넷플릭스법으로 알려진 서비스 안정성 의무 법안이 세간에 더욱 널리 알려진 계기 중 하나다. 이 책의 번역 제안을 받았던 시기는 공교롭게도 바로 이 무렵이었다.

불편을 겪었던 분들에게는 죄송한 이야기지만, 이러한 장애는 IT 종사자들의 호기심과 상상력을 불러일으키곤 한다. 요즘 글로벌 웹 서비스는 단순히 전체가 먹통이 되는 장애가 발생하는 경우가 별로 없다. 특정 부분에 문제가 발생하고 다른 부분으로 각각 파급되며 사용자 경험 저하나 피해도 다양한 양상으로 전개된다. 마이크로서비스 아키텍처로 구축된 애플리케이션의 전형적인 특성이다. 구글의 장애는 인증 시스템에서 시작됐다. 통합 인증은 거의 모든 서비스 영역과 상호작용하는, 최상급 중요도를 지닌 구성 요소다. 파급력은 막대했으며 안전 지대는 협소했다. 그나마 비로그인이나 보안 브라우징 상태에서 유튜브 서비스에 문제가 없었다는 경험담이 간간히 들려왔다. 이토록 중요한 영역에 장애가 발생한 원인은 무엇이었을까? 내부 스토리지 할당량을 0으로 잘못 설정했다는 구글의 해명이 꽤나 단순하면서 함축적이었기에 수많은 추측과 의문이 꼬리에 꼬리를 물었다. 그렇다면 문제의 유지보수 작업은 어떻게 배포됐을까? 45일이라는 기간은 어떠한 근거로 설정됐을까? 장애는 어떠한 모니터링 지표를 통해 처음 발견됐을까? 문제 지점을 특정하는 수단은 무엇이었을까? 복구는 어떤 과정으로 진행됐을까? 장애의 파급 효과는 어떻게 측정하고 정량화했을까? 이 책에서 이러한 모든 질문에 대한 해답을 찾을 수 있다.

사이트 신뢰성 공학site reliability engineering(SRE)이라는 근사한 용어의 발원지는 분명 구글이다. 그러나 SRE를 통해 해소할 수 있는 개발과 운영 사이의 병목 구간은 구글에만 존재했던 것은 아니다. MSA 분야의 대표 선도 기업인 넷플릭스 또한 필연적으로 같은 문제를 고심하고 자구책을 모색했을 것이다. 이 책의 저자는 넷플릭스에서 근무하는 동안 얻었던 인적, 기술적 경험을 토대로 넷플릭스 SRE의 특장점을 가감 없이 설명한다. 구글과는 다른 넷플릭스 특유의 조직 문화 속에서 발현된 개성적인 SRE의 일면을 엿볼 수 있다. SRE는 비교 대상으로 자주 거론되는 데브옵스와 마찬가지로 외연의 경계가 제법 모호한 기술 도메인이다. 기술 스택면에서 볼 때 상당한 교집합이 있지만 추구하는 핵심 가치와 중심 노선은 서로 다르다. 그러다보니 SRE가 언급되는 상황이 오면 으레 서비스 수준 목표service level objective(SLO), 서비스 수준 협약service level agreement(SLA), 에러 예산 등의 용어가 따라붙곤 한다. 그러나 이들은 SRE의 개념과 철학이 이론으로 정립되는 과정에 구체화된 형식 요소며, 안정성과 복원력 확보라는 궁극적 목표는 형식 이전에 추구해야 할 가치다. 앞서 업계인의 입장에서 열거했던 궁금증들은 장애를 일으킨 서비스의 SLO나 에러 예산을 안다 해도 쉽사리 풀리지 않는다. 정작 필요한 정보는 '어떻게'에 해당하는 부분이다. 저자는 바로 이 지점에 깊이 몰입한다. SRE의 형식이 아닌 본질을 목적지로 삼고 실용적인 경로를 따라 접근한다. 규범 명세를 늘어놓기에 앞서 그간 검증된 구체적인 방법론들을 실전 예제를 통해 펼쳐 보인다. 또한 가장 저변이 넓은 MSA 기술 스택과 자바 진영의 오픈 소스를 활용해 독자의 부담감을 낮추고, 스프링 프레임워크와 그레이들Gradle 분야에서 쌓은 업력으로 이를 탄탄하게 뒷받침한다. 기존에 접했던 SRE 관련 학습 자료들이 다소 피상적이라고 느꼈던 이들은 이 책을 통해 실제로 손에 잡히는 기술들을 습득함으로써 SRE를 추구하는 여정에 가시적인 첫걸음을 내딛을 수 있을 것이다.

이번에도 한빛미디어를 통해 좋은 책을 번역하는 기회를 얻었다. 매번 나 자신의 지식을 넓히는 동시에 동료들에게 조금이나마 도움이 될지 모른다는 소소한 보람도 느낀다. 이리 고치고 저리 고치느라 매번 늑장을 부리는 모자란 역자를 늘 믿어준 한빛미디어에 감사드린다. 원고와 피드백이 오갈 때마다 잊지 않고 담담하게 격려를 건네준 김지은 편집자님께도 감사드린다. 번역이 마무리 될 무렵 소중한 아기가 태어났다. 가족보다 소중한 것은 세상에 없다는 진부한 표현을 이제서야 가슴으로 이해하게 되는 요즘이다. 건강하게 내 곁을 지켜준 사랑하는 아내와 딸에게 진심으로 감사하는 마음을 전한다.

2022년 2월

정병열

프로덕션 저 너머로!

– 버즈 라이트이어, 〈토이스토리〉

'무한한 공간 저 너머로!'라는 대사를 어릴 적에 들었을 때는 그 의미를 전혀 이해할 수 없었다. 무한함을 넘어선 무언가가 어떻게 존재할 수 있을까? 시간이 한참 흐르고 소프트웨어 엔지니어가 되고서야 비로소 그 의미를 이해하게 되었다. 그것은 바로 스프트웨어였다. 소프트웨어는 절대 완성되지 않으며 절대 끝나지도 않는다. 그저 무한할 뿐이다. 버즈는 소프트웨어 업계에 몸담았어야 했다.

소프트웨어에는 끝이 없다. 소프트웨어는 마치 바다나 별, 또는 코드 속의 버그들처럼 끊임없이 이어진다. 몇 십년간 소프트웨어 분야에 종사한 사람이라면 누구나 공감할 것이다. 끝없이 꼬리를 물고 이어지는 소프트웨어 유지보수야 말로 가장 값비싼 노력이 필요한 영역이다. 테스트, 지속적 통합continuous integration(CI), 지속적 전달continuous delivery(CD), 클라우드 컴퓨팅, 마이크로서비스 등 소프트웨어 분야의 괄목할만한 움직임 중 상당수가 이러한 인식을 바탕으로 등장했다. 처음에 프로덕션을 만드는 것은 쉽다. 그러나 관련 기술들은 프로덕션 제작의 하위 절차들에 적용된다. 이러한 최적화는 주기적으로도 계속되어야 한다. 아이디어를 구상하고 프로덕션에 전달하는 것, 즉 개념을 고객에게 실현하고 제공하는 주기를 어떻게 가속시킬 것인가? 결국 최적화는 '저 너머'까지 계속된다.

'소프트웨어에는 끝이 없다'라는 통찰은 수많은 관행을 낳았으며 기존의 다양한 관행에 반기를 들었다. 최초 개발과 최소 기능 제품minimum viable product(MVP)에 주목했던 시선은 소프트웨어 유지보수와 관리를 향해 이동했다. 이제 가장 중요한 것은 프로덕션이다.

필자는 프로덕션을 좋아한다. 독자 여러분도 프로덕션을 사랑해야 한다. 프로덕션 세계의 날씨가 끝내주니 아이들과 가족을 동반하여 가능한 한 빨리 뛰어들기 바란다.

훌륭한 소프트웨어 엔지니어는 프로덕션의 여정을 떠남과 귀환이 반복되도록 설계한다. 즉 끝없는 여정인 셈이다. 모든 이가 똑같은 방식으로 작업하고 '자, 내 컴퓨터에서는 잘 돼! 이제 네가 배포하면 돼!'라며 코드를 전달하는 방식은 더 이상 통하지 않는다. 프로덕션의 세계는 전혀 다른 개척자가 필요하며 전혀 다른 기술들이 존재한다. 구글 사이트 신뢰성팀의 벤 트레이너$^{Ben Treynor}$는 사이트 신뢰성 공학$^{site\ reliability\ engineering}$(SRE)을 '운영이라 불리던 작업을 소프트웨어 엔지니어가 맡으면 발생하는 일'이라고 정의했다. SRE는 기성 소프트웨어 엔지니어들과 기술적인 면에서 많은 부분을 공유하지만, 프로덕션을 바라보고 있기 때문에 기술을 적용하는 대상은 약간 다르다.

스프링부트 개발자들은 SRE 기술을 발전시킬 수 있었고, 그래야만 했다. 이 책의 저자 조너선 슈나이더보다 능숙한 사람은 별로 없다. 스프링부트는 프로덕션을 정조준하는 방식으로 성공했다. 드롭위저드^{Dropwizrd}와 마찬가지로 시작부터 끝까지 프로덕션을 목표로 만들어진 비범한 프레임워크다. 스프링부트는 마이크로미터 메트릭, .jar 배포, 액추에이터^{actuator} 엔드포인트 관리, 애플리케이션 라이프 사이클 이벤트, 12팩터 스타일$^{12-Factor\ style}$ 설정 등을 손쉽게 통합할 수 있다. 스프링 클라우드는 스프링부트 마이크로서비스 아키텍처를 지원하기 위해 고안된 확장들의 집합이다. 리치 플랫폼 지원 여부는 두말할 필요도 없다. 스프링부트는 컨테이너 네이티브다. 클라우드 파운드리나 쿠버네티스 플랫폼과 비교하면 마치 동전의 양면과 같다. 스프링부트는 우아한^{graceful} 종료, 헬스 그룹, 활성^{liveness}, 준비성 프로브$^{readiness\ probe}$, 도커 이미지 생성(CNCF 빌드팩 포함) 등을 모두 지원한다.

앞서 언급한 기능들에 대해 잘 알지 못해도 괜찮다. 이 기술들과 함께 숨 쉬며 살아가고 있는 조너선이 여러분의 이해를 도와줄 것이다. 조너선은 차원형 메트릭 프레임워크인 마이크로미터 프로젝트를 창시했고 이는 다양한 메트릭과 모니터링 플랫폼을 지원한다. 또한 스프링부트의 액추에이터 모듈과 더불어 수많은 서드 파티 오픈 소스 프로젝트에 쉽게 통합된다. 조너선은 스피나커 같은 지속적 전달 도구와 마이크로미터 같은 관찰 가능성 도구를 다루며 프로덕션에 이르는 경로를 일반화시키고 다듬는다. 또한 다년간 스프링과 스프링부트를 세계적 규모로 운용했던 경험자로, 현재는 소프트웨어의 끝없는 여정을 설계하는 일에 그의 천재성을 유감없이 발휘하고 있다.

이 책에 담긴 조너선의 지식과 지혜는 다음과 같다.

1장은 일종의 행동 강령이다. 이 책을 제대로 읽기 위한 사고의 틀을 갖출 수 있다.

2장은 메트릭과 관측에 대해 소개한다. 2장의 개념이 그토록 명료하게 표현될 수 있었던 것은 저자가 마이크로미터의 창시자이기 때문이다. 2장부터 4장까지 읽다 보면 자신도 모르게 몇 시간이 훌쩍 지나가 있을 것이다. 가히 천재적인 방식으로 흡입력 있게 전개해나간다. 5점 만점에 5점을 주고 싶다. 몇 번이고 계속 읽고 싶다(사실 이미 다시 읽었다).

5장은 클라우드와 핵심 개념, 플랫폼의 종류, 각각의 고유한 패턴을 소개한다. 5장은 개인적으로 가장 많은 영감을 얻은 곳이다. 느긋한 설명으로 시작했다가 지속적 전달, 카나리 분석 등에 대한 혁신적인 논의로 발전한다. 독자 여러분의 배포 스크립트에서 결과가 완성된다. 재차 읽어볼 것을 권한다.

6장은 자신의 코드베이스와 의존성을 이해하는 데 사용할 수 있는 프레임워크와 특수한 솔루션을 제공한다. 이러한 모든 관심사를 이토록 종합적으로 표현한 프레임워크를 본 적이 없다.

7장은 프로덕션 환경에 배포된 서비스의 상호작용을 살펴보면서 이 책을 마무리한다. 여기까지 오면 여러분은 소프트웨어를 프로덕션으로 가져오는 방법과 서비스 및 해당 소스 코드를 관찰하는 방법을 배울 수 있다. 7장은 서비스 상호작용과 아키텍처 부하의 역학에 관한 모든 주제를 아우른다.

장마다 새로운 무언가를 배웠다. 여러분 또한 그러리라 생각한다. 이 책은 클라우드 네이티브에 대한 진정한 지혜로 가득하며 관련 커뮤니티에 꼭 필요한 존재다. 조너선은 프로덕션과 그 너머로 가는 무한한 여정을 안내하는 환상적인 길잡이다.

조시 롱 Josh Long (@starbuxman)
스프링 개발자 Advocate
스프링팀, VMware
샌 프랜시스코, CA
2020년 7월

이 책은 자바 마이크로서비스를 안정적으로 구축하고 배포하는 방법을 단계적으로 설명한다. 각 장에서 설명하는 기능은 순서대로 배치했으며 이전 장에서 살펴본 기능을 바탕으로 전개된다. 전체 여정은 크게 5단계로 진행된다.

1. 서비스 가용성을 측정하고 모니터링한다.
2. 디버그 가능성 신호를 추가하고 장애 기간에 대한 정보를 파악한다.
3. 소프트웨어 전달 파이프라인을 개선하고 장애 확산을 방지한다.
4. 배포 자산의 상태를 소스 코드 수준까지 관찰할 수 있는 기능을 구축한다.
5. 트래픽 관리 기능을 통해 서비스 가용성을 원하는 수준까지 향상시킨다.

우리의 목표는 완벽한 시스템을 구축하거나 장애를 완전히 제거하는 것이 아니다. 시스템의 신뢰성을 고도화시키는 동시에 우리의 노력이 수확 체감^{diminishing return} 영역에서 허비되지 않도록 방지하는 것이다.

수확 체감 방지는 효과적인 측정 및 모니터링을 구현하는 핵심 목표다. 여러 원리 중 가장 먼저 설명하는 이유가 여기에 있다. 이에 대해서는 앞으로 상당한 시간을 할애해 이야기할 것이다.

1장은 엔지니어링 관리자의 행동 강령을 다룬다. 이들의 사명은 신뢰성 높은 애플리케이션 플랫폼을 구축하고 플랫폼 엔지니어링팀의 효율성을 높이는 것이다. 이러한 역량을 엔지니어링 조직 전반에 전파해야 한다.

나머지 장들은 엔지니어를 대상으로 1장의 강령을 실현하기 위한 청사진을 제시한다. 상세한 기법과 조언을 제공하기 위해 이 책이 다루는 영역은 자바 마이크로서비스에 한정된다. 검증된 측정 기법, 코드 예제, 자바 가상 머신^{Java virtual machine}(JVM) 특유의 의존성 관리 등을 설명할 것이다. 모든 주제는 즉각적인 실용성 여부에 초점을 맞춘다.

이 책을 쓰게 되기까지 소프트웨어 엔지니어링 분야에서 다음과 같은 길을 걸어왔다.

- 다소 조악했던 소프트웨어 개발 스타트업
- Shelter Insurance, 미주리주에 위치한 기성 보험사
- 넷플릭스, 실리콘밸리
- 스프링팀 엔지니어, 원격 근무
- 그레이들^{Gradle} 엔지니어

많은 노력을 했지만 Shelter Insurance를 떠날 때까지 퍼블릭 클라우드에 대한 이해가 부족했다. 그곳에서 거의 7년간 하나의 서버 그룹을 다뤘다. 명명된 가상 머신들로 구성된 그룹이었으며 애초에는 모두 실제 머신들이었다. 필자는 분기별 릴리스 주기와 광범위한 수동 테스트에 익숙해졌다. 상급자들은 릴리스에 맞춰 코드를 동결시키는 것이 얼마나 어려운지, 릴리스 후 얼마나 쉽게 코드가 동결에서 풀리는지 끊임없이 강조했다. 네트워크 운영 센터에서 애플리케이션을 관장했으며 필자의 출입증으로는 드나들 수 없었다. 그곳에서 무슨 일이 발생하는지 알 필요도 없었다. 이 회사는 엄연히 건실한 기업이다. 재직 당시에 비하면 현재 크게 달라진 부분도 있지만 거의 바뀌지 않은 면도 많다. 그곳의 뛰어난 엔지니어들 휘하에서 배움의 기회를 가졌음에 감사한다.

넷플릭스에서 필자는 엔지니어링 문화에 대한 값진 교훈을 얻었다. 얼마 후 이런 문화를 Shelter Insurance 같은 회사에 도입할 수 있다는 큰 희망을 품고 스프링팀에 합류했다. 조직은 종종 특수한 전환기에 처한다. 오픈 소스 메트릭 라이브러리인 마이크로미터를 창안할 때 깊이 천착했던 주제가 바로 이점이다. 최정상급 모니터링 시스템만 지원하는 라이브러리는 한계가 있다. 마이크로미터는 처음부터 여러 모니터링 시스템을 염두에 두고 제작됐으며 최초로 지원했던 5가지 중 3개는 현재까지도 널리 사용되고 있는 레거시 시스템들이다.

몇 년 동안은 스피나커를 이용한 애플리케이션 모니터링 및 전달 자동화에 집중했다. 다양한 규모의 기업과 협업하고 자문을 제공하며 그들의 역학적 다양성과 공통점에 대한 이해의 폭을

넓혔다. 모든 기업이 도입하고 효과를 얻을 수 있는 관행과 기법이라는 이 책의 본질은 이러한 이해를 바탕으로 형성됐다. 모든 엔터프라이즈 자바 조직은 약간의 시간과 노력만 들이면 이 책에서 선보이는 기법들을 적용할 수 있다. 독자가 몸담은 조직도 예외는 아니다.

올가 쿤지치[Olga Kundzich]

이 책을 집필하기 전까지 필자의 동료들이 집필에 영향을 줄 것이라고는 상상도 하지 못했다. 하지만 우리는 함께 일한다는 것만으로도 서로에게 영향을 미쳐 동료들의 목소리가 책 속에 녹아들 수밖에 없다는 사실을 알게 되었다. 올가는 다방면에서 뛰어난 통찰력을 지닌 견해로 지난 몇 년간 필자의 사고에 가장 큰 영향을 미친 존재다. 이 책 어디를 펼치든 올가의 목소리 또는 그와 흡사하게 표현된 필자의 목소리를 들을 수 있다. '애플리케이션 플랫폼'의 정의, 지속적 배포[continuous distribution]와 지속적 전달[continuous delivery]의 차이(필자가 늘 혼동했던), 자산 인벤토리, 모니터링, 트래픽 관리 요소 등의 주제에서 올가의 영향력이 더욱 도드라진다. 이 책에 많은 여력을 쏟은 올가에게 감사의 말을 전한다.

트로이 게인스[Troy Gaines]

트로이는 종속성 관리, 빌드 자동화, 지속적 통합, 유닛 테스트 등 여러 핵심 기술에 처음 접근한 필자를 이끌어줬다. 필자뿐만 아니라 소프트웨어 개발자로 성장 중인 다른 동료들도 트로이의 도움을 많이 받았다. 바쁜 와중에 시간 내어 책을 감수한 오랜 친구 트로이에게 감사를 표한다.

토미 루트비히[Tommy Ludwig]

토미는 분산 추적 및 메트릭 집계 양쪽에 모두 기여하는 원격 분석 전문가다. 관찰 가능성 분야의 기여자들이 한 가지 기술 영역에 치중하는 경우가 많다는 사실을 감안하면, 토미는 그중 보기 드문 인재다. 토미가 3장을 어떻게 볼지 걱정스러웠지만 결과적으로 서로의 공감대를 확인하는 계기가 되어 기뻤다. 3장에서 언급한 분산 추적 태그 카디널리티[cardinality]에 대해 새로운 시각을 제시해줘서 너무 감사했다.

샘 스나이더 Sam Snyder

샘을 알고 지낸지는 얼마되지 않았다. 하지만 훌륭한 멘토이자 인내심이 많은 스승이라는 것을 인정하는 데는 오래 걸리지 않았다. 고된 작업인 기술 서적 검토에 흔쾌히 응했을 뿐만 아니라 긍정적이고 고무적인 피드백을 한 아름 안겨준 샘에게 감사의 말을 전하고 싶다.

마이크 맥가 Mike McGarr

2014년 마이크에게 한 통의 메일을 받고 나서 얼마 후 필자는 모든 짐을 정리해 캘리포니아로 이주했다. 마이크의 메일 한 통은 필자의 삶을 송두리째 바꿨다. 넷플릭스에서 수많은 전문가와 교류하며 배움의 속도를 높일 수 있었던 것은 모두 마이크가 선사한 기회 덕분이다. 소프트웨어 개발과 운영을 바라보는 필자의 관점이 근본적으로 변화하는 계기이기도 했다. 마이크는 친절하고 호기심이 많은 친구인 동시에 리더의 자질까지 겸비한 사람이다. 고마워, 마이크!

조시 롱 Josh Long

본문에 등장하는 '프로덕션과 동일한 환경은 존재하지 않는다'라는 인용구는 조시 롱의 명언이다. 필자 스스로 도발적이고 재치있는 사람이라고 생각했지만, 서문에 버즈 라이트이어[1]를 등장시킨 조시에 비하면 그렇지 못하다. 조시는 어디로 튈지 모르는 공처럼 넘치는 에너지를 지녔다. 그 일부를 이 책에 할애해준 조시에게 감사한다.

---

1 옮긴이_〈토이 스토리〉영화의 등장인물이다.

CONTENTS

CHAPTER 1 애플리케이션 플랫폼

CONTENTS

CHAPTER **3** 관찰 가능성과 디버깅

CONTENTS

CHAPTER **4** **차트와 경고**

CHAPTER 5 멀티 클라우드와 지속적 전달의 안전성

CONTENTS

애플리케이션 플랫폼

마이크로서비스microservice라는 용어는 마틴 파울러Martin Fowler와 제임스 루이스James Lewis가 최초로 제안했으며, 블로그(*https://oreil.ly/ejm5V*)에 다음과 같이 아키텍처를 정의했다.

> 마이크로서비스는 소프트웨어 애플리케이션을 독립적으로 배포 가능한 서비스군으로 설계하는 특
> 정한 방식이다. 이러한 아키텍처 스타일을 명확하게 정의할 수는 없으나 비즈니스 수행에 따른 조
> 직, 자동화된 배포, 엔드포인트 인텔리전스, 프로그래밍 언어와 데이터 제어의 탈중앙화 등 다양한
> 면에서 공통적으로 보이는 뚜렷한 특성을 지닌다.

마이크로서비스를 도입하면 애플리케이션은 여러 컴포넌트로 분리되며 각기 다른 팀이 독립적으로 개발하고 배포한다. 소프트웨어 개발 속도는 빨라지지만 대규모 릴리스 일정을 수립하고 조율할 필요성은 감소하게 된다. 각 마이크로서비스를 담당하는 팀은 서로 독립적이며 자신의 고객(내, 외부)에게 필요한 비즈니스 요건에 대응한다. 마이크로서비스는 각기 다른 클라우드 리소스에 수평적으로 조절된 규모로 다중 배포되며 네트워크상의 다양한 프로토콜을 이용해 서로 통신한다.

이러한 아키텍처는 기존의 모놀리식monolithic 애플리케이션에서 볼 수 없었던 많은 도전 과제를 수반한다. 모놀리식 애플리케이션은 주로 일정한 서버를 두고 배포되며 신중한 계획에 따라 드물게 릴리스된다. 이때 소프트웨어 릴리스 과정은 시스템의 변화와 불안정을 유발하는 주된 요인이다. 마이크로서비스는 데이터 전송과 통신량으로 추가 비용과 레이턴시가 발생하며 잠재적으로 사용자 경험을 저하시킨다. 이제는 수십, 수백 개의 마이크로서비스가 맞물려 사용자

경험을 만들어낸다. 마이크로서비스는 서로 독립적으로 릴리스되지만 의도치 않게 서로 영향을 미칠 수 있다. 물론 사용자 경험도 같은 영향을 받는다.

이렇게 분산된 시스템을 관리하려면 새로운 관행, 도구, 엔지니어링 문화가 필요하다. 릴리스 속도를 향상시키는 대가로 소프트웨어의 안정성을 포기할 필요는 없다. 사실 이들은 서로 밀접하게 연관되어 있다. 이번 장은 플랫폼 엔지니어링팀이 지녀야 할 효율적인 팀 문화를 소개하며 신뢰도 높은 시스템의 기본적인 구성 요소를 설명한다.

1.1 플랫폼 엔지니어링 문화

마이크로서비스를 관리하려면 조직 내부에서 사용할 통신 규약과 지원 프레임워크를 선정하고 표준화시켜야 한다. 팀마다 자체적으로 온전한 개발 스택을 갖추고 관리하는 방식은 매우 비효율적이다. 마치 분산 애플리케이션의 각 요소가 서로 통신할 때처럼 마찰이 생기기 마련이다. 보통은 플랫폼팀이 구성되어 표준화를 담당하며 그 외 팀은 각자의 비즈니스 요구 사항을 개발하는 데 집중한다.

> 우리가 제공하는 것은 관문이 아니라 가드레일이다.
>
> — 다이앤 마시Dianne Marsh, 넷플릭스의 엔지니어링 도구 디렉터

관문을 세우는 대신 팀이 저마다 찾아낸 길을 가도록 둔다. 그런 다음 각 팀의 방식을 배우고 조직 전체에 일반화시킨다.

> 시스템의 구조는 필연적으로 그 시스템을 설계하는 조직의 커뮤니케이션 구조를 닮는다.
>
> — 콘웨이의 법칙Conway's Law

[그림 1-1]은 전문성을 기준으로 구성된 엔지니어링 조직들을 나타낸다. 왼쪽부터 차례대로 인터페이스 및 사용자 경험 설계, 백엔드 서비스 구축, 데이터베이스 관리, 네트워크 자원 관리에 전문적이다.

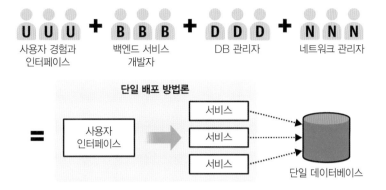

그림 1-1 기술적으로 서로 격리된 조직

[그림 1-2]는 한 팀 안에서 여러 기능을 감당하도록 구성된 교차 기능^{cross-functional}팀을 보여준다. 이러한 조직의 작업 주기가 더 빠르다는 사실은 콘웨이의 법칙을 방증한다. 팀마다 기술적 전문 분야가 다르면 새로운 비즈니스 요구 사항이 생길 때마다 결국 모든 분야를 다시 조율해야 하기 때문이다.

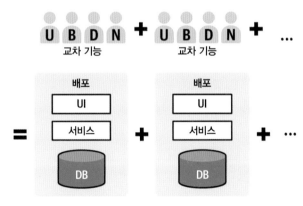

그림 1-2 교차 기능팀

하지만 이러한 시스템은 명백한 낭비다. 특히 각 팀의 전문가가 서로 독립적으로 같은 분야를 개발한다는 점에서 더욱 그렇다. 『사이트 신뢰성 엔지니어링』(제이펍, 2018)에서 보이는 구글의 조직과 달리 넷플릭스는 사이트 신뢰성을 전담하는 엔지니어가 없었다. 넷플릭스의 소프트웨어 프로덕트는 대부분 자바로 개발되고 수평적으로 확장되는 스테이트리스 마이크로서비스다. 프로덕트 간 동질성이 매우 높았기 때문에 프로덕션 엔지니어링을 중심으로 기능을 집중시키는 방식이 효율적이었다. 구글의 프로덕트들은 자율주행차, 검색, 모바일 기기, 브라우저 등 서로 매우 이질적이다. 넷플릭스의 프로덕트는 특정 플랫폼에서 실행되는 일련의 비즈니스 애플리케이션으로 구성되며 소수의 언어^{handful of language}로 개발된다. 자신의 조직은 구글과 넷플릭스 중 어느 쪽을 더 닮았는가?

교차 기능팀과 전문성으로 격리된 팀은 마치 스펙트럼의 양극단과 같다. 플랫폼 엔지니어링을 효과적으로 발휘하면 팀마다 특정 분야의 전문가를 보유해야 할 필요성이 줄어든다. [그림 1-3]은 플랫폼 엔지니어링을 도입한 조직으로, 양극단의 혼합적인 형태를 띤다. 중앙에 위치한 플랫폼 엔지니어링팀은 프로덕션팀을 고객처럼 여길 때 가장 강력한 위력을 발휘한다. 고객은 끊임없이 확보해야 할 대상인 동시에 제어할 수 없는 존재다.

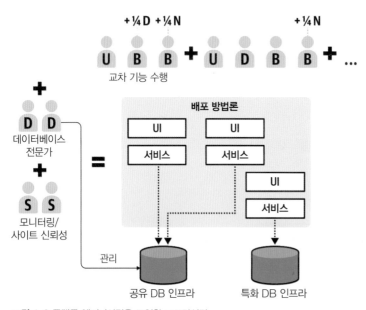

그림 1-3 플랫폼 엔지니어링을 도입한 프로덕션팀

모니터링 도구를 전사적으로 도입하는 경우를 예로 들어보자. 먼저 각 마이크로서비스에 모니터링 기능을 공통 라이브러리로 탑재시키고, 기존에 정립된 보편적 가용성 척도^{availability indicator}를 공유한다. 각 프로덕션팀은 약간의 시간을 들여 자신의 비즈니스 영역에 해당하는 고유한 가용성 척도를 추가한다. 필요에 따라 중앙 관제팀과 정보를 공유하거나 효과적인 신호^{signal} 수립에 대해 조언을 하기도 한다.

'자유와 책임freedom and responsibility'이라는 표어로 상징되는 넷플릭스의 강력한 조직 문화는 2001년에 정의(https://oreil.ly/9vxcd)된 이래 큰 유명세를 탔다. 필자는 엔지니어링 도구팀의 일원이었지만 다른 팀의 빌드 도구를 결정하지 않았다. 많은 팀을 대신해 카산드라Cassandra 클러스터를 관리하는 소규모 팀도 있었다. 빌드 도구 개발, 카산드라 관리 능력 등을 한 곳으로 집중할 때 생기는 긍정적인 효과가 있다. 각 프로덕트에 발생하는 식별하기 어려운 문제들이 한 곳으로 자연스럽게 모이고, 새로운 지식들이 프로덕션팀으로 전파되는 소통 창구가 열린다.

넷플릭스의 빌드 도구팀은 한때 약 700명에 달하는 엔지니어의 작업을 지원해야 했다. 추천 빌드 도구를 바꾸고(앤트Ant에서 그레이들Gradle로) 자바 버전을 두 번(6에서 7로, 7에서 8로) 업그레이드했다(단 2명이, 그것도 일상 업무를 병행하면서). 프로덕션팀은 저마다 온전한 빌드 체계를 보유하고 있었다. 앤트 기반 빌드 도구를 완전히 퇴출시켜야 했지만 목표 일자를 확정할 수 없었다. 각 팀이 자바 버전을 업그레이드할 날짜도 강제로 지정할 수 없었다. '자유와 책임' 원칙 때문이었다(오라클Oracle 라이선스 모델 갱신 정도로 대형 사건이 벌어졌을 때는 예외다). 이러한 문화적 의무감은 우리가 프로덕션팀의 개발자 경험에 깊이 빠져들도록 이끌었다. 그들이 우리와 함께하기를 **원하려면** 우리가 먼저 어려운 요구 사항을 완전히 배제해야 했다. 많은 노력과 공감이 필요한 일이었다.

플랫폼 엔지니어가 빌드 도구처럼 전문적인 기술 영역에 초점을 맞춰 프로덕션팀의 다양한 관심사에 대응할 때 비로소 패턴의 모습을 드러낸다. 우리 팀은 특정 스크립트가 반복적으로 실행되는 현상을 발견했다. 바이너리 종속성 문제, 플러그인 버전 충돌, 릴리스 워크플로 결함 등 원인은 다양했다. 우리가 처음 취했던 조치는 이런 현상을 발견했을 때 빌드 결과에 자동으로 경고 문구를 출력하는 것이었다. 자유와 책임 문화가 없었다면 경고에 그치지 않고 즉시 빌드를 중단시켰을지도 모른다. 빌드가 중단되면 문제 해결은 프로덕션팀의 몫이 된다. 이 정도만 해도 빌드 도구팀은 충분하다고 느낄 수 있다. 빌드 실패의 원인과 해답을 찾아야 할 의무가 없기 때문이다. 그러나 프로덕션팀의 입장에서 빌드 도구팀의 이러한 '가르침lesson'은 마치 갑자기 나타나는 장애물과 같다. 특히 그들의 업무가 우선적이어야 할 때 더욱 크게 다가온다.

경고 출력은 빌드 중단에 비해 완곡한 방식이긴 했지만 충격적일 정도로 효과가 없었다. 성공적으로 완료된 빌드 로그는 아무리 경고가 많이 쌓여도 신경 쓰는 팀이 거의 없었다. 심지어 경고를 발견해도 괜히 건드렸다가 다른 문제가 생길까봐 고치려 들지 않았다. 경고가 없는 빌드 실패보다 경고를 받은 빌드 성공이 더 낫다는 식이었다. 결과적으로, 세심하게 작성된 지원 중단deprecation 경고문조차 몇 달, 몇 년간 방치됐다.

빌드 도구팀이 '관문이 아닌 가드레일'이 되려면 프로덕션팀의 시각에 맞춰 문제를 바라봐야 한다. 프로덕션팀에게 있어 빌드 도구팀이 이끄는 길은 낯설고 위험하다. 시간과 노력이 들더라도 프로덕션팀에게 익숙한 방식으로 지식을 공유할 방안을 고민해봐야 한다. 이러한 철학에 입각해 만들어진 도구야말로 최고 수준의 개발자 경험을 제공한다.

우리 팀은 먼저 그레이들 빌드를 재작성하는 도구를 만들었다. 그루비^{Groovy}로 작성된 빌드 코드에서 공통적인 패턴을 찾아 자동으로 교정하는 도구다. 이 작업은 로그에 경고문을 넣는 것보다 훨씬 어려웠다. 명령형^{imperative} 빌드 로직의 추상 구문 트리를 분석하고 수정 내용을 보여주며 들여쓰기까지 가미해야 했다. 불가능하게 여겨졌던 작업인 동시에, 특정 상황에 놀라운 효과를 발휘하는 처방전이었다. 빌드 도구가 제시한 수정안은 자동으로 반영할 수 있었다. 프로덕트팀은 그저 간단한 명령을 입력해 수락 의사를 표현하기만 하면 됐다.

다음으로, 프로덕션팀이 수정 권고를 받아들이지 않는 경우를 감지하는 모니터링 도구를 만들었다. 우리는 조직 내부에서 발생하는 문제 패턴들을 꾸준히 지켜보았고, 권고안을 받아들이는 팀이 늘어나는 만큼 문제 패턴의 영향력도 감소하는 것을 확인했다. 권고안을 수락하지 않는 팀의 수가 롱테일^{long tail} 단계에 이르자 우리는 해당 팀들을 인지하고 직접 자리로 찾아갈 수 있었다. 각 팀의 사정을 듣고 일대일로 협업하며 그들의 문제를 해결하도록 도왔다(이 과정에서 필자는 어느 순간부터 마우스를 휴대하기 시작했다. 트랙볼을 쓰는 엔지니어와 권고안 수락계의 롱테일 엔지니어, 넷플릭스에서 이 두 부류는 모종의 상관관계가 있음이 틀림없다). 결과적으로 이러한 적극적인 소통은 상호 간 신뢰를 다지는 계기가 됐고 향후 발생할 수정 권고에 대해 거부감을 줄이는 효과를 거두었다.

우리는 권장안의 가시성을 높이기 위해 극한의 노력을 기울였다. 빌드를 중단시키지 않으면서 개발자의 주의을 끌어야 했기 때문이다. 빌드 출력 결과를 세심하게 다듬고 색상을 입혔다. 놓치지 말아야 할 부분에는 **유니코드 체크** 표시와 **X** 표로 시각적인 효과를 더했다. 권장안은 항상 빌드가 끝난 직후에 출력했다. 빌드 결과가 터미널에서 마지막으로 출력되기 때문이다. 또한 엔지니어가 지속적 통합^{continuous integration}(CI) 도구로 빌드 결과를 확인할 때 기본적으로 터미널 출력 로그의 끝부분으로 스크롤된다는 것도 알고 있었다. 우리는 젠킨스^{Jenkins}가 TTY 터미널을 흉내를 내 출력 결과의 색상을 재현하도록 만들었고, 빌드 진행율을 표시할 때 쓰는 커서 이동 특수 문자를 무시하도록 했다.

이러한 사용자 경험을 만들려면 기술적으로 상당한 비용이 들기 마련이다. 다음 두 경우를 비교해보자.

자유와 책임 문화

자동 수정 도구를 만들고 모니터링을 진행하며 팀이 처한 문제를 이해하고 소통한다.

중앙적 제어 문화

빌드 경험을 빌드 도구팀이 '소유'함에 따라 빌드 중단은 점점 더 늘어난다. 도구팀이 정한 일관적인 빌드 경험을 따르려다 보니 각 팀의 최우선 업무에 지장이 생긴다. 자동화된 수정 기능이 없어서 변경 사항이 발생할 때마다 빌드 도구팀은 수많은 질문 공세에 시달릴 것이다. 수정 작업에 들이는 수고로움의 총량 또한 훨씬 커질 것이다.

유능한 플랫폼 엔지니어링팀은 프로덕션팀이 오로지 고객 경험에 열중하는 것 이상으로 개발자 경험에 깊은 관심을 기울인다. 이는 새삼스러운 사실이 아니다. 잘 조율된 플랫폼 엔지니어링 조직에 있어 개발자는 곧 **고객**이다. 건전한 제품 관리 규정 수립, 사용자 경험user experience (UX) 전문 디자이너, 자신들의 결과물을 소중히 여기는 사용자 인터페이스user interface (UI) 엔지니어와 디자이너, 모두 플랫폼 엔지니어링팀이 척도로 삼아야 할 대상이다. 이들에게 혜택을 주는 것이 팀의 목표여야 한다.

팀의 역할과 구조에 대해 더 자세히 알고 싶다면 『팀 토폴로지』(에이콘출판사, 2020)를 참고하길 바란다.

팀 구조가 조직 문화에 맞게 조율되고 나면 '플랫폼 엔지니어링팀이 고객에게 기능을 제공할 때 어떤 우선순위를 따르는가'에 대한 의문이 뒤따른다. 이 책의 나머지 부분은 이러한 다양한 기능을 다루는 일종의 행동 강령으로, 가장 중요한 기능부터 순서대로 나열한다.

1.2 모니터링

애플리케이션 인프라 모니터링은 시스템의 복원성을 높이는 여러 단계 중 조직 차원의 협조가 가장 덜 필요한 작업이다. 프레임워크 수준 모니터링은 이미 기술적으로 매우 성숙해서 스위치만 올리면 바로 시작할 수 있는 정도다. 비용 대 편익으로 분석하자면 편익 쪽에 상당히 치우쳐 있다. 이 책의 다른 내용은 둘째 치더라도 애플리케이션 모니터링은 지금 바로 시작하기 바란다. 2장과 4장을 함께 보는 걸 권한다. 내용 대부분이 프레임워크에서 기본적으로 제공하는 지침을 따르며 별다른 추가 작업이 필요 없다.

메트릭, 로그, 분산 추적distributed tracing은 서비스 가용성을 측정할 수 있는 세 가지 형태의 관찰 요소다. 또한 복잡하게 분산된 시스템의 문제를 디버깅할 수 있도록 돕는다. 실제로 써보기 전에 각 기능에 대해 먼저 이해하는 게 좋다.

1.2.1 가용성 모니터링

가용성 신호availability signal는 시스템의 전반적인 상태와 정상 작동 여부를 거시적 관점에서 측정하며, **서비스 수준 척도**service level indicator(SLI)로 정량화한다. 시스템 소비 자원, 물품 판매량, 초당 비디오 스트리밍 용량 등 시스템의 상태 신호 또는 비즈니스 메트릭이 가용성 신호에 포함된다. SLI는 **서비스 수준 목표**service level objective(SLO)라고 불리는 임계 기준을 달성해야 하며 SLO는 SLI의 상한과 하한 범위를 지정한다. SLO는 사업적으로 합의한 수준 또는 **서비스 수준 협약**service level agreement(SLA)에 명시된 제공 수준보다 제한적이거나 보수적인 추정치다. SLA를 위반할 위험이 생겼을 때 사전 경고를 일정량 제공하고 실제로 SLA를 위반하는 상태에 이르지 않도록 방지하는 것이 핵심이다.

메트릭은 가용성을 측정하는 주요 관찰 수단이며 SLI를 측정하는 지표다. 메트릭은 시스템의 모든 활동 현황을 종합적으로 나타내므로 가장 보편적인 가용성 신호다. 또한 전수 데이터를 사용해도 될 정도로 값싼 자원이다. 데이터 표본을 추출하면 전송 부하는 줄겠지만 비가용성을 나타내는 중요한 지표들을 놓칠 위험도 감수해야 한다.

메트릭은 시간 순서대로 나열된 수치다. 특정 시점에 측정하거나 일정한 간격을 두고 발생하는 개별 이벤트를 집계해 산정한다.

메트릭

메트릭metrics은 처리량과 무관하게 고정된 비용을 나타내야 한다. 예를 들어 특정 코드 블록의 실행 횟수를 세는 메트릭은 코드를 아무리 많이 실행해도 빠짐없이 횟수를 세야 한다. 즉 메트릭은 측정 기간 동안 '고유한 요청이 N번 발생'이 아니라 '요청이 N번 발생'이라는 결과를 나타내야 한다.

메트릭 데이터

메트릭 데이터metrics data는 특정 요청의 성능이나 기능을 추정하는 데 쓸 수 없다. 메트릭 텔레메트리telemetry은 일정 기간 동안 애플리케이션이 요청들을 처리하면서 보인 전반적인 행동을 측정하고, 이를 바탕으로 개별 요청의 처리 결과를 추론한다.

자바 마이크로서비스의 가용성을 효과적으로 모니터링하려면 다양한 가용성 신호를 모니터링해야 한다. 기본적인 가용성 신호들은 4장에서 다룬다. 일반적으로 다음과 같이 L-USE[1]로 알려진 네 가지 범주로 분류한다.

레이턴시

레이턴시latency는 코드 블록을 실행하는 동안 소요된 시간을 나타낸다. 일반적으로 REST 기반 마이크로서비스는 애플리케이션 가용성을 측정할 때 REST 엔드포인트 레이턴시를 확인한다. 특히 최대 레이턴시는 유용한 정보다(4.7.2절 참고).

사용률

사용률utilization은 유한 자원이 소비되는 정도를 나타낸다. 대표적으로 프로세서 사용률이 있다 (4.7.5절 참고).

포화도

포화도saturation는 미처리 작업이 얼마만큼 남아있는지를 나타낸다. 4.7.3절에서 자바 힙heap 측정 방법을 알아본다. 메모리에 과도한 부담이 생겨 대기 작업이 쌓일 때 측정한다. 데이터베이스 커넥션 풀connection pool, 요청 풀request pool 등도 일반적인 포화도 모니터링 대상이다.

에러

순수하게 성능을 나타내는 정보 외에, 전체 처리량 대비 오류 발생률을 정량화한 값도 중요하다. 예상치 못한 예외가 발생하면 서비스 말단의 HTTP 응답 실패로 이어진다. 이러한 예외 상황은 에러 지표에 해당한다. 요청 수 대비 서킷 브레이커circuit breaker 발동 비율도 간접적인 에러

---

1 브렌던 그레그(Brendan Gregg)가 정립한 USE 방법론(*https://oreil.ly/ikvUz*)에 L(latency)을 추가했다. 본래 유닉스 시스템 모니터링에서 시작된 분류법이다.

지표로 볼 수 있다(4.7.1절과 7.7.4절 참고).

사용률과 포화도는 언뜻 비슷해보이지만 엄연히 다른 신호다. 이 둘의 차이를 인지하고 나면 각각에 경보를 설정하거나 시각화하는 사고방식에 변화가 생긴다. 두 가지 방식으로 모두 측정할 수 있는 자원이 있다. 그 예로 JVM 메모리가 있다. 메모리 공간을 차지한 전체 바이트를 측정하면 사용률 메트릭을 구할 수 있다. 또한 전체 시간 대비 가비지 수집 시간 비율을 측정하면 포화도 메트릭을 얻을 수 있다. 사용률과 포화도를 모두 측정할 수 있을 경우 대부분 더 정확한 경보 구간을 설정할 수 있다. 가령 메모리 사용률이 95%를 넘었다는 경보는 잘 발생하지 않는다. 이 값이 넘지 않게끔 유지하는 역할을 가비지 수집기가 하고 있기 때문이다. 그러나 메모리 사용률이 빈번하게 95%에 가까워지면 가비지 수집기가 실행되는 시간도 다른 작업에 비해 증가해 포화도가 상승한다.

[표 1-1]은 일반적인 가용성 신호의 예시다.

표 1-1 가용성 신호 예시

SLI	SLO	L-USE 구분
CPU 사용률	80% 미만	포화도
힙 사용률	힙 영역 가용도 80% 미만	포화도
REST 엔드포인트 에러율	전체 엔드포인트 요청 대비 1% 미만	에러
REST 엔드포인트 최대 레이턴시	100ms 미만	레이턴시

구글은 SLO 활용 방식에 대해 매우 규범적인 견해를 보인다.

구글의 SLO 활용 방식

『사이트 신뢰성 엔지니어링』(제이펍, 2018)은 서비스 가용성을 조직적 목표 사이에 발생하는 일종의 긴장 상태로 묘사한다. 새로운 기능 개발과 기존 기능의 안정성, 두 목표는 서로 경쟁 관계를 형성한다. 프로덕션팀과 사이트 신뢰성 담당 엔지니어는 서비스의 신뢰성 저하를 얼마나 허용할지 규정한 에러 예산error budget에 합의한다. 신뢰성 저하는 기준 시간 동안 측정 가능한 목표로 나타내며 목표치를 초과하면 신뢰성이 다시 확보될 때까지 기능 개발보다 시스템 안정성 확보에 주력한다.

구글이 SLO를 대하는 자세는 『The Site Reliability Workbook』(O'Reilly, 2018)에 더 상세히 묘사된다. 기본적으로 구글 엔지니어는 항상 에러 예산 고갈 경보에 대응하고 필요하다면 개발에 투입된 업무 자원을 신뢰성 확보 쪽으로 전환하는 조직적 대응도 감수해야 한다. 이때 '에러'는 SLO가 초과되었음을 의미한다. RESTful 마이크로서비스에서 서버측 실패율의 허용치 초과, 레이턴시 초과, 기본 운영체제의 파일 디스크립터 과부하 등 원인은 매우 다양하다. 여러 지표가 복합적으로 영향을 미치는 경우도 있다. 정의에 의하면 결국 서비스의 불안정성이란 하나 이상의 SLO가 목표 수준에 도달하지 못했음을 의미하고 서비스가 규정보다 불안정했던 기간도 비율로 나타낼 수 있다.

에러 예산 개념을 실제로 활용하기 위해 프로덕트 엔지니어와 사이트 신뢰성 엔지니어를 반드시 기능적으로 분리할 필요는 없다. 프로덕트만 전적으로 담당하는 엔지니어라도 기능 개발을 잠시 멈추고 사이트 신뢰성 향상을 고민한다면 소기의 목적을 달성할 수 있다. 반대의 경우도 마찬가지다.

구글의 에러 예산 활용 방식은 다른 조직에서 그대로 받아들이기에 과한 면이 있다. 우선 측정을 시작하고 결과를 지켜보며 자신의 조직에 적합한 경보 방식은 어떤 것인지 모색해야 한다. 구글의 절차를 온전히 도입할 것인지는 측정 경험이 어느 정도 쌓인 다음 판단하자.

애플리케이션 메트릭 수집, 시각화, 경보는 서비스 가용성을 지속적으로 테스트하는 과정의 일부다. 가끔 경보 데이터의 맥락 속에 숨은 단서만으로 문제를 충분히 해결할 수 있다. 그렇지 않은 경우에는 장애 인스턴스를 로드 밸런서에서 제외해 격리시키고 더 자세한 디버깅 정보를 얻어야 한다. 이런 상황에 쓰이는 텔레메트리 기법들이 있다.

덜 정형화된 SLO 활용 방식

넷플릭스는 구글보다 덜 정형화된 방식이 잘 맞았다. 서비스 가용성을 전담하는 팀이 따로 없었고 프로덕션팀 내부의 엔지니어도 프로덕트와 SRE 담당을 따로 구분하지 않았다. 조직 간에 오류 예산 같은 명시적인 상호작용도 없었다. 어느 방식이 옳다 그르다 가릴 수 없으니 자신의 조직과 잘 맞는 형태를 찾아보기 바란다.

이 책에서 가용성 측정이라는 주제를 설명하는 방식은 비교적 단순하다. 에러 발생률, 레이턴시, 포화도, 사용률 지표를 검사할 뿐이다. 이러한 검사를 통과하지 못해도 앞서 설명한 것처럼 '에러'가 발생했다고 보지 않으며 에러 예산에 반영하는 단계까지 나아가지 않는다. 측정 결과를 에러 예산에 반영하고 조직적으로 대응하는 SRE 문화를 도입하고자 한다면 구글이 발표한 자료와 문서를 지침 삼아 따르기 바란다.

1.2.2 디버깅 도구 역할

로그 및 분산 추적은 주로 장애 지속 기간을 인지한 뒤 문제를 해결하기 위해 사용한다. 3장에서 더 자세히 다룬다.

모든 성능 관리 역량을 디버깅 도구 위주로 집중하는 조직은 매우 흔하다. 특히 복잡한 시장을 상대하는 조직은 더욱 그렇다. 애플리케이션 성능 관리application performance management(APM) 업체가 판매하는 종합 솔루션의 핵심 기능도 결국 디버깅이다. 디버깅 신호를 취합하여 추적 정보, 로깅, 가용성 신호를 제공한다.

특정 업체의 제품군에 종속되기 싫은 이들은 유어킷YourKit($https://www.yourkit.com$)을 추천한다. 유어킷은 디버깅 가용성 정보를 제공하는 프로파일링 도구이며 단일 제품으로 판매한다. 자바 코드에서 연산, 메모리 부하가 일어나는 지점을 식별하는 데 탁월하다. [그림 1-4]는 유어킷 프로파일링 결과 화면이다. 일부 유명한 상용 APM도 비슷한 기능이 있지만 가용성 측정 면에서 보면 대체할 필요성을 느끼기 어렵다.

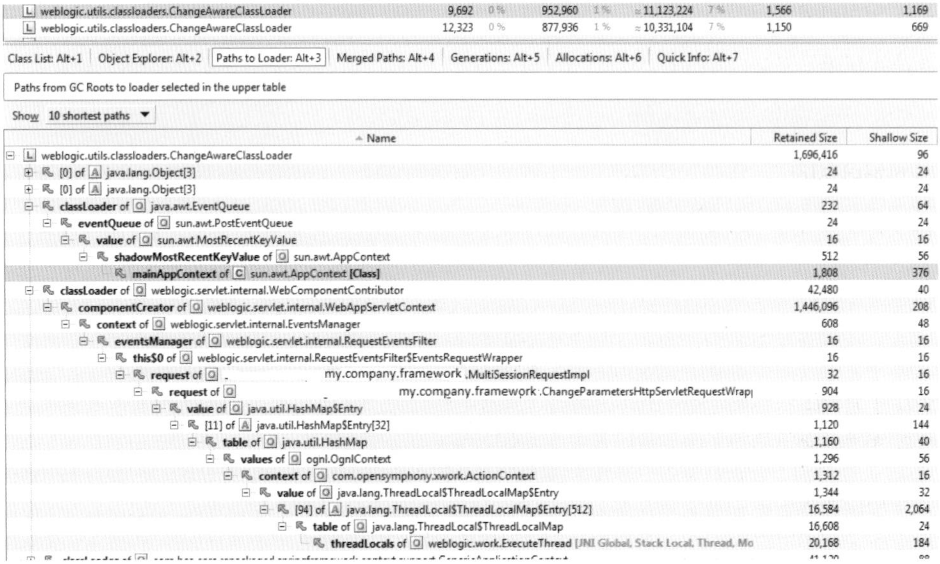

그림 1-4 유어킷의 프로파일링 결과 화면

이러한 도구는 시스템과 특정한 상호작용을 주고 받으며 시스템의 세부 사항을 다양한 방식으로 기록하고 세분화한다. 세분화가 진행될수록 비용도 올라가지만 신호의 샘플링 비율을 낮추는 방식으로 비용을 줄일 수 있다. 혹은 필요할 때까지 신호 측정을 아예 끄기도 한다.

로그나 추적 신호로 가용성을 측정할 때는 정확도와 비용 사이에서 타협점을 찾아야 한다. 어느 한 쪽을 완전히 최적화시킬 수 없다. 이러한 절충이 필요한 이유는 일반적으로 추적 데이터를 모두 사용하지 않고 샘플링하기 때문이다. 추적 데이터는 메트릭에 비해 더 많은 저장 공간을 점유한다.

1.2.3 실패 예측과 수용

이제껏 애플리케이션 모니터링 도구를 경험해보지 못한 사람은 마음의 준비를 하는 게 좋다. 모니터링을 시작하면 소프트웨어의 민낯을 보게 된다. 너무나 적나라한 현실에 그만 눈을 돌리고 싶어질지도 모른다. 현실은 보통 추한 법이다.

예전에 한 중견 손해보험 회사에 애플리케이션 모니터링 기능을 도입한 경험이 있다. 자사에서 만든 업무용 애플리케이션을 모니터링하는 용도였다. 이 회사는 엄격한 릴리스 절차와 합리적인 안정성 테스트 문화를 보유했다. 하지만 애플리케이션은 분당 1,000여 건 중 5건 이상의 요청을 처리하지 못했다. 0.5%에 불과한 에러율(일견 납득할만한)이었지만 회사는 꽤 충격적인 결과로 받아들였다. 자신들의 서비스가 테스트를 잘 거쳤다고 여겼기 때문이다.

시스템이 완벽해질 수 없다는 현실을 인식하면 시스템을 바라보는 관점이 바뀐다. 완벽성 추구를 향했던 시선은 모니터링, 경보, 신속한 문제 처리로 옮겨 간다. 공정 관리의 목표는 결과의 완벽함이 아니라 변화에 효과적으로 대응하는 것이다.

전달과 릴리스 절차를 본격적으로 발전시키려면 먼저 소프트웨어의 복원력을 확보해야 한다. 현재 릴리스된 애플리케이션을 모니터링하는 것이 그 첫 단계다.

애플리케이션 인프라와 개발 관행이 마이크로서비스에 맞추어 변화함에 따라 모니터링의 중요성은 한층 높아졌다. 마이크로서비스의 많은 컴포넌트는 조직의 직접적인 통제 범위 밖에 있다. 가령 레이턴시와 에러는 네트워크 계층, 인프라, 서드 파티 컴포넌트와 서비스 등 여러 요인의 장애에 의해 발생한다. 마이크로서비스를 담당하는 각 팀은 자신이 직접적으로 통제하지 않는 시스템의 다른 부분에 잠재적으로 부정적인 영향을 미칠 가능성이 있다.

소프트웨어의 최종 사용자 또한 완벽한 서비스를 기대하기보다 원활한 문제 해결을 더 선호하는 경향이 있다. 이러한 심리는 흔히 **서비스 회복의 역설**service recovery paradox이라 불리는 현상과 관련이 있다. 서비스 장애를 경험한 사용자가 이전보다 더 서비스를 신뢰하게 되는 모순을 의미한다.

기업은 최종 사용자에게 제공할 사용자 경험을 이해하고 포착해야 한다. 시스템의 행동에 따라 사업에 차질이 생기거나 사용자에게 받아들여질 수도 있다. 기업의 특성에 맞는 시스템의 행동은 『사이트 신뢰성 엔지니어링』과 『The Site Reliability Workbook』에서 더 자세히 다룬다.

문제를 식별하고 측정한 뒤에는 조직 스타일에 맞추어 다음 단계로 나아간다. 앞에서 설명한 구글식 규범을 따르거나 좀 더 유연한 넷플릭스의 '맥락과 가드레일context and guardrail' 스타일을 받아들이거나 혹은 둘 사이 어딘가 존재하는 절충점을 찾는다. '맥락과 가드레일' 원칙은 『Seeking SRE』(O'Reilly, 2018)의 첫 장에 자세히 나온다. 구글의 방식을 따를지 혹은 다른 쪽을 따를지는 조직 특성, 개발하려는 소프트웨어, 추구하는 엔지니어링 문화에 따라 달라진다.

무장애 시스템에서 SLA 충족으로 목표가 전환되면 엔지니어링이 뒤를 따른다. 여러 계층에 걸쳐 시스템에 복원력을 구축하고 사용자 경험에 미치는 장애 요소를 최소화시켜 목표를 뒷받침한다.

1.2.4 신뢰 관계 구축을 위한 효과적인 모니터링

일부 기업에서 엔지니어링은 핵심 비즈니스 역량이라기보다 서비스 조직에 가깝다. 분당 5건의 에러율을 보였던 보험 회사도 이러한 인식이 지배적이었다. 엔지니어링 조직은 대부분 현장에서 일하는 보험 요원을 지원하는 역할을 맡았다. 양쪽의 주된 소통 수단은 이슈 보고 및 추적 소프트웨어였으며, 이슈는 콜센터를 통해 등록됐다.

엔지니어링의 최우선 과제는 버그 수정이었다. 버그는 콜센터를 통해 파악한 결함을 토대로 취합되고, 소프트웨어가 릴리스될 때마다 버그 패치와 신기능이 조금씩 포함됐다. 필자는 현장 직원들이 보고하지 않는 문제들이 얼마나 있을지 궁금했다. 버그를 제보했다가 자신의 업무 시간이 줄어들까 걱정돼서, 혹은 그냥 이대로 써도 큰 지장은 없어서 그냥 넘어가는 경우가 있을 것이다. 콜센터를 통해 이슈를 파악하는 방식은 분명 문제가 있다. 비즈니스 파트너가 요청하고 엔지니어링이 응답하는, 전적으로 일방적인 관계가 수립된다는 점이다.

사용자 중심 모니터링 문화는 양방향 소통 관계를 수립한다. 장애 발생을 모니터링하면 맥락을 유추할 수 있을 정도로 충분한 정보를 얻기도 한다. 이를테면 특정 지역에서 특정 차량의 등급을 매길 때마다 지속적으로 에러가 발생한다는 것을 발견할 경우, 엔지니어링 부서는 이러한 이슈를 미리 현장의 보험사 직원에게 알릴 수 있다.

1.3 전달

소프트웨어 전달delivery 파이프라인을 개선하면 전달 프로세스가 기존 시스템에 장애를 일으킬 가능성을 줄일 수 있다. 또한 문제가 발생하더라도 변경 사항을 빠르게 롤백하는 데 도움이 된다. 모니터링은 전달 과정을 안전하고 효율적으로 개선하는 과정에 일조하는 것으로 알려졌다.

지속적 통합과 지속적 전달continuous delivery (CD) 사이의 경계는 종종 흐릿해진다. 팀에서 자체 제작한 배포 자동화 스크립트를 지속적 통합 빌드 과정에서 직접 실행하기 때문이다. 또한 CI 시스템은 본래 용도보다 유연하게, 더 일반적인 업무를 자동화하는 도구로 쓰이곤 한다. 자동화가 실행되는 위치에 상관없이 둘을 개념적으로 명확히 구분지을 필요가 있다. 지속적 통합은 마이크로서비스 산출물을 저장소에 게시하는 시점에 종료되며, 전달은 바로 그 시점부터 시작된다. [그림 1-5]는 소프트웨어 전달 라이프 사이클을 나타내며, 코드 커밋부터 배포에 이르기까지 발생하는 이벤트를 나열한다.

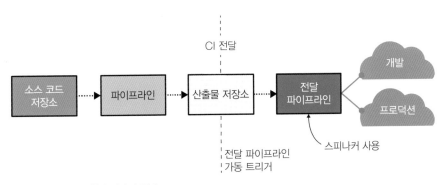

그림 1-5 지속적 통합과 전달의 구분

각 단계는 실행 빈도가 서로 다르며 조직이 원하는 제어 수준도 다르다. 또한 근본적으로 각기 다른 목표를 지향한다. 지속적 통합의 목표는 개발자 피드백 강화, 테스트 자동화를 통한 신속한 검증, 무분별한 통합(*https://oreil.ly/8_74F*) 방지를 위한 적극적 병합 장려 등이다. 전달 자동화의 목표는 릴리스 주기 단축, 보안 규정 준수, 안전하고 유연한 배포 관행 확립 등이다. 자동화를 통해 얻은 배포 환경에 대한 이해를 바탕으로 배포된 자산을 더 효과적으로 모니터링할 수 있다.

우수한 전달 플랫폼은 현재 배포된 자산의 인벤토리 역할을 하며 모니터링의 효과를 한층 높이는 원동력이 된다. 즉 모니터링 결과를 실질적인 대처로 전환하는 데 도움을 준다. 6장에서는 엔드투엔드 자산 인벤토리를 구축하는 방법을 설명한다. 컨테이너, 가상 머신, 세부 기능 등 배포 자산을 이루는 모든 요소의 코드를 속속들이 파악할 수 있다.

> **NOTE_ 지속적 배포는 지속적 전달의 필요조건이 아니다**
>
> 진정한 지속적 배포continuous distribution는 모든 커밋을 전방위적으로 검사하고 자동으로 프로덕션에 반영해야 한다. 모든 조직이 이 정도 수준을 목표로 잡을 필요는 없다. 다른 조건과 차이가 없다면 당연히 피드백 주기가 짧을수록 좋지만, 피드백 주기를 단축할수록 기술적, 운영적, 문화적 측면에서 비용이 더 든다. 이 책에서 다루는 내용들은 통상적인 의미의 지속적 전달continuous delivery에 적용할 수 있으며, 지속적 배포도 마찬가지다.

모니터링이 효과적으로 자리 잡고 코드 변경으로 인한 장애가 줄어들면 다음 주제로 시선을 돌릴 수 있다. 시스템 신뢰성을 높이는 트래픽 관리 기법이다.

1.4 트래픽 관리

분산 시스템의 복원력은 대부분 장애 예측과 보상을 기반으로 발휘된다. 가용성 모니터링은 장애가 실제로 발생하는 지점을 드러내고, 디버그 가능성 모니터링은 장애를 이해하는 데 도움을 주며, 전달 자동화는 증분 릴리스에 발생하는 장애를 억제한다. 이와 달리 트래픽 관리 패턴은 상존하는 장애에 대처하는 기술이다. 가동 중인 인스턴스가 실시간으로 트래픽에 대항할 수 있도록 돕는다.

7장은 로드 밸런싱^{load balancing}과 호출 복원력^{call resilience} 패턴을 포함한 몇 가지 완화 전략을 다룬다. 로드 밸런싱은 플랫폼, 게이트웨이, 클라이언트 영역으로 나누어 설명한다. 호출 복원력 패턴은 재시도, 비율 제한, 벌크헤드^{bulkhead}, 서킷 브레이커 등의 주제로 구성된다.

7장은 주로 프로젝트 단위로 설명하며 코드가 많다. 앞에서 배운 내용들을 지침 삼아 따라갈 수 있도록 마지막 장에 배치했다.

1.5 다루지 않는 주제

플랫폼 엔지니어링팀의 공통 관심사는 이 책에서 다루지 않는다. 몇 가지 꼽자면 테스트, 설정 관리 등이 있다. 이들을 다루지 않는 이유는 다음과 같다.

1.5.1 테스트 자동화

테스트 자동화는 이미 오픈 소스가 확고히 자리 잡은 분야다. 다른 방식을 찾아 투자한다 해도 수익이 날 가능성은 별로 없다. 다음은 어느 정도 해답이 나와 있는 주제들이다.

- 유닛 테스트^{unit test}
- 목/스텁^{mock/stub}
- 기본 통합 테스트 및 테스트 컨테이너
- 콘트랙트 테스트^{contract test}
- 연산 비용에 따른 테스트 스위트^{test suite} 구분

연산적, 공학적 시간은 테스트에 투입되는 자원이다. 자원 보유량이 월등히 높으면 모를까, 피하는 것이 상책인 테스트 기법이 있다. 가령 콘트랙트 테스트는 다음 두 테스트를 아우르면서도 훨씬 저렴한 기법이다.

- 다운스트림 테스트^{downstream test}(라이브러리에 커밋이 발생할 때마다 직, 간접적으로 의존관계를 지닌 모든 프로젝트를 빌드하고 문제가 발생하는지 확인하는 테스트)
- 전 마이크로서비스 대상 엔드투엔드 통합 테스트^{end-to-end integration test}

필자는 다각적인 테스트 자동화를 꽤 긍정적으로 보지만 테스트가 만능이라고 생각하지는 않는다. 한때는 필자도 테스트 예찬론자들이 내뿜는 열광적인 분위기에 경도된 적이 있었다. 테스트 커버리지 100% 달성, 행동 주도 개발behavior-driven development, 비개발자의 테스트 명세 참여, 스폭Spock 등의 기술적 유행에 동참했다. 자바 생태계에서 가장 영민한 공학적 성취 중 일부가 이 분야에서 이루어졌다. 스폭이 데이터 테이블을 취합하고 바이트코드bytecode를 다루는 창의적인 방식이 그런 경우다.

모놀리식 애플리케이션을 다루던 전통적 관점에서 볼 때 릴리스는 시스템에 변화를 유발하는 가장 주요한 원인이다. 따라서 시스템에 장애를 일으킬 가능성을 내포한다. 소프트웨어 릴리스 과정은 결국 성공을 보장한다는 가치에 방점을 찍는다. 릴리스의 안정성을 검증하기 위해 프로덕션과 똑같은 환경을 만들고 낮은 수준까지 모사하는 데 많은 공을 들인다. 일단 배포가 완료되고 안정되면 그 상태가 유지된다고 간주한다.

좀 더 현실적으로 말하면 릴리스가 이렇게 끝나는 경우는 없다. 릴리스가 실패하면 엔지니어링 팀은 테스트를 곱절로 늘리는 처방을 내리지만 남은 장애는 고착화될 뿐이다. 관리 부서는 처음부터 테스트 자동화를 미심쩍게 보다가, 릴리스가 실패하면 그나마 남아있던 일말의 신뢰마저 거둬들인다. 프로덕션 환경은 테스트 환경과 어긋날 기회만 끈질기게 엿보다가 항상 교묘하고 치명적인 방식으로 실행에 옮긴다. 이 시점에서 테스트 커버리지 100%와 진화된 모니터링 시스템 중 양자택일을 강요한다면 필자는 주저 없이 후자를 선택할 것이다. 테스트가 덜 중요해서가 아니라 커버리지 100%가 허상에 불과하기 때문이다. 잘 정의되고 변화가 거의 없는 전통적인 비즈니스조차 달성하기 어려운 목표다. 프로덕션 환경은 그저 다르게 행동할 뿐이다. 조시 롱의 말처럼 프로덕션과 동일한 환경은 존재하지 않는다.[2]

효과적인 모니터링 시스템은 하드웨어 고장이나 다운스트림 서비스 중단 등 우리가 익히 예측할 수 있는 장애를 경고하는 한편, 이전에는 미처 상상치 못했던 문제도 발견한다. 또한 테스트 커버리지와 시스템에 대한 지식을 넓히는 데 현실적인 도움을 준다.

테스트 계층을 중첩시킬수록 장애 발생률은 낮아지지만 장애를 완전히 근절할 수는 없다. 품질 관리에 가장 엄격한 산업 분야도 예외는 아니다. 생산된 결과물을 능동적으로 관찰하면 문제를 더 빨리 발견하고 근본적인 예방 조치를 취할 수 있다. 테스트와 모니터링은 사용자 경험을 장

---

2 옮긴이_ https://spring.io/blog/2017/08/08/there-s-no-place-like-production-springone-platform-will-illuminate-the-path

애로부터 방어하는 역할을 나누어 짊어진 동반자다. 테스트가 모든 종류의 퇴행을 방지하고 모니터링은 남은 퇴행을 신속하게 식별하는 것이 최선의 결과다.

테스트 자동화는 우리가 시스템에 대해 알고 있는 것들(내재된 논리적 결함을 제외한)을 증명한다. 프로덕션 모니터링은 시스템에 현재 발생하는 일을 보여준다. 테스트 자동화는 전지적일 필요가 없다. 이 사실을 받아들이면 크나큰 안도감을 느끼게 될 것이다.

예측할 수 없는 상호작용, 리소스 제약 같은 환경적 요인, 불완전한 테스트 등의 위험 요소가 존재하는 한 애플리케이션 코드에서 결함이 사라지는 날은 오지 않을 것이다. 효과적인 모니터링은 앞으로 모든 애플리케이션에서 테스트보다 더 필수적인 요소로 고려될 것이다. 테스트는 우리의 생각이 실현될 것임을 증명하고, 모니터링은 무엇이 실현되고 있는지 보여준다.

1.5.2 카오스 엔지니어링과 지속적 검증

카오스 엔지니어링chaos engineering은 카오스 실험chaos experiment을 통해 지속적으로 소프트웨어를 검증하는 방법론이다. 카오스 실험이란 통제된 장애를 발생시키고 시스템이 정상적으로 작동하는지 검사하는 실험을 의미한다. 분산 시스템에 발생하는 모든 상호작용을 사전에 예측하기란 불가능하다. 카오스 실험은 복잡한 시스템에 새롭게 등장하는 특성들을 표면화시키는 데 도움을 준다.

카오스 엔지니어링은 광범위한 영역을 아우른다. 자세한 내용은 『Chaos Engineering』(O'Reilly, 2019)을 참고하기 바란다.

1.5.3 코드형 설정

12팩터 앱12-Factor app 방법론(*https://12factor.net/ko/config*)에 따르면 코드와 설정은 분리되어야 한다. 설정값을 환경 변수로 저장하면 이 개념을 기본적으로 구현했다고 볼 수 있다. 또는 최초 실행 시 스프링 클라우드 설정 서버Spring Cloud Config Server 같은 중앙 서버에서 설정을 가져오는 방법도 있다. 이런 경우는 따로 더 설명할 필요가 없을 만큼 간단하다.

설정이 **동적**dynamic으로 바뀌는 시스템은 상황이 더 복잡하다. 특히 중앙의 원천 설정을 변경할 때는 극도로 주의를 기울여야 한다. 변경 사항이 현재 실행 중인 인스턴스에 전파되고 동작에 영향을 미치기 때문이다. 넷플릭스 아카이어스^{Archaius} (*https://oreil.ly/uPG3Q*)가 이러한 역할을 하는 오픈 소스다. 서버와 클라이언트 형태로 구성되어 동적으로 설정을 갱신한다. 스프링 클라우드 넷플릭스^{Spring Cloud Netflix} 프로젝트에 포함되어 있으며 그 외에도 여러 곳에 쓰인다. 동적 전파가 차질을 빚으면 대형 사고로 이어지는 경우가 많다. 전달 담당자는 예전 코드 버전들의 카나리 분석^{canary analysis} 경험을 토대로 전체 분석 공정과 범위를 다시 작성해야 한다. 또한 이 과정에서 동적 설정의 변경 사항을 점진적으로 전개해야 한다. 이런 작업들은 이 책에서 다루지 않는다. 코드 변경에 따른 카나리 분석을 자동화하려는 시도는 대체로 노력에 상응하는 실질적 이득을 초래하지 못하기 때문이다.

선언형 전달^{declarative delivery}은 완전히 형태가 다른 코드형 설정^{configuration as code}이며, 쿠버네티스^{Kubernetes}와 YAML 매니페스트가 각광받기 시작하면서 다시 주목받고 있다. 지난 경험은 필자에게 선언적 방식의 순수성에 대한 의구심을 각인시켰다. 필자는 명령형 설정과 선언형 설정이 공존할 여지가 항상 존재한다고 생각한다. 앞서 언급했던 보험 회사의 정책 관리 시스템도 그러했다. 백엔드 API가 XML을 반환하면 프런트엔드는 브라우저가 렌더링할 수 있도록 HTML/자바스크립트로 변환한다. 이 변환 과정에 XSLT가 쓰인다.

템플릿을 입히는 방식치고는 다소 기묘했다. 혹자는 XSLT가 페이지 렌더링 과정에 선언적 성격을 부여한다고 항변하지만, 한편으로 XSLT는 논리정연한 존재 증명을 통해 튜링 완전성이 검증된 바 있다(*https://oreil.ly/O1gLz*). 선언적 정의를 선호하는 일반적인 요인은 정적 분석이나 수정 같은 자동화 작업을 순응시키는 특유의 단순함이다. 그러나 XSLT가 그랬듯, 선언적 기술들은 필연적으로 튜링 완전성을 추구하는 길로 나아갈 수 밖에 없다. JSON과 쿠버네티스 진영도 똑같은 장력의 영향을 받는다. 그 결과 파생된 Jsonnet(*https://jsonnet.org*)과 Kustomize(*https://kustomize.io*)는 의심할 나위 없이 유용한 기술이다. 그러나 필자는 순수한 선언적 구성을 주창하는 외침 사이에 다른 목소리를 낼 의도는 없다. 요점만 말하자면, 이 책에서 더 설명할 부분은 없다.

1.6 캡슐화

객체 지향 프로그래밍^{object-oriented programming}(OOP)은 오늘날에 들어 지탄의 대상이 되기도 한다. **캡슐화**^{encapsulation}는 OOP의 근본 개념 중 하나로 자바의 클래스처럼 어떤 공간에 상태와 행동을 함께 묶어 담는 구조를 의미한다. 핵심 개념은 객체의 상태를 외부에서 알 수 없게 감추는 것이며 **정보 은닉**information hiding이라는 용어로 표현한다. 플랫폼 엔지니어링팀의 업무도 캡슐화와 비슷한 면이 있다. 플랫폼팀의 고객은 개발팀이며 우수한 복원 관행을 확립해 고객에게 제공한다. 통제에서 벗어나기 위해서가 아니라 고객의 책임을 덜어주기 위해 정보를 은닉한다. 플랫폼팀이 프로덕션 엔지니어로부터 들을 수 있는 최고의 칭찬은 '그쪽 일은 신경 쓸 필요가 없군요'일 것이다.

앞으로 이어질 장들에서 여러 모범 사례를 소개하며 필자가 이해한 방식으로 설명할 것이다. 플랫폼 엔지니어의 지상 과제는 조직 내부에 '관문이 아닌 가드레일'을 구축하되 그로 인한 마찰은 최소화하는 것이다. 이 책을 통해 얻은 지식을 전체 비즈니스 애플리케이션에 적용할 수 있을 정도로 캡슐화하기 바란다. 또한 자신의 조직에 맞게 도입하는 방안을 고민해보기 바란다.

힘있는 임원의 승인을 받고 날짜를 정해 조직 전체에 공지 메일을 보낼 생각이라면 이미 그것은 관문이다. 리더십의 인정은 필요하다. 그러나 다음과 같은 공용 기술은 최대한 가드레일처럼 느껴질 만한 방식으로 전달해야 한다.

명시적 런타임 종속성

모든 마이크로서비스에 런타임 종속성으로 포함된 라이브러리가 있다면 거의 확고한 전달 메커니즘으로 볼 수 있다. 주요 메트릭으로 삼고, 텔레메트리 태그telemetry tag를 심고, 트래픽 관리 패턴을 추가한다. 스프링 프레임워크 사용 비중이 높다면 자동 설정autoconfiguration 클래스를 활용한다. 자바 EE는 CDIContexts and Dependency Injection를 이용하면 비슷하게 조건부 설정을 구현할 수 있다.

서비스 클라이언트 종속성

트래픽 관리 패턴(폴백fallback, 재시도retry 로직 등) 측면에서 보면, 서비스 개발팀이 서비스 **클라이언트도** 함께 담당하는 것도 고려할 만하다. 서비스 클라이언트는 서비스와 상호작용한다. 서비스의 약점과 장애 위험 요인을 가장 잘 아는 부서는 결국 서비스를 개발하고 운영하는 팀이다. 서비스 엔지니어야말로 이러한 지식을 클라이언트 의존성에 구현할 수 있는 최적임자이다. 그 결과 소비자는 가장 믿을 수 있는 경로로 서비스를 이용할 수 있다.

런타임 종속성 주입

배포 절차가 비교적 표준화된 상황이라면 배포 환경에 런타임 종속성을 **주입**할 수 있다. 클라우드 파운드리^{Cloud Foundry} 빌드팩팀이 채택한 방식이다. 클라우드 파운드리 위에서 실행되는 스프링부트^{Spring Boot} 애플리케이션은 배포 환경에서 플랫폼 메트릭 구현을 주입한다. 누구나 비슷하게 구현할 수 있다.

본격적으로 캡슐화에 매진하기에 앞서 적당한 팀과 애플리케이션을 시범적으로 선정하자. 앞서 배운 원칙들을 코드에 명시적으로 적용하고 연습한 다음, 배운 내용을 일반화시키자.

1.6.1 서비스 메시

마지막으로, 애플리케이션의 사이드카^{sidecar} 프로세스 또는 컨테이너와 관련된 플랫폼 공통 기능을 캡슐화한다. **서비스 메시**^{service mesh}는 제어 플레인^{control plane} 관리와 사이드카 프로세스를 한데 묶어 지칭하는 용어다.

서비스 메시는 애플리케이션 외부에서 마이크로서비스 사이의 상호작용을 관리하는 인프라 계층이다. 현재 가장 두각을 보이는 서비스 메시 도구는 이스티오^{Istio} ($https://istio.io$)다. 사이드카 플랫폼은 애플리케이션을 대신해 트래픽 관리, 서비스 탐색^{discovery}, 모니터링 등을 담당한다. 덕분에 애플리케이션은 이러한 영역에 관심을 둘 필요가 없다. 서비스 메시가 정착되면 애플리케이션을 더 단순하게 개발할 수 있으며 서비스 배포 및 운영 과정에서 증가하는 복잡도과 비용을 상쇄하는 효과가 생긴다.

긴 시간을 두고 보면 소프트웨어 엔지니어링 분야의 유행도 돌고 도는 편이다. 사이트 신뢰성 담당 주체를 가리키는 시계추는 애플리케이션 및 개발자(넷플릭스 오픈 소스 소프트웨어^{open source software}(OSS), 데브옵스^{DevOps})와 중앙적 전담 조직 사이를 왕복한다. 서비스 메시에 대한 관심이 커지는 최근 경향은 이 시계추의 방향이 전담 조직을 향하고 있음을 시사한다.

이스티오가 추구하는 개념은 중앙 제어 플레인을 통해 마이크로서비스의 전체적인 정책을 관리하고 전파하는 것이다. 제어 플레인은 정책의 파급 효과를 이해하는 전문가 집단이 수립한다.

넷플릭스 OSS 제품군은 같은 주제를 애플리케이션의 관심사로 본다. Resilience4j, 해시코프

콘술HashiCorp Consul, 마이크로미터micrometer 등은 각각 트래픽 관리, 서비스 탐색, 메트릭 장치 분야에서 넷플릭스 OSS를 계승한 대체재들이다. 그러나 이 도구들이 코드에 미치는 영향은 미미한 수준이다. 대체로 자동 설정을 보강하거나 수정해 바이너리 의존성을 한두 가지 추가할 뿐 애플리케이션 로직은 건드리지 않는다. 이 방식의 명백한 단점은 다중 언어 사용 환경에서 드러난다. 조직에서 사용하는 프로그래밍 언어와 프레임워크가 다양하다면 사이트 신뢰성 패턴 라이브러리도 그에 맞게 각각 구현해야 한다.

[그림 1-6]은 엔지니어링 선호의 주기 변화가 기술적 파생 가치에 미치는 영향을 긍정적으로 볼만한 근거 자료다. 운좋게도, 탈중앙화와 중앙화가 전환을 맞을 때마다 이전 주기에서 배우고 얻은 수확을 모두 캡슐화했음을 알 수 있다. 예를 들어 이스티오는 넷플릭스 OSS 스택의 강점을 최대한 캡슐화했으며 아직 실현하지 못한 잠재적 가능성은 다음 탈중앙화 주기에서 해소된다. 이미 Resilience4j가 다음 주기의 과제를 수행하고 있다. 애플리케이션의 척도에 따라 반응하는 적응형 벌크헤드 패턴이 한 예다.

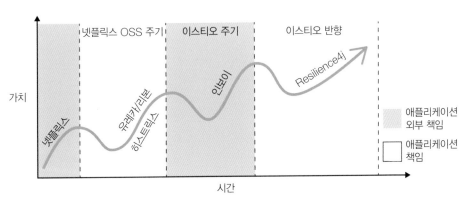

그림 1-6 트래픽 관리 소프트웨어 엔지니어링의 주기 변화

도메인별 지식domain-specific knowledge이 부족하면 사이드카의 규모도 정하기 어렵다. 애플리케이션이 1분 동안 처리해야 할 요청이 10,000건인지, 1건인지 알 수 없다. 그렇다면 최종적으로 존재해야 할 사이드카의 개수를 모르는 상황에서 사이드카의 제어 플레인 규모를 어떻게 조절해야 하는가?

테스트 자동화는 오픈 소스라는 명확한 해법이 있으며 그 외에 다른 방식으로 시간과 자원을 투자하면 손해를 보기 쉽다. 다소 주류에서 벗어난 의견일지 모르나, 사이드카를 이용한 트래픽 관리도 비슷한 결론에 이른다고 본다. 구체적인 내용은 3.3.4절과 7.7.7절을 참고하기 바란다. 이러한 구현은 바이너리 의존성을 명시적으로 포함시키거나 런타임에 주입하는 방식에 비하면 비효율적인데다, 기능도 현저히 떨어진다. 단 지원할 언어의 종류가 유의미한 수준으로 많은 경우에는 비용도 그만큼 많이 들겠지만, 설령 그렇다 해도 결론이 달라질지는 여전히 의문이다.

1.7 마치며

플랫폼 엔지니어링은 신뢰성 엔지니어링 기능을 설명하는 데 필요한 일종의 가주어placeholder라 할 수 있다. 다음 장부터 본격적인 논의를 시작한다. 플랫폼 엔지니어링팀에게 개발팀은 통제의 대상이 아닌 최우선 고객이며, 고객의 입장에서 고객의 요구에 집중할 때 최대의 효과를 발휘한다. 테스트 도구, 채택 과정, 그 외 모든 프로세스가 '관문이 아닌 가드레일'이 되어야 한다.

애플리케이션 메트릭

분산 시스템은 서로 상호작용하는 수많은 마이크로서비스로 구성된다. 시스템의 복잡도가 높아질수록 시스템을 관찰하는 역량의 중요성은 더욱 부각된다. 신규 코드 릴리스, 부하 변화에 따른 독립적인 규모 조절, 인프라(클라우드 환경 등) 변경, 동적 설정 변경에 따른 시스템 전파 등 시스템은 매우 다양하고 잦은 변화를 겪는다. 이번 장은 분산 시스템의 성능을 측정하고 사전에 위험을 알리는 방법에 주목하며 현업에서 모범 사례로 채택된 몇 가지 기법들을 알아본다.

모든 조직은 반드시 모니터링 솔루션을 한 개 이상 선정해야 한다. 오픈 소스, 온프레미스^{on-premise} 상품, 광범위한 기능을 갖춘 서비스형 소프트웨어^{software as a service}(SaaS) 등 선택의 폭은 매우 넓다. 어떤 조직이든 규모나 복잡도에 구애받지 않고 자신에게 맞는 솔루션을 찾을 수 있을 정도로 시장은 충분히 성숙한 단계에 이르렀다.

메트릭 데이터의 고정비적 특성을 보전하려면 모니터링 시스템을 신중하게 선정해야 한다. 예를 들어 StatsD 프로토콜로 메트릭을 전송할 때는 애플리케이션에서 StatsD 에이전트를 향해 이벤트별 페이로드^{payload}를 발행해야 한다. 설령 애플리케이션과 동일한 호스트에서 사이드카 프로세스로 에이전트를 실행하더라도 이벤트별 페이로드를 생성하는 비용은 여전히 발생한다. 결국 StatsD 프로토콜을 쓰면 메트릭 텔레메트리의 기본적인 이점을 누리지 못할 수도 있다. 심각한 문제가 되는 경우는 드물지만 되도록 이 비용을 염두에 두는 편이 좋다.

2.1 블랙박스 vs 화이트박스 모니터링

메트릭 수집 방식은 관찰 가능한 요소가 무엇인지에 따라 블랙박스와 화이트박스로 분류한다.

블랙박스

수집기가 입력과 출력을 관찰할 수 있지만 내부 작동 메커니즘은 알 수 없다. HTTP 요청과 응답이 대표적인 예다. 블랙박스 수집기는 프로세스를 가로채거나 감싸는 방식으로 대상을 측정한다.

화이트박스

수집기가 입력과 출력에 더해 내부 작동 메커니즘을 관찰할 수 있다. 화이트박스 수집기는 애플리케이션 코드 내부에서 작동한다.

많은 업체가 에이전트 형태로 블랙박스 모니터링 시스템을 제공한다. 에이전트는 애플리케이션 프로세스에 부착되어 상태를 관찰한다. 시중에 널리 알려진 애플리케이션 프레임워크의 프로세스는 상당히 깊은 수준까지 관찰할 수 있기에 때로는 에이전트가 화이트박스 수집기처럼 보이기도 한다. 하지만 블랙박스 모니터링은 어디까지나 에이전트가 일반화시킨 정보만 얻을 수 있다. 일반화 범주에 드는 애플리케이션의 종류는 에이전트 제작자에 달려있다. 예를 들어 에이전트는 스프링부트의 데이터베이스 트랜잭션 메커니즘을 가로채 작동 시간을 측정할 수 있다. 그러나 특정 클래스 내부에서 `java.util.Map`이 수행하는 니어 캐시$^{near-cache}$ 기능을 측정하는 것은 불가능하다.

서비스 메시 기반 측정 기법도 블랙박스 방식이며 일반적으로 에이전트보다 활용성이 낮다. 에이전트가 메서드 호출 각각을 관찰하고 가공할 수 있는 데 반해 서비스 메시가 최대한 자세히 관찰할 수 있는 수준은 RPC 정도다.

반면 화이트박스 수집기는 어쩐지 품이 많이 들 것 같은 느낌이 든다. HTTP 요청 시간 측정, CPU 활용도 메트릭 등은 블랙박스가 모든 애플리케이션에 온전히 일반화시킬 수 있는 유용한 메트릭이다. 화이트박스 측정 라이브러리는 이러한 일반화 과정을 캡슐화하며 애플리케이션 자동 설정 메커니즘을 이용해 블랙박스의 접근 방식을 흉내낸다. 블랙박스 측정과 비교해 개발자가 들이는 수고는 딱히 차이가 없다.

우수한 화이트박스 메트릭 수집기는 기본적으로 블랙박스 수집기가 감지하는 모든 항목을 수집할 뿐만 아니라 블랙박스가 원칙적으로 접근하지 못하는 자세한 내부 정보도 수집할 수 있다. 엔지니어링 작업량 측면에서 볼 때 둘의 차이는 근소하다. 블랙박스 에이전트를 설정, 패키징하려면 전달 절차를 수정하거나 런타임 플랫폼을 통합해 자동화해야 한다. 자동 설정을 이용해 블랙박스와 비슷한 수준으로 화이트박스 메트릭을 수집하려면 빌드 시점에 바이너리 의존성을 추가해야 한다.

특정 모니터링 시스템에 맞는 전용 라이브러리는 위와 같이 블랙박스 느낌을 내는 화이트박스 측정 방식을 채택하지 않는 편이다. 프레임워크나 라이브러리 개발자들의 성향상 범용적이지 않은 특정 클라이언트에 의존하지 않기 때문이다. 선택적인 의존 조차 기피한다. 또한 여러 측정 라이브러리가 같은 코드를 중복 측정하는 것도 원하지 않는다. 마이크로미터처럼 벤더 중립적인 측정 퍼사드^{facade}는 '한 번 작성하고 모든 곳에 게시하는 기술'로, 프레임워크와 라이브러리 개발자 입장에서 수용할 만한 이점이 있다.

블랙박스와 화이트박스 수집기는 서로 영역이 겹치는 상황에 놓여도 보완적 관계를 형성할 수 있다. 반드시 어느 한 쪽을 선택해야 하는 절대적인 조건은 없다.

2.2 차원형 메트릭

최신 모니터링 시스템은 대부분 차원형 명명 스키마를 채택한다. 하나의 메트릭명과 여러 키-값 태그로 구성된 스키마다.

모니터링 시스템마다 데이터 저장 방식은 천차만별이다. 그러나 일반적으로 메트릭명과 태그의 모든 고유 조합이 독립 엔트리 또는 로우 형태로 스토리지에 저장된다. 메트릭 저장 비용을 스토리지 측면에서 표현하면 '모든 태그 집합의 카디널리티 곱'이 된다. 고유한 키-값 태그 쌍의 총 개수라는 뜻이다.

`http.server.requests`라는 보편적인 카운터 메트릭을 예로 들어보자. 메트릭의 태그는 HTTP의 메서드, 상태 코드, URI다. 편의상 메서드 중 GET과 POST만 관찰하며 상태 코드는 세 종류만 기록하고 애플리케이션의 URI는 두 종류만 있다고 가정한다. 이 메트릭의 측정 결과는 2 * 3 * 2 = 12개의 고유한 시계열값으로 구성되어 모니터링 시스템에 전송 및 저장된

다. 스토리지를 조회하면 [표 2-1]처럼 보인다. 태그를 살펴보면 /a1 엔드포인트는 **GET** 메서드만, /a2는 **POST** 메서드만 응답하고 있어서 시계열값의 개수는 이론적 최대치보다 적은 6개 이하로 제한된다. 차원형 시계열 데이터베이스는 대부분 각 로우에 고유한 메트릭명과 태그 조합을 지정하며 해당 메트릭값을 특정 기간 동안 측정해 원형 버퍼$^{ring\ buffer}$에 저장한다. 시스템이 이렇게 제한된 원형 버퍼를 사용할 때 메트릭이 소모하는 총 비용은 메트릭명/태그의 순열 개수와 원형 버퍼 크기의 곱으로 나타낼 수 있다.

표 2-1 차원형 메트릭 스토리지

메트릭명과 태그	값
http.server.requests{method=GET,status=200,uri=/a1}	[10,11,10,10]
http.server.requests{method=GET,status=400,uri=/a1}	[1,0,0,0]
http.server.requests{method=GET,status=500,uri=/a1}	[0,0,0,4]
http.server.requests{method=POST,status=200,uri=/a2}	[10,11,10,10]
http.server.requests{method=POST,status=400,uri=/a2}	[0,0,0,1]
http.server.requests{method=POST,status=500,uri=/a2}	[1,1,1,1]

주기적으로 메트릭 데이터를 장기 저장소로 옮기는 경우도 있다. 이때 일부 태그를 버리거나 추리면 스토리지 비용을 줄이는 기회로 삼을 수 있다. 대신 그만큼 차원 세분성을 희생하는 대가가 따른다.

2.3 계층형 메트릭

차원형 메트릭 시스템이 대중화되기 전 많은 모니터링 시스템이 계층형 스키마를 사용했다. 키-값 태그 쌍 없이 이름으로만 메트릭을 정의하는 구조다. 태그는 매우 편리한 도구다. 메트릭명과 태그를 마침표 등으로 결합하면 손쉽게 계층형 이름으로 변환할 수 있다. HTTP `method` 태그값이 GET인 차원형 메트릭 `httpServerRequests`는 계층형 메트릭 시스템에서 `httpServerRequests.method.GET`로 표현할 수 있다. [표 2-2]에 있는 와일드카드 연산자도 이러한 편리함의 연장선상에 있다. '태그들'을 간단히 한번에 집계하는 장치다.

표 2-2 와일드카드를 이용한 계층형 메트릭 집계

메트릭 쿼리	값
httpServerRequests.method.GET	10
httpServerRequests.method.POST	20
httpServerRequests.method.*	30

그러나 계층형 시스템은 태그를 온전히 변환할 수 없으며 와일드카드는 매우 부실하다. 와일드카드가 포함된 쿼리는 조직에 새로운 태그가 도입되는 순간 어긋나기 쉽다. httpServerRequests처럼 많은 애플리케이션에 공통적으로 포함된 메트릭은 잠재적으로 더욱 취약하다. [표 2-3]에서 메서드 구분 없이 전체 요청수를 합하면 40이 나와야 맞다. 그러나 일부 애플리케이션이 status 태그를 중간에 추가한 뒤에는 와일드카드 집계에서 해당 메트릭이 제외된다. 신규 태그를 추가할 때 전사적으로 합의를 거친다 해도 이러한 문제를 완전히 해결할 수는 없다. 태그가 애플리케이션에 처음 추가되고 나서 코드베이스에 완전히 전파되고 모두 재배포되려면 시간이 걸리기 마련이다. 그 기간 동안 와일드카드 쿼리는 시스템의 상태를 정확히 나타낼 수 없다. 이를 기반으로 구축된 대시보드나 경고 체계도 당연히 같은 문제를 겪는다.

표 2-3 계층형 메트릭의 와일드카드 오작동

메트릭 쿼리	값
httpServerRequests.method.GET	10
httpServerRequests.method.POST	20
httpServerRequests.status.200.method.GET	10
httpServerRequests.method.*	30 (!!)

사실상 계층형 메트릭 시스템은 독립적인 키-값 태그들을 메트릭명 안에서 인위적으로 정렬해야 한다.

실시간 애플리케이션 모니터링을 이제 막 시작했다면 차원형 모니터링 시스템을 채택해야 한다. 다시 말해 차원형 메트릭 측정 라이브러리로 메트릭 데이터를 기록하고 이름/태그 조합 방식의 강력한 이점을 온전히 누려야 한다는 의미다. 드롭위저드Dropwizrd 메트릭처럼 대중적인 계층형 수집기를 이미 사용하고 있다면 메트릭명 체계를 완전히 정돈할 것을 권한다. 태그를 나열하고 조합하는 방식으로 명명 체계를 확립하면 차원형 메트릭명을 계층형으로 평면화할 수 있다. 단, 반대 방향으로 일반화하기는 어렵다. 계층형 시스템의 명명 스키마는 일관성을 보장할 수 없기에 차원형 메트릭에 맞게 완벽히 분할하기 쉽지 않다.

지금부터는 차원형 메트릭 측정을 중점적으로 설명하겠다.

2.4 마이크로미터의 미터 레지스트리

이번 장의 남은 부분은 마이크로미터(*https://micrometer.io*) 사용법을 설명한다. 마이크로미터는 자바로 제작된 차원형 메트릭 측정 라이브러리며 시중의 유명 모니터링 시스템을 대부분 지원한다. 추가 선택지는 다음 두 가지 정도다.

모니터링 시스템 업체가 제공하는 자바 API 클라이언트
애플리케이션 수준에서 화이트박스 측정이 가능하지만 자바 생태계와 상생할 여지는 없다. 특히 서드 파티 오픈 소스 라이브러리는 메트릭 수집 용도로 특정 업체의 클라이언트를 채택하지 않는 편이다. 그나마 일부 오픈 소스 라이브러리가 국지적으로 프로메테우스[Prometheus] 클라이언트를 채택하는 정도가 한계다.

오픈텔레메트리
오픈텔레메트리[OpenTelemetry](*https://oreil.ly/xV0Aa*)는 메트릭과 추적 기능이 혼합된 라이브러리며 자바용 버전은 2021년 2월에 1.0 버전으로 릴리스되었다. 메트릭보다 추적 기능에 더 중점을 둔 프로젝트인 관계로 메트릭은 기본적인 수준에서 지원한다.

차원형 메트릭 라이브러리마다 세부적인 기능은 조금씩 다르지만, 앞으로 설명할 핵심 개념들을 구현하는 기능은 대부분 갖추고 있다. 그렇지 않은 경우에는 자신이 선택한 라이브러리로 직접 구현할 방안을 고민해보기 바란다.

마이크로미터에서 Meter는 애플리케이션 측정 결과를 수집하는 인터페이스다. 이 측정 결과를 개별적으로 보면 메트릭이 된다.

미터는 `MeterRegistry`가 생성하고 보유한다. 마이크로미터가 지원하는 모니터링 시스템마다 각각 `MeterRegistry` 구현이 있다. 레지스트리는 구현마다 다양한 방식으로 생성한다.

마이크로미터 프로젝트가 지원하는 `MeterRegistry` 구현 라이브러리는 메이븐 센트럴Maven Central과 제이센터JCenter에 공개된다. 예를 들어 `io.micrometer:micrometer-registry-prometheus`는 프로메테우스를, `io.micrometer:micrometer-registry-atlas`는 아틀라스Atlas를 지원한다. 다음은 프로메테우스용 레지스트리 생성 구문이다.

```
MeterRegistry registry = new PrometheusMeterRegistry(PrometheusConfig.DEFAULT);
```

플루언트fluent 빌더를 사용하면 `MeterRegistry`를 구현할 때 더 세부적으로 설정할 수 있다. [예제 2–1]은 인플럭스DBInfluxDB용 빌더로 레지스트리를 생성하는 예시다.

예제 2-1 인플럭스 플루언트 빌더

```
MeterRegistry registry = InfluxMeterRegistry.builder(InfluxConfig.DEFAULT)
  .httpClient(myCustomizedHttpClient)
  .build();
```

`CompositeMeterRegistry`를 사용하면 한번에 여러 모니터링 시스템에 메트릭을 게시할 수 있다.

[예제 2–2]는 프로메테우스와 아틀라스 양쪽에 메트릭을 제공하는 복합 레지스트리를 생성한다. 미터도 복합적으로 생성할 수 있다.

예제 2-2 프로메테우스와 아틀라스를 동시에 지원하는 복합 레지스트리

```
MeterRegistry prometheusMeterRegistry = new PrometheusMeterRegistry(
  PrometheusConfig.DEFAULT);
MeterRegistry atlasMeterRegistry = new AtlasMeterRegistry(AtlasConfig.DEFAULT);

MeterRegistry registry = new CompositeMeterRegistry();
registry.add(prometheusMeterRegistry);
registry.add(atlasMeterRegistry);
// 레지스트리마다 별도로 미터를 설정할 필요 없이
```

```
// 복합 레지스트리에 카운터 미터를 설정한다
registry.counter("my.counter");
```

마이크로미터는 SLF4J의 **LoggerFactory**와 비슷하게 **CompositeMeterRegistry**를 전역적,
정적으로 패키징한다. 의존성 주입 방식으로 **MeterRegistry**를 전달하지 못하는 경우에 이러
한 정적 레지스트리를 사용한다. [예제 2-3]을 보면 정적 전역 레지스트리와 SLF4J의 로깅 라
이브러리 사이의 유사점을 발견할 수 있다.

예제 2-3 전역 레지스트리

```
class MyComponent {
  Timer timer = Timer.builder("time.something")
    .description("time some operation")
    .register(Metrics.globalRegistry);

  Logger logger = LoggerFactory.getLogger(MyComponent.class);

  public void something() {
    timer.record(() -> {
      // 수행 코드
      logger.info("I did something");
    });
  }
}
```

MeterRegistry 구현은 전역 정적 레지스트리로 애플리케이션 탑재[wire]할 수 있다. 저수준 라
이브러리에서 이 레지스트리를 통해 등록한 메트릭이 모두 한 데 묶인다. 또한 복합 레지스트
리는 다른 복합 레지스트리에 재차 등록할 수 있다. [그림 2-1]에서 애플리케이션 복합 레지스
트리는 프로메테우스와 스택드라이버에 메트릭을 게시한다. 예를 들면 **CompositeMeterReg
istry#add(MeterRegistry)**를 각각 호출해 프로메테우스와 스택드라이버 레지스트리를 등
록한다. 그리고 이 복합 레지스트리를 전역 복합 레지스트리에 **다시** 등록한다. 애플리케이션의
복합 레지스트리를 스프링, CDI, 주스[Guice] 등을 통해 의존성으로 주입하면 컴포넌트에서 이
레지스트리에 메트릭을 등록할 수 있다. 한편 의존성 주입 콘텍스트 외부의 라이브러리도 전
역 레지스트리를 사용한다. API 시그니처[signature]에 마이크로미터를 명시적으로 노출하면 안 되
는 라이브러리 등이 이러한 형태로 미터를 등록한다. 결과적으로 메트릭 등록은 레지스트리 계
층 구조를 따라 하향 전이된다. 라이브러리 메트릭은 전역 레지스트리에서 애플리케이션 복합

레지스트리로, 이어서 개별 레지스트리로 흐른다. 애플리케이션 메트릭은 애플리케이션 복합 레지스트리에서 시작해 개별 레지스트리, 즉 프로메테우스와 스택드라이버 레지스트리로 흐른다.

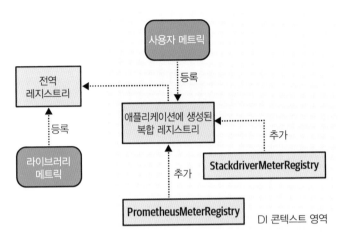

그림 2-1 전역 정적 레지스트리와 애플리케이션 레지스트리 관계도

TIP **스프링부트의** MeterRegistry **자동 설정**

스프링부트는 복합 레지스트리를 자동으로 설정하고 각 레지스트리 구현을 클래스패스에서 찾아 추가한다. 시스템의 런타임 클래스패스 설정에 `micrometer-registry-{system}` 형태를 지닌 의존성이 있으면 스프링부트가 이를 자동으로 감지하고 레지스트리를 구성한다. 또한 `@Bean`으로 설정된 `MeterRegistry`를 발견하면 전역 정적 레지스트리로 추가한다. 이런 방식으로 마이크로미터 측정 라이브러리를 애플리케이션에 추가하면 모니터링 시스템에 맞게 자동으로 메트릭이 탑재된다. 화이트박스 측정이지만 블랙박스 효과를 내는 셈이다. 개발자가 수동으로 메트릭을 등록할 필요 없이 애플리케이션상에 존재하는 것만으로 즉시 작동한다.

2.5 미터 생성

마이크로미터가 지원하는 `Meter` 타입들은 각각 두 가지 방식으로 메트릭을 등록할 수 있다. 어느 쪽을 선택할지는 메트릭 설정 조건이 얼마나 상세한가에 달려있다. [예제 2-4]는 플루언트 빌더 사용 예시로 다양한 조건을 설정한다. 일반적으로 코어 라이브러리는 플루언트 빌더로 작성한다. 다른 라이브러리보다 더 충실한 설명과 상세한 기본 단위 정보를 사용자에게 제공해야 하기 때문이다. 소수 엔지니어가 운영하는 마이크로서비스는 상세함을 다소 포기하더라도 간결한 코드를 유지하는 편이 낫다. 일부 모니터링 시스템은 메트릭에 포함된 설명문과 기본 단위 정보도 수집하는데, 마이크로미터는 이러한 데이터도 알맞게 게시한다. 메트릭의 기본 단위 정보는 차트를 그릴 때 활용하기 좋다. 특히 사용자가 보기 편하도록 차트의 y축을 자동으로 조절하고 라벨을 표시할 때 유용하다. 기본 단위가 'byte'인 메트릭은 수치가 커질수록 메가바이트 또는 기가바이트로 표기하는 게 알아보기 쉽다. 세련된 모니터링 시스템은 메트릭 데이터의 범위를 자동으로 인식하고 y축을 조절해 최대한 가독성을 높인다. '2147483648 바이트'보다 '2GB'가 눈에 더 잘 들어오는 법이다. 모니터링 시스템이 기본 단위 정보를 지원하지 않더라도 그라파나^{Grafana} (*https://grafana.com*) 같은 차트 도구는 사용자 인터페이스를 통해 수동으로 단위를 선택할 수 있으며 단위에 따라 앞서 설명한 자동 조절 기능을 수행한다.

예제 2-4 미터 플루언트 빌더

```
Counter counter = Counter.builder("requests") // 이름
  .tag("status", "200")
  .tags("method", "GET", "outcome", "SUCCESS") // 복수 태그
  .description("http requests")
  .baseUnit("requests")
  .register(registry);
```

`MeterRegistry`는 편리한 축약 구문도 지원한다. [예제 2-5]처럼 `Meter` 인스턴스를 더 간단하게 생성할 수 있다.

예제 2-5 축약 구문을 이용한 미터 생성

```
Counter counter = registry.counter("requests",
  "status", "200", "method", "GET", "outcome", "SUCCESS");
```

미터를 생성하려면 두 방식 모두 최소한 이름과 태그를 반드시 지정해야 한다.

2.6 메트릭명

메트릭을 최대한 활용하려면 메트릭명을 적절히 선정하고 태그를 취합해야 한다. 상시 혹은 특정 시기에 의미 있는 집계 수치를 나타내는 모든 태그가 취합 대상이다. 가령 `http.server.requests` 메트릭의 태그는 애플리케이션, 클라우드 서비스 리전^{region}, API 엔드포인트, HTTP 메서드, 응답 상태 코드 등을 식별한다. 이 메트릭의 모든 태그를 고유하게 조합해 측정 결과를 집계하면 애플리케이션 스택 전반에 걸쳐 이뤄지는 모든 상호작용의 처리 결과가 산출된다. 또한 메트릭명과 태그를 다양하게 조합하면 이 결과를 더욱 쓸모 있게 활용할 수 있다. 예를 들어 클라우드 리전 태그 차원으로 메트릭을 탐색하면 지역별 서비스 장애 상황이 한눈에 보인다. 특정 API 엔드포인트의 응답 성공률을 조회하면 해당 애플리케이션의 상태를 단독으로 추정할 수 있다.

다수의 애플리케이션이 `http.server.requests` 메트릭을 게시하는 경우도 있다. 모니터링 시스템은 `http.server.requests` 메트릭을 시각화할 때 모든 애플리케이션, 리전 등을 집계해서 보여준다. 이 상태에서 특정 요소를 선택해 집중적으로 모니터링할 수 있다.

모든 모니터링 요소를 태그로 나타낼 필요는 없다. HTTP 요청 수와 데이터베이스 호출 수를 별도로 측정한다고 가정해보자.

메트릭명은 영소문자 단어들로 구성하며 마침표로 구분한다. 마이크로미터가 채택한 규칙이다. [예제 2-6]에서 지정한 메트릭명은 맥락 정보를 충분히 제공하며 메트릭명만 선택해도 의미 있는 값을 얻을 수 있다. 가령 `database.queries`를 선택하면 모든 데이터베이스에 발생한 호출 건수를 얻는다. 이 상태에서 더 나아가 데이터베이스를 특정하거나 그룹을 나눠 조회할 수 있으며 각 데이터베이스의 호출 분포를 비교 분석하는 것도 가능하다.

예제 2-6 적절한 이름

```
registry.counter("database.queries", "db", "users")
registry.counter("http.requests", "uri", "/api/users")
```

반면 [예제 2-7]처럼 이름을 지으면 calls 메트릭을 선택했을 때 데이터베이스 호출과 HTTP 요청 수가 합산된 값이 조회된다. 이 메트릭은 태그 차원에서 세부적으로 조회하지 않으면 쓸모가 없다.

예제 2-7 이름에 들어가야 할 정보를 type 태그로 넣은 부적절한 사례

```
registry.counter("calls",
    "type", "database",
    "db", "users");

registry.counter("calls",
    "type", "http",
    "uri", "/api/users");
```

[그림 2-2]는 메트릭명을 잘못 지었을 때 발생하는 역효과를 보여준다. HTTP 요청 한 건당 데이터베이스 호출이 10건 발생한다고 가정하자. calls 메트릭으로 차트를 생성하면 맨 위 그래프처럼 대략 11,000에서 시작할 것이다. 그러나 11,000은 사실상 자릿수만 하나 다른 두 빈도수를 억지로 합산한 결과다. 그래도 이 값을 활용하겠다면 먼저 데이터베이스 호출이 HTTP 요청의 10배라는 사실을 인지한 다음 type 차원으로 그래프를 분할해봐야 한다. 지능형 차트를 볼 때 처음부터 차원을 세분화해야 한다면 애초에 메트릭명 설계가 잘못되었다는 신호로 받아들여야 한다.

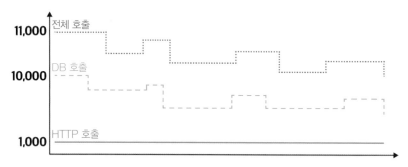

그림 2-2 잘못된 메트릭명이 차트에 미치는 영향

서로 연관된 데이터를 묶을 때는 'jvm', 'db'처럼 적절한 네임스페이스를 접두어로 사용하면 좋다. 예를 들어 JVM 가비지 수집과 관련 있는 메트릭은 다음과 같이 jvm.gc라는 접두어를 쓴다.

```
jvm.gc.live.data.size
jvm.gc.memory.promoted
jvm.gc.memory.allocated
```

네임스페이스를 통일하면 모니터링 시스템의 UI와 대시보드 도구에서 메트릭들을 알파벳 순서로 묶어서 볼 수 있어 좋다. 또한 `MeterFilter`를 이용해 메트릭을 그룹 단위로 제어할 때 편리하다. 예를 들어 `jvm.gc`로 시작하는 모든 메트릭을 비활성화시키려면 다음과 같이 `MeterFilter`를 적용한다.

```
MeterRegistry registry = ...;
registry.config().meterFilter(MeterFilter.denyNameStartsWith("jvm.gc"));
```

모니터링 시스템마다 권장 명명 규칙은 다르다. 또한 일부 규칙은 시스템 간에 서로 호환되지 않는다. 마이크로미터는 영소문자 단어를 마침표로 연결하는 명명 규칙을 따른다는 점을 떠올려보자. 마이크로미터를 구현하면 대상 모니터링 시스템에 맞는 명명 규칙이 함께 제공된다.

이 명명 규칙은 메트릭명과 태그에 포함된 특수문자를 확인하고 대상 시스템에 따라 적절히 처리한다. 명명 규칙의 역할은 단순히 관용적인 외형을 지정하는 것에 그치지 않는다. 엘라스틱서치^{Elasticsearch}는 마침표를 인덱스의 계층 구조로 인식한다. 만일 `http.server.requests`와 `http.client.requests` 두 메트릭을 그대로 사용하면 엘라스틱서치 인덱싱을 처리할 때 문제가 된다. 반면, 변환을 거쳐 마침표를 없애면 SignalFX를 제대로 활용할 수 **없다**. SignalFX는 메트릭명을 마침표로 나누어 계층 구조를 만들고 UI 화면을 구성할 때 적극 활용한다. 이름을 취급하는 이러한 두 방식은 상호 배타적이다. `httpServerRequests`와 `httpClientRequests`처럼 정규화된 이름은 엘라스틱에 알맞고, 마침표로 구분된 이름은 SignalFX와 잘 맞는다. 애플리케이션 코드는 측정 방식을 유지하면서 호환성은 최대한 확보해야 한다. 따라서 마이크로미터를 사용할 때 미터명과 태그키는 다음과 같은 지침을 따라야 한다.

- 이름의 일부를 구분할 때는 항상 마침표를 사용한다.
- 단위를 나타내는 단어 또는 total 등의 단어를 미터명에 추가하지 않는다.

즉 `jvmGcMemoryPromoted`나 `jvm_gc_memory_promoted`가 아니라 `jvm.gc.memory.promoted`를 써야 한다. 만일 앞의 두 방식을 선호하거나 모니터링 시스템 때문에 어쩔 수 없이 써야 한

다면 레지스트리에 해당 명명 규칙을 설정하면 된다. 그러나 다양한 모니터링 시스템에 항상 일관적인 결과물을 제공하려면 가급적 모든 소프트웨어 스택에 걸쳐 메트릭명을 마침표 구분 자 형태로 통일할 것을 권한다.

일부 모니터링 시스템에서 단위명은 명명 스키마에 관용적으로 포함된다. 다시 말해, 명명 스 키마가 단위명을 알아서 추가한다는 뜻이다. 예를 들어 프로메테우스의 명명 스키마는 카운터 에 _total을, 타이머에 _seconds를 접미어로 덧붙인다. 또한 시간의 기본 단위와 종류는 모 니터링 시스템마다 다르다. 마이크로미터 Timer는 기록 세분화 정도를 원하는 대로 설정할 수 있으며, 기록된 시간값은 메트릭이 게시되는 시점에 최종적으로 세분화 설정에 맞춰 변환된다. 설령 모든 시간 측정을 동일한 단위로 기록하더라도 미터명에 단위명을 포함하면 결과적으로 부정확한 이름이 된다. 예를 들어 [예제 2-8]에서 설정한 이름은 결과적으로 프로메테우스에 서 requests_millis_seconds라는 이상한 이름으로 저장된다.

예제 2-8 단위명을 포함시킨 부적절한 미터명

```
registry.timer("requests.millis")
    .record(responseTime, TimeUnit.MILLISECONDS);
```

MeterRegistry의 기본 명명 규칙은 사용자가 원하는 방식으로 오버라이드할 수 있다. [예제 2-9]는 NamingConvention 인터페이스를 이용해 사용자 명명 규칙을 설정한다.

예제 2-9 기본 단위를 접미어로 추가하는 사용자 명명 규칙

```
registry.config()
    .namingConvention(new NamingConvention() { // ❶
        @Override
        public String name(String name, Meter.Type type, String baseUnit) {
            String camelCased = NamingConvention.snakeCase.name(name, type,
baseUnit);
            return baseUnit == null ? camelCased :
                    camelCased + "_" + baseUnit;
        }
    });
```

❶ NamingConvention은 함수형 인터페이스며 람다 형태로 축약할 수 있으나 예시를 알아보기 쉽도록 익 명 클래스 형태로 둔다.

2.2절에서 설명한대로 메트릭 저장 비용은 각 태그와 값을 조합한 카디널리티 곱이다. 태그명을 적절히 선정하면 소프트웨어 장애 형태를 식별하는 데 도움이 된다. 예를 들어 자동차 보험회사의 애플리케이션을 모니터링할 때는 차량 번호 태그보다 차량 등급 태그가 더 유용하다. 버그 또는 다운스트림 장애가 발생해 구형 트럭 차종에 등급을 지정할 수 없게 됐다고 가정하자. 등급 지정 기능의 에러율이 사전 계획된 임계점을 초과하고 경고가 발생하면 엔지니어는 모니터링 시스템으로 에러를 관찰한다. 그리고 에러율 최상위 3개 차종을 확인하는 순간 구형 트럭 등급 지정에 문제가 생겼음을 즉시 알게 된다.

> **CAUTION_ 고유 태그값 총량 제한과 스토리지 비용 제어**
>
> 서비스 엔드포인트의 HTTP 요청을 기록하는 URI 태그가 있다고 가정하자. 존재하지 않는 URI에 접근하면 404 응답이 발생하고 URI가 메트릭에 기록된다. 이런 경우는 URI를 'NOT_FOUND'처럼 단일한 값으로 통일시켜야 한다. 그렇게 하지 않으면 404 URI가 모두 쌓여 메트릭의 차원이 증가한다. 더 까다로운 경우도 있다. 인증 권한 없이 접근하면 무조건 로그인 페이지로 이동하는 애플리케이션을 생각해보자. 이때 발생하는 403 응답은 한 번 로그인하면 다음에 다시 발생하지 않는다. 그렇다면 403 요청의 URI 태그값은 'REDIRECTION' 정도가 적당하다. 태그값이 무한히 늘어나도록 방관하면 모니터링 시스템 스토리지가 순식간에 가득 차버리고 만다. 비용이 증가할 뿐만 아니라 관찰 가능성 스택을 구성하는 핵심 요소에 잠재적으로 불안정성이 가중된다.

일반적으로 사용자 아이디처럼 고유한 값은 태그로 기록하지 않는다. 고유한 총량이 아주 적은 경우는 예외다.

태그값은 널^{null}이나 공백이 아니어야 한다. 기술적으로 정확히 말하면 마이크로미터는 제한적인 상황에서 빈 태그값을 지원한다. 데이터도그^{Datadog} 레지스트리 구현이 그 예다. 그러나 빈 태그값을 지원하지 않는 모니터링 시스템으로 이식하기 어렵다는 점을 유념하기 바란다.

> **CAUTION_ 고유 태그값 총량 제한과 쿼리 비용 제어**
>
> 고유 태그값이 늘어나면 스토리지 비용뿐만 아니라 쿼리 수행 비용도 시간적, 자원적인 면에서 함께 증가한다. 쿼리 결과로 집계할 시계열 데이터가 늘어나기 때문이다.

2.6.1 공통 태그

저수준 라이브러리가 공통 요소를 측정할 때(2.20절 참고) 이들은 측정 결과를 수집하는 애플리케이션이 어느 위치와 환경에서 실행되는지 알 수 없다. 사설 데이터센터에서 운영되는, 좀처럼 이름이 바뀌지 않는 소규모 VM에서 실행되고 있는지, 서비스형 인프라스트럭처infrastructure as a service(IaaS), 혹은 클라우드 서비스 자원에 올라가 있는지, 아니면 쿠버네티스인지 가늠할 수 없다. 사실상 모든 경우에 메트릭을 제공하는 애플리케이션은 한 개 이상의 복사본으로 실행된다. 프로덕션 복사본이 단 하나라 해도 저수준 테스트 환경에 복사본이 하나쯤 있기 마련이다. 이렇게 다양한 애플리케이션 인스턴스의 메트릭 데이터는 차원을 지정해 걸러내면 활용성이 한층 높아진다. 이를 기반으로 특정 인스턴스에 조치를 취할 수도 있다.

정확히 이런 역할을 미터 필터가 한다. 미터 필터로 공통 태그를 추가하는 방법은 2.17절에 자세히 나온다. 미터 필터로 추가된 공통 태그는 애플리케이션에서 게시하는 모든 메트릭에 반영된다. 메트릭 데이터의 실용성을 높일 공통 태그를 직접 골라보자. 다음 공통 태그들은 항상 유용하다.

애플리케이션 이름

HTTP 요청처럼 프레임워크가 측정하는 메트릭은 애플리케이션이 달라도 대체로 이름은 같다. 가령 `http.server.requests`는 애플리케이션의 HTTP 엔드포인트를, `http.client.requests`는 다른 서비스를 향한 아웃바운드 요청을 나타낸다. 애플리케이션 이름을 태그로 지정하면 이러한 메트릭이 더 명확히 구별된다. 이를테면 특정 서비스 엔드포인트를 향한 모든 호출 주체의 아웃바운드 요청만 선별적으로 확인할 수 있다.

클러스터와 서버 그룹명

5.3절은 클러스터 및 서버 그룹의 공식적인 정의를 자세히 설명한다. 복잡한 토폴로지topology를 보유한 조직은 클러스터나 서버 그룹을 태그로 지정해두면 매우 유용할 것이다. 그렇지 않은 조직이라도 태그를 써서 나쁠 것은 없다.

인스턴스 이름

인스턴스명은 머신의 호스트명을 그대로 따르는 경우가 많지만 항상 그렇지는 않다. 마이크로미터는 호스트명처럼 전적으로 배포 환경에 따라 달라지는 태그를 우선시하지 않는다. 공용 클라우드 환경에서 호스트명은 태그로 쓰기 곤란한 경우가 있다. 가령 AWS EC2는 인스턴스 ID 와 별개로 로컬, 외부 호스트명을 지닌다. 이 중 AWS 콘솔에서 특정 인스턴스를 찾을 때 가장 편리한 것은 인스턴스 ID다. 또한 인스턴스 ID는 인스턴스의 고유성을 나타내는 식별자다. 이 러한 맥락에서 인스턴스 ID는 호스트명보다 더 적절한 태그다. 쿠버네티스에서 인스턴스 수준 으로 태그를 지정하려면 파드^{pod} ID를 쓰면 된다.

스택

여기서 말하는 '스택'은 개발과 프로덕션 환경들을 의미한다. 비(非)프로덕션 환경을 여러 단 계에 걸쳐 구축하는 경우가 있다. 앞서 언급했던 보험사는 한때 프로덕션을 제외하고 'devl', 'test', 'func', 'stage' 등의 환경을 보유했다. 한두 개 빠뜨렸을지 모르겠으나 모두 저마다의 역 할이 있었다. 불안정한 저수준 환경은 모니터링 연습 대상으로 쓰기 좋다. 프로덕션 환경에 단 계적으로 접근하며 모니터링을 진행하거나 코드의 성능과 에러 발생율을 확인하고 기대치에 기준을 세우는 기회로 삼을 수 있다.

[표 2-4]는 다양한 배포 환경과 대표적인 공통 태그들을 나열한다.

표 2-4 클라우드 공급자에 따른 공통 태그

공급자	공통 태그
AWS	Instance ID, ASG name, region, zone, AMI ID, account
쿠버네티스	Pod ID, namespace, cluster name, Deployment/StatefulSet name, ReplicaSet name
클라우드 파운드리	CF app name(애플리케이션 이름과 구분될 경우), organization name, space name, instance ordinal, foundation name

마이크로미터가 이러한 태그들을 기본적으로 추가하지 않는 이유를 [표 2-4]를 통해 알 수 있 다. 'namespace'라는 하나의 개념이 클라우드 종류에 따라 세 가지 다른 이름으로 표현된다. region, namespace, organization/space다. AWS와 쿠버네티스에서 네임스페이스를 단 일값으로 표현하는 데 비해 클라우드 파운드리는 organization과 space로 나누어 구성한다.

플랫폼 엔지니어는 항상 캡슐화와 표준화를 고민해야 한다. 애플리케이션 공통 태그는 플랫폼 엔지니어링 조직이 갖춰야 할 사고방식을 연습하는 첫 대상으로 부족함이 없다.

[예제 2-10]은 스프링부트 프로퍼티 설정에 공통 태그를 적용하는 코드다.

예제 2-10 스프링부트 프로퍼티에 추가한 공통 태그

```
management.metrics.tags:
  application: ${spring.application.name}
  region: us-east-1
  stack: prod
```

[예제 2-11]은 자동 설정이 적용되는 `@Configuraion` 클래스로 태그를 적용한다.

예제 2-11 Adding common tags programmatically in Spring Boot

```
@Configuration
public class MetricsConfiguration {
  @Bean
  MeterFilter commonTags(@Value("${spring.application.name}") String appName) {
    return MeterFilter.commonTags(Arrays.asList(
        Tag.of("application", appName,
        Tag.of("region", "us-east-1",  // ❶
        Tag.of("stack", "prod"))
    )
  }
}
```

❶ 이 부분은 환경에 따라 다르게 설정해야 한다.

스프링 클라우드 컨피그 서버Spring Cloud Config Server는 대표적인 동적 설정 서버다. 배포 환경이 이러한 동적 설정 서버를 중심으로 구성된다면 공통 태그를 아주 쉽게 전달할 수 있다. 애플리케이션이 시작되면 프로퍼티를 조회하며 프로퍼티 기반 설정을 통해 추가한 공통 태그가 모든 애플리케이션 스택에 즉시 전달된다. 각 애플리케이션의 코드를 수정하거나 의존성 요구 사항을 변경할 필요가 없다.

프로그램적으로 전달하는 방법도 있다. 각 애플리케이션에 명시적인 런타임 바이너리 종속성

을 추가하거나 애플리케이션을 실행하는 프로그램 또는 컨테이너, 즉 톰캣^{Tomcat} 같은 도구에 의존성을 주입하면 된다.

2.7 미터 클래스

메트릭 수집기는 다양한 미터 클래스를 제공하며 각 클래스는 하나 이상의 메트릭이나 통계를 발행한다. 게이지^{guage}, 카운터^{counter}, 타이머^{timer}/요약^{summary} 등이 가장 대표적이다. 장기 작업^{long task} 타이머, 시간 게이지, 간격^{interval} 카운터 등 더 특수한 미터 클래스도 있다. 자신이 처리할 작업에 사용할 클래스를 충분히 숙지하고 선택하기 바란다. 가령 타이머는 항상 횟수를 측정해 보고하지만 코드 블록의 실행 횟수를 셀 때 장점을 발휘한다. 단순 카운트 통계뿐만 아니라 레이턴시 분포에 대한 정보를 더 풍부하게 얻을 수 있다.

내장 미터 타입 중 적절한 하나를 선택하는 요령은 2.13절에서 설명한다.

2.8 게이지

게이지는 시간의 흐름에 따라 증가 또는 감소하는 값을 순간적으로 측정한 값이다. 단위 기간 동안 순간값을 측정해 샘플링하고 이를 지속적으로 좌표에 표시하면 게이지의 시계열 그래프가 된다. 샘플링의 특성상 추출 시점에 따라 수치가 높아지거나 낮아질 가능성이 있다.

자동차의 속도계와 연료계는 전형적인 게이지다. 주행 시 속도계를 주기적으로 확인한다(그래야 한다). 순간적인 속도를 주기적으로 확인하기만 해도 충분히 속도를 제어할 수 있다. 속도계에서 시선이 떠나는 순간 발생하는 속도의 변화를 놓치고 만다.

컬렉션^{collection}, 맵^{map}, 스레드^{thread} 수 등은 통상적으로 애플리케이션이 실행되는 동안 게이지로 측정한다. 메모리와 CPU도 마찬가지다. [그림 2-3]은 단일 메트릭 `jvm.memory.used`의 시계열 게이지를 나타낸다. 이 메트릭은 메모리 공간을 포함한 여러 차원 정보를 태그로 지닌다. 메모리 소비라는 단일한 개념을 이용해 차원적으로 풍부한 정보를 차트에 제공할 수 있다는 사실을 단적으로 보여준다.

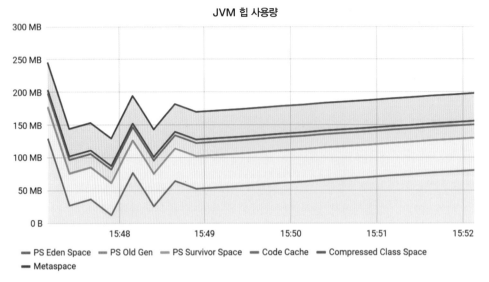

그림 2-3 공간별 힙 사용량

마이크로미터는 게이지 데이터를 샘플링한다는 원칙을 따르므로 샘플 사이에서 발생하는 일에 대한 정보는 없다. 그러나 게이지가 메트릭 백엔드에 주기적으로 저장된다는 점, 저장 주기 사이의 측정값이 결국 소실된다는 점을 감안하면 샘플 사이의 값은 크게 고려할 가치가 없어 보인다.

게이지는 관찰하기 전까지 변하지 않고 관찰하는 순간 변경되는 미터다. 다른 미터 클래스는 데이터가 메트릭 백엔드에 전송되기 전까지 중간 카운트를 누적한다.

[예제 2-12]는 `MeterRegistry` 인터페이스 메서드로 게이지를 생성한다. 게이지는 수치, 함수, 컬렉션, 맵 등을 관찰할 수 있다.

예제 2-12 게이지 생성

```
List<String> list = registry.gauge(
  "listGauge", Collections.emptyList(),
  new ArrayList<>(), List::size);

List<String> list2 = registry.gaugeCollectionSize(
  "listSize2", Tags.empty(),
  new ArrayList<>());
```

```
Map<String, Integer> map = registry.gaugeMapSize(
    "mapGauge", Tags.empty(), new HashMap<>());
```

첫 번째 구문은 비(非)숫자형 객체를 모니터링하는 범용적인 게이지 형태다. 함수의 마지막 인수는 게이지를 관찰할 때 게이지값의 종류를 판단하는 용도로 쓰인다. 맵과 컬렉션 크기처럼 보편적인 측정 요소는 마이크로미터가 제공하는 전용 메서드로 간편하게 모니터링할 수 있다.

게이지는 대체로 관찰 대상 객체와 약한 참조 관계를 유지한다. 대상 객체의 가비지 수집을 방해하지 않기 위해서다. 게이지로 측정할 객체와 강한 참고 관계를 맺고 관리하는 것은 사용자의 몫이다. 마이크로미터는 가비지 수집에 포함될 객체와 강한 참고 관계를 맺지 않도록 조심한다. 게이지를 측정하고 있는 객체가 참고 해제되고 가비지로 수집되면 마이크로미터는 레지스트리 구현에 따라 NaN[not a number]을 보고하거나 아무것도 보고하지 않는다.

반환된 게이지 인스턴스는 테스트에 사용할 때를 제외하면 보통 쓸모가 없다. 게이지를 등록하면 자동으로 값을 추적하도록 설정되기 때문이다.

MeterRegistry의 단축 메서드로 직접 게이지를 생성하는 방법 외에, 더 많은 설정 조건을 지닌 플루언트 빌더도 제공된다. 특히 **strongReference** 설정은 눈여겨 봐두자. 모니터링하던 객체가 가비지로 수집되는 것을 방지하는 조건이다. 즉 게이지의 기본 행동을 변경한다.

예제 2-13 게이지 플루언트 빌더

```
Gauge gauge = Gauge
    .builder("gauge", myObj, myObj::gaugeValue)
    .description("a description of what this gauge does") // 선택적
    .baseUnit("speed")
    .tags("region", "test") // 선택적
    .strongReference(IS_STRONG) // 선택적
    .register(registry);
```

마이크로미터 내장 메트릭은 게이지도 포함한다. [표 2-5]는 그중 일부를 보여준다.

표 2-5 마이크로미터의 내장 메트릭 게이지

메트릭명	설명
jvm.threads.live	현재 활성 스레드 개수. 데몬daemon 스레드, 일반nondaemon 스레드 포함
jvm.memory.used	바이트 단위 메모리 사용량
db.table.size	데이터베이스 테이블 총 로우row 개수
jetty.requests.active	현재 활성 요청 개수

[표 2-6]는 TimeGauge의 내장 메트릭으로, 시간을 측정하는 특수한 Gauge다. TimeGauge는 Gauge와 마찬가지로 관찰할 때 값이 변경된다. 둘 사이의 유일한 차이점은 TimeGauge 값은 게시되는 시점에 대상 모니터링 시스템의 기본 시간 단위로 변환된다는 점이다. 그 외는 일반적인 규칙을 따른다. 즉 스토리지는 바이트, 커넥션 풀의 사용량은 커넥션 개수 등 기본 단위대로 게시한다. 모니터링 시스템이 다르면 시간을 표시하는 기본 단위가 달라질 뿐 다른 부분은 같다.

표 2-6 마이크로미터의 내장 계측 타임 게이지 예시

메트릭명	설명
process.uptime	RuntimeMXBean이 보고하는 자바 가상 머신 가동 시간
kafka.consumer.fetch.latency.avg	그룹 싱크 평균 소요 시간. 카프카Kafka 자바 클라이언트가 계산 및 보고한다.

카프카 컨슈머consumer의 평균 레이턴시를 보면, 기초적인 통계만 간단히 제공하는 일부 자바 클라이언트 라이브러리의 전형적인 결과물과 맥락이 닿는 지점이 있다. 카프카 클라이언트 코드에 직접 손을 댈 수 있다면 이 타이머를 좀 더 쓸모 있게 만들 수 있을 것이다. 평균 외에 얻을 수 있는 정보는 최대 레이턴시, 백분위수 정도다.

마지막으로 살펴볼 특수 게이지는 MultiGauge다. 늘어나거나 줄어드는 목록을 게이지로 측정하는 역할을 한다. 이 기능이 자주 쓰이는 경우는 SQL 쿼리처럼 경계가 뚜렷하지만 영역이 조금씩 변하는 데이터를 측정할 때다. 게이지는 각 로우를 측정하고 메트릭으로 보고한다. 물론 데이터베이스에 한정적으로 쓰이지는 않는다. 이 게이지의 구조는 메모리에서 맵 형태 또는 최소

하나의 숫자 컬럼을 보유한 로우 형태로 구성된다. [예제 2-15]는 MultiGauge 생성 예시다.

예제 **2-14** 멀티 게이지 생성

```
// SELECT count(*), city from customers group by city WHERE country = 'US'
MultiGauge statuses = MultiGauge.builder("customers")
        .tag("country", "US")
        .description("The number of customers by city")
        .baseUnit("customers")
        .register(registry);

...

// 쿼리를 실행할 때마다 다음을 실행한다.
statuses.register(
  resultSet.stream().map(result ->
    Row.of(
      Tags.of("city", result.getAsString("city")),
      result.getAsInt("count")
    )
  )
);
```

애플리케이션에서 발생하는 사건을 비율로 나타낼 때는 카운터가 더 잘 맞는다.

> **TIP** 게이지와 카운터 중 어떤 것을 쓸까
>
> 셀 수 있는 것은 절대 게이지로 측정하지 않는다.

2.9 카운터

카운터는 횟수를 보고하는 단일 메트릭이다. **Counter** 인터페이스는 고정된 수량을 측정하고 증가시킨다. 수량은 반드시 양의 정수여야 한다.

드문 경우지만 실수만큼 카운터를 증가시킬 수 있다. 달러dollar라는 기본 단위가 대표적이다. 값의 특성상 실수 표현이 더 자연스럽다. 이와 별개로, 판매량을 측정할 때는 2.11절에 나오는 '분포 요약' 미터 타입이 더 적합하다.

[예제 2-15]는 **MeterRegistry** 인터페이스가 제공하는 간편한 메서드로 카운터를 생성한다.

예제 2-15 카운터 생성

```
// 태그 없음
Counter counter = registry.counter("bean.counter");

// 태그를 키-값 쌍으로 추가
Counter counter = registry.counter("bean.counter", "region", "us-east-1");

// 명시적인 태그 목록 생성 ❶
Counter counter = registry.counter("bean.counter", Tags.of("region", "us-east-1"));

// 기존에 생성된 태그를 가져와 추가한다.
Iterable<Tag> predeterminedTags = Tags.of("region", "us-east-1");
Counter counter = registry.counter("bean.counter",
  Tags.concat(
    predeterminedTags,
    "stack", "prod"
  )
);
```

❶ 카운터 외에 다른 미터 타입도 이와 유사한 **API**를 제공한다.

[예제 2-16]은 카운터 플루언트 빌더 예시다. 설정 조건이 더 많다.

예제 2-16 카운터 플루언트 빌더

```
Counter counter = Counter
    .builder("bean.counter")
    .description("a description of what this counter does") // 선택적
    .baseUnit("beans")
    .tags("region", "us-east-1") // 선택적
    .register(registry);
```

마이크로미터의 내장 메트릭은 다양한 카운터를 포함한다. [표 2-7]은 내장 카운터 메트릭 예시다.

메트릭명	설명
jetty.async.requests	비동기 요청 횟수
postgres.transactions	트랜잭션 실행 횟수(커밋, 롤백 포함)
jvm.classes.loaded	자바 가상 머신이 현재 로드한 클래스 개수
jvm.gc.memory.promoted	GC가 수행되고 OLD 세대의 메모리 풀이 증가한 횟수

카운터를 근거로 그래프와 경고 체계를 수립할 때는 일정 시간 간격 동안 어떤 사건이 얼마만 큼의 빈도로 발생하는지 관심을 기울여야 한다. 간단한 큐를 생각해보자. 카운터는 큐에 아이 템이 추가되거나 제거되는 비율을 측정할 수 있다.

> **TIP** **카운트가 사건을 측정하면 처리량이 측정된다**
>
> 사건이 발생하는 비율은 개념적으로 보면 **처리량**throughput과 같다. 차트에서 카운터의 변화량을 보고 있다면 사실상 처리량을 보고 있는 셈이다. 처리량은 카운터가 증가하는 속도다. 개별 사건을 메트릭으로 측정할 기 회가 생기면 실제로는 거의 타이머를 사용하게 된다. 처리량은 타이머가 제공하는 여러 유용한 통계 중 하나 다(2.10절 참고).

카운터라 하면 어쩐지 절대적인 수치를 떠올리기 쉽다. 그러나 절대적인 수치는 통상적으로 어 떤 사건이 발생하는 빈도와 애플리케이션 인스턴스의 가동 기간을 동시에 나타낸다. 특정 시간 간격당 카운터의 비율을 대시보드에 나타내고 이를 기반으로 경고를 설정하면, 가동 기간과 무 관하게 오랜 시간이 지난 뒤에도 애플리케이션의 이상 행동을 발견할 수 있다.

엔지니어가 절대적인 카운트를 시각화하려는 이유를 자세히 살펴보면 대개 판매량이나 수익 등 사업적인 수치를 확인하기 위한 경우가 많다. 메트릭의 본래 용도가 가용성 신호를 측정하 는 것임을 감안하면, 실제 구현은 자연적으로 측정 성능과 지속성을 절충한 결과를 낳는다. 일 정한 간격을 두고 지속적으로 게시되는 메트릭은 기계적인 장애 또는 백엔드와 애플리케이션 사이의 네트워크 문제로 언제든지 중단될 위험이 있다. 게다가 다음 주기에 다시 게시될 것이 라는 가정을 전제로 하기 때문에 실패하더라도 재시도하지 않는다. 누적 카운터도 마찬가지로, 실패하기 직전의 측정값은 백엔드에 저장되지 않는다. 영영 유실된다. 매우 중요한 카운트, 예 를 들어 법적인 문제와 관련된 수치는 메트릭으로 측정하는 대신 지속적으로 유지되는 스토리 지에 기록해야 한다. 이때 메트릭은 보조적인 용도로 사용한다.

아틀라스용 카운터 메트릭은 마이크로미터 쪽에서 비율로 게시한다. [예제 2-17]은 아틀라스의 카운터 예시다. y축은 비율을 나타낸다.

예제 2-17 아틀라스의 카운터 비율

```
name,queue.insert,:eq
```

일부 모니터링 시스템은 카운터를 누적 통계로 받고 화면에 출력하는 순간만 비율로 변환한다. 누적 통계를 비율로 변환하려면 [예제 2-18]처럼 rate 함수를 써야 한다. 이 함수는 거의 모든 모니터링 시나리오에서 카운터에 접근할 때마다 사용한다.

예제 2-18 프로메테우스의 카운터 비율

```
rate(queue_insert_sum[2m])
```

특정 메서드에서 발생하는 에러나 메서드 호출 성공 횟수를 기록할 때는 타이머를 쓰는 편이 훨씬 낫다. 타이머는 작업 레이턴시에 대한 많은 정보를 제공하며 여기에 카운터도 포함되어 있다.

> **TIP 카운터, 타이머, 분산 요약 중 어느 것을 쓸까**
> 시간으로 잴 수 있는 것은 절대 횟수로 측정하지 않는다. 기본 단위가 시간이 아니라면 그 다음 원칙을 따른다. 분산 요약으로 기록할 수 있는 것은 절대 횟수로 측정하지 않는다.

2.10 타이머

타이머는 단시간 동안 레이턴시를 측정하고 특정 이벤트의 빈도를 측정할 때 사용한다. 모든 Timer 구현은 다음과 같은 통계를 기본적으로 보고한다.

카운트 count

타이머가 기록하는 개별적인 측정 수치다. API 엔드포인트를 측정하는 Timer에서 카운트는 API 요청 건수를 나타낸다. 카운트는 처리량 지표다.

합계 sum

모든 요청을 성공적으로 응답하는 데 걸린 시간의 합이다. 세 번의 API 엔드포인트 요청이 각각 5ms, 10ms, 15ms 걸렸다면 합계는 30ms가 된다. 모두 더해 30ms로 집계하거나 비율로 변환해 집계할 수 있으며 모니터링 시스템에 따라 다르다.

최댓값 maximum

가장 오래 걸린 개별 시간 측정값이며, 주기가 반복될 때 갱신된다. 마이크로미터는 주기가 반복됨에 따라 원형 버퍼에 값을 저장하고 해당 주기의 최댓값을 추적한다. 명심할 것은 최댓값은 애플리케이션이 시작된 이후 발생한 최대치를 의미하지 않는다는 점이다(이러한 최댓값은 별로 쓸모가 없다). '최근'의 최댓값일 뿐이다. '최근'의 정도는 설정으로 조절할 수 있으며 값이 폐기되는 속도를 높이거나 늦춘다.

타이머는 **선택적**optionally으로 다음과 같은 통계를 제공할 수 있다.

서비스 수준 목표(SLO) 경계 boundary

특정 경계값보다 작거나 같게 측정된 요청 횟수다. 예를 들면 100ms보다 빨리 응답한 API 엔드포인트 요청 횟수가 여기 해당한다. 이 수치는 카운트이기 때문에 전체 요청 횟수로 나누면 비율로 변환된다. 따라서 서비스 수준 목표를 만족시키는 요청이 몇 퍼센트 정도 되는지 파악할 수 있다. 목표치를 사전에 설정하면 계산 비용이 매우 저렴해진다.

백분위수 percentile

사전에 계산된 백분위수를 나타내며 다른 태그의 백분위와 조합할 수 없다. 가령 인스턴스들을 측정한 백분위수는 클러스터가 같다 해도 조합해서 측정할 수 없다.

히스토그램 histogram

SLO 경계와 유사하며, 버킷bucket 세트에 저장되는 일련의 카운트로 구성된다. 히스토그램은 다른 차원의 값과 합산(예: 여러 인스턴스의 버킷에서 카운트를 합산)할 수 있다. 일부 모니터링 시스템은 히스토그램을 이용해 백분위수 근사치를 생성한다. 히스토그램은 2.10.9절에서 더 자세히 설명한다.

이러한 통계들을 어떻게 활용할 수 있을지와 통계 사이의 관계를 살펴보자.

2.10.1 '카운트'는 '처리량'을 의미

타이머의 카운트 통계는 자체적으로 쓸모가 있다. 이 통계는 **처리량**throughput을 나타내는 지표이며 시간 측정 대상 작업이 발생한 비율이다. API 엔드포인트를 타이머로 측정하면 해당 엔드포인트를 요청한 횟수를, 대기열 메시지를 타이머로 측정하면 대기열에 배치된 메시지의 개수를 알 수 있다.

카운트 통계는 정확히 2.9절에서 설명한 대로 쓰인다. 즉 비율로 나타낸다. 마이크로미터는 모니터링 시스템에 따라 이 통계를 누적 수치 또는 비율로 내보낸다.

2.10.2 '카운트'와 '합계'를 조합하면 '집계 평균'을 의미

합계는 그 자체만으로는 의미가 없다. 작업이 발생하는 비율과 함께 고려하지 않으면 존재 목적을 잃는다. API 엔드포인트 요청 1건이 1초로 합산됐다면 큰 문제지만, 1ms의 요청이 1,000건 모여 1초로 합산됐다면 매우 만족스러운 결과다.

합계와 카운트를 함께 사용하면 **집계**aggregable 평균을 낼 수 있다. 그러나 타이머의 평균을 직접 게시해버리면 다른 차원(예: 다른 인스턴스)의 평균 데이터를 결합한다 해도 전체 평균을 정확히 구할 수 없다.

[그림 2-4]는 애플리케이션 인스턴스 4개에 보내는 요청 7개를 로드 밸런서가 분산하는 시나리오를 나타낸다. 인스턴스 3개는 지역 1에 있고 나머지 1개는 지역 2에 있다.

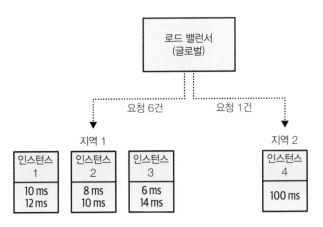

그림 2-4 애플리케이션 요청 시간 측정

각 인스턴스의 타이머 메트릭에 인스턴스 ID 및 지역 태그를 지정했다고 가정하자. 이제 모니 터링 시스템은 다음 네 가지 태그 조합이 있는 타이머의 시계열을 확인할 수 있다.

- 인스턴스=1, 지역=1

- 인스턴스=2, 지역=1

- 인스턴스=3, 지역=1

- 인스턴스=4, 지역=2

타이머마다 카운트와 합계 시계열이 있다. [표 2-8]은 7개의 요청이 발생한 뒤 누적 모니터링 시스템이 수집한 합계와 카운트 값을 태그에 따라 나열한다. 또한 인스턴스별 평균도 있다.

표 2-8 각 타이머 합계와 카운트 누적

인스턴스	지역	카운트(작업)	합계(초)	평균 (초/작업)
1	1	2	0.022	0.011
2	1	2	0.018	0.009
3	1	2	0.020	0.010
4	2	1	0.100	0.100

두 지역에 있는 모든 인스턴스의 평균 레이턴시를 구하기 위해 [수식 2-1]처럼 전체 합계를 전체 카운트로 나눈다.

수식 2-1 클러스터 평균 산출

$$\frac{0.022+0.018+0.020+0.100}{2+2+2+1} = 0.017초/작업 = 17밀리초/작업$$

만일 마이크로미터가 합계와 카운트 없이 각 인스턴스의 평균만 제공했다면 이처럼 전체 평균값을 쉽게 계산할 수 없었을 것이다. [수식 2-2]처럼 평균을 다시 평균내는 방식은 올바른 결과를 얻을 수 없다. 후자의 '평균'은 실제보다 너무 높다. 지역 2보다 지역 1에 더 많은 요청이 전달되었으며 지역 1은 훨씬 더 빠르게 응답했다.

수식 2-2 잘못된 클러스터 평균 계산

$$\frac{0.011+0.009+0.010+0.100}{4인스턴스} = 0.032초/요청 = 32밀리초/요청$$

앞선 예시는 마이크로미터가 합계와 카운트 누적값을 제공한다는 가정하에 클러스터 전체 평균을 계산했다. 그렇다면 마이크로미터가 비율을 제공하면 어떻게 될까? [표 2-9]에서 카운트는 아틀라스에 전송하는 것처럼 비율로 평준화시킨 값이다. 편의상 [그림 2-4]에 표시된 7개의 요청이 1분간 발생했으며 이 간격이 메트릭을 아틀라스로 푸시하는 간격과 일치한다고 가정한다.

표 2-9 비례 평준화시킨 타이머 합산과 평균

인스턴스	지역	카운트(요청/초)	합계(단위 없음)	평균(초/요청)
1	1	0.033	0.00037	0.011
2	1	0.033	0.00030	0.009
3	1	0.033	0.00033	0.010
4	2	0.017	0.00167	0.100

카운트 열의 단위는 이제 '요청'이 아닌 '요청/초'다. 또한 게시 간격과 무관하다. 앞선 가정에서 매분 메트릭을 게시한다 했으므로 인스턴스 1은 요청 2개를 받은 셈이다. 따라서 이 인스턴스가 받은 초당 요청 비율은 [수식 2-3]과 같다.

수식 2-3 인스턴스 1의 처리량 비율

2 요청/분=2 요청/60 초=0.033 요청/초

합계 열은 이제 단위가 없다. 분자와 분모가 모두 초단위라서 서로 상쇄된다. 따라서 인스턴스 1의 합계는 [수식 2-4]로 구할 수 있다. 비례 평준화된 시스템에서 합계의 단위가 없다는 특징은, 합계와 카운트 또는 다른 차원의 값을 조합하는 것이 무의미하다는 점을 시사한다.

수식 2-4 인스턴스 1의 비례 평준 합계

22 밀리초/분=0.022 초/60 초=0.00037

인스턴스당 평균값은 단위가 사라지는 효과로 누적 테이블과 같아진다.

평균을 구하는 목적을 돌이켜보면 사실상 시간 간격은 중요하지 않다. 시간 간격이 1분이 아니라 2분이라면 처리량이 정확히 절반이 된다고 생각하기 마련이지만 평균을 계산할 때 추가 1분은 상쇄된다. 2분간 인스턴스 1의 카운트 요청/초 비율은 [수식 2-5]로 구할 수 있다.

수식 2-5 인스턴스 1의 2분 동안 처리량 비율

2 요청/2분=2 요청/120초=0.01667 요청/초

같은 상황에서 합계는 [수식 2-6]으로 구한다. 그러나 계산 결과를 보면 평균은 이전과 동일하다. 이 나눗셈은 분자와 분모를 모두 2로 나눌 수 있다.

수식 2-6 인스턴스 1의 2분 동안 비례 평준 합계

22 밀리초/2 분=0.022 초/120 초=0.00018

평균은 가용성 모니터링에 적합하지 않다. 일반적으로, 약간 나쁜 평균보다 최악의 측정 결과를 받아들이는 편이 차라리 낫다. 이를테면 99번째 백분위 통계가 최악의 경우에 해당한다. 최악의 경우는 우리의 생각이나 믿음보다 훨씬 더 자주 발생하는 것이다. 그렇지만 합계를 카운트로 나누는 계산법은 매우 쉽다. 또한 거의 모든 모니터링 시스템에서 지원하며 복잡한 수학적 연산을 수행할 필요도 없다. 평균은 모니터링 시스템의 다양성이 매우 높은 환경에서나 두루 사용하는 최소한의 통계다. 가능하면 평균을 아예 사용하지 않는 것을 권한다.

> 평균은 최댓값과 1/2 중윗값 사이에 있는 임의의 수를 의미한다. 주로 현실을 무시하는 용도로 사용된다.
>
>   – 길 테네

가용성을 관찰할 때는 최댓값 또는 높은 백분위 통계가 더 유용하다. 4.5절에서 더 자세히 살펴본다.

2.10.3 최댓값 폐기와 푸시 간격

합계나 카운터와 달리 마이크로미터는 게시 간격에 맞춰 최댓값을 폐기하지 않는다. 최대 시간 게시 간격을 푸시 간격과 완벽하게 맞추면 메트릭 페이로드가 누락됐을 때 중요한 최댓값을 놓치게 된다. 다음 주기가 되면 해당 간격에 발생한 샘플만 고려하기 때문이다.

실제로 높은 최대 레이턴시와 메트릭 페이로드 누락은 여러 가지 면에서 관련이 많다. 예를 들어 네트워크 인터페이스 포화도가 높아져 애플리케이션이 과도한 리소스 압박을 받으면 API 엔드포인트 응답 시간이 급격하게 상승한다. 동시에 모니터링 시스템의 메트릭 요청도 시간 초과로 실패할 가능성이 있다. 그러나 이러한 상황 조건들은 대부분 일시적으로 발생한다.

클라이언트측 부하 분산 전략을 세우는 방법도 있다. 다시 말해 클라이언트 관점에서 인스턴스를 인식하는 전략이다. 인스턴스가 리소스 압력을 받으면 API 레이턴시가 급격히 상승하고 다른 인스턴스로 요청이 우선 배정된다. 이러한 분산은 포화 인스턴스에 대한 압력이 완화되면 다시 정상화된다.

문제가 발생했던 기간 동안 측정된 최대 레이턴시는, 그냥 넘어가기보다 인스턴스가 복구됐을 때 다시 푸시하는 것이 좋다. 이러한 위협적인 시기야 말로 가장 정밀하게 주의를 기울여야 한

다. 쾌적한 조건에서 보이는 최대 레이턴시는 그보다 덜 중요하다.

최댓값이 폐기되면 그 효과가 일정 시간 동안 '지속'된다. [그림 2-5]의 시간 측정 그래프에서 최댓값은 약 30ms다. 30ms가 걸린 작업은 그래프가 처음으로 급증하기 직전(약 19:15)에 게시된 메트릭과 다음 메트릭 사이의 임의의 시점에 발생했다.

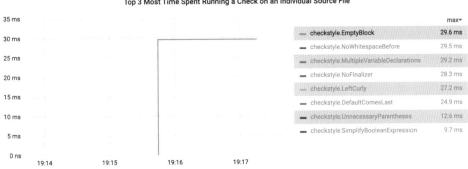

그림 2-5 차트에서 일정 시간 동안 최댓값이 유지되는 상태

이 타이머는 2분 동안 최댓값을 유지한 뒤 폐기하도록 설정됐다. 따라서 30ms 최댓값은 약 19:17까지 유지된다. 이 타이머는 30ms가 기록된 이후에는 아무 작업도 보지 못했으므로 최댓값이 폐기된 다음에는 시계열도 사라진다.

마이크로미터는 이러한 폐기 작업을 수행하기 위해 원형 버퍼(*https://oreil.ly/sHbIN*)에 최댓값을 담고 추적한다. [예제 2-20]에서 `Timer.Builder`는 원형 버퍼를 생성하며 `distributionStatisticsBufferLength`와 `distributionStatisticExpiry` 설정을 이용해 폐기 간격을 더 늘렸다. 기본적으로 마이크로미터는 길이가 3인 원형 버퍼를 사용해 타이머를 생성하며 포인터는 2분마다 다음으로 진행한다.

[그림 2-6]은 원형 버퍼의 세 원소를 나타낸다. 이 원형 버퍼는 단순히 원소와 포인터를 지닌 배열일 뿐이다. 메트릭을 게시할 때마다 이 배열에서 최댓값을 폴링한다. `distributionStatisticExpiry`가 발생하면 포인터는 원형 버퍼의 다음 요소로 이동한다. 0번 인덱스에는 아무 것도 없다. 1번과 2번 인덱스에는 버퍼가 설정된 뒤 목격한 가장 큰 샘플(10ms)값이 저장되어 있다. 1번 인덱스 주변의 강조 영역은 현재 폴링되고 있는 원소임을 나타낸다.

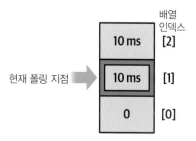

그림 2-6 원소가 3개인 원형 버퍼

[그림 2-7]은 원소 3개를 지니며 2분간 유지되는 타이머 원형 버퍼가 8분간 보이는 변화를 나타낸다. 매분 값이 어떻게 변하는지 [그림 2-7]에 이어 설명한다. 여기서 t는 월타임$^{wall\ time}$(분)을 나타낸다.

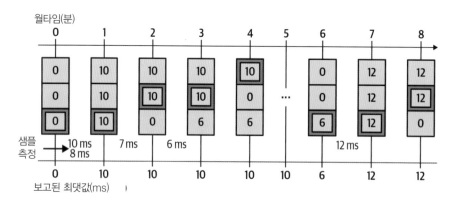

그림 2-7 2분마다 갱신되고 총 길이가 3인 타이머용 원형 버퍼

t=0

초기 상태다. 버퍼의 각 인덱스는 비어 있으며 아직 타이머 기록이 관찰되지 않았다. $t=0$과 $t=1$ 사이에 두 번의 타이머(10ms와 8ms) 기록이 관찰된다.

t=1

둘 중 큰 값인 10ms를 선택한다. 버퍼의 모든 인덱스가 비어 있으므로 모두 10ms로 채워진다. $t=1$에서 메트릭을 게시하면 최댓값은 10ms로 보고된다. $t=1$과 $t=2$ 사이에 7ms 타이머가 관찰되지만, 기존 버퍼 원소들의 값이 모두 더 크다.

t=2

만료 시간인 2분이 되면 포인터가 1번 인덱스로 이동하므로 0번째 버퍼 요소가 초기화된다. $t=2$와 $t=3$ 사이에 6ms 타이머가 관찰됐다. 0번째 요소가 지워졌으므로 이제 6ms가 저장된다. 폴링된 최댓값은 10ms다.

t=3

버퍼의 기존 두 인덱스는 여전히 10ms를 최댓값으로 보고 있으며, 0번 인덱스는 6ms를 추적한다. 현재 포인터가 1번 인덱스에 있으므로 폴링된 최댓값은 여전히 10ms다.

t=4

1번 인덱스가 재설정되고 포인터가 2번 인덱스로 이동한다. 2번 인덱스는 여전히 10ms를 추적하므로 폴링된 최댓값은 10ms이다.

t=5

아무것도 변하지 않는다. 폴링된 최댓값은 10ms다. 타이머는 이 시점에 카운트와 합계를 0으로 보고하지만, 최댓값은 여전히 10ms다. 카운터나 합계와 달리, 일정 간격 동안 발생한 실제 최댓값과 게시된 최댓값이 일치하지 않는다는 것을 의미한다.

t=6

2번 인덱스 2가 초기화되고 포인터가 0번 인덱스로 돌아온다. 0번 인덱스는 여전히 $t=2$와 $t=3$ 사이에 관찰된 6ms 샘플을 담고 있다. 폴링된 최댓값은 6ms다. $t=6$과 $t=7$ 사이에 12ms 샘플이 관찰되며 현재 버퍼에서 최댓값이 된다.

t=7

폴링된 최댓값은 $t=7$ 직전에 관찰된 12ms다.

t=8

0번 인덱스가 초기화되고 포인터가 1번 인덱스로 이동한다. 폴링된 최댓값은 12ms다.

2.10.4 기간별 합계의 합계

합계의 합계를 유용하게 쓰는 경우는 거의 없다. 딱 한 사례를 보긴 했는데, 가비지 컬렉션garbage collection(GC)이 소모한 시간의 합계를 가비지 수집이 발생한 간격으로 나눈 값이다. 즉, GC가 소비한 시간 전체를 의미한다. 더 자세한 설명은 4.7.3절에 있다. 심지어 이 경우도 가비지 수집이 발생한 모든 이벤트 시간을 별개로 제공하면 더 나은 경고 알림 체계를 수립할 수 있다. 그렇다면 고백분위수 GC 시간 또는 최대 GC 시간도 원인별로 확인할 수 있다.

2.10.5 시간의 기본 단위

타이머에 적합한 기본 단위는 모니터링 시스템에 따라 다르다. 예를 들어 프로메테우스는 시간을 초단위로 보기 때문에 시간 데이터의 정밀도는 부동 소수점 형태다. 아틀라스는 정숫값을 받아 저장할 수 있어서 나노 정밀도 데이터를 받는다. 나노초는 더 세분화시킬 수 없고 실제로 나노 정밀도로 측정하는 경우도 거의 없기에 백엔드를 최적화시키기 좋다. 그럼에도 불구하고 마이크로미터는 각 모니터링 시스템이 기대하는 기본 단위에 맞게 시간값을 자동으로 조정한다.

기본 단위에는 정답이 없으며 모범적인 정확도도 없다. 단순히 관습에 달린 선택지다. 기본 시간 단위는 차트의 정밀도에 영향을 주지 않는다. 예를 들어 마이크로미터가 프로메테우스에 초단위로 메트릭을 전송하더라도 차트는 여전히 [그림 2-8]처럼 보인다. 사용자용 API 엔트포인트를 모니터링할 때처럼 일반적인 밀리초 타이머로 표시된다.

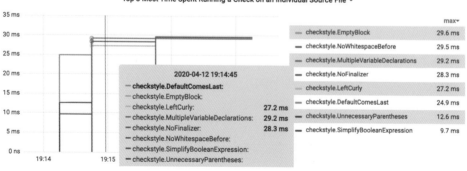

그림 2-8 초단위로 저장된 시간이 밀리초로 표시되는 경우

4장에서 여러 차트를 다룰 예정이지만, 이런 식으로 차트 인터페이스가 자동으로 단위를 조절하는 점만 알아두자. 통계를 해석할 단위를 지정하면 그에 맞게 차트가 데이터를 해석한다. [그림 2-9]처럼 시계열 데이터가 초단위라는 점을 차트에 알려주면 된다.

그림 2-9 차트 라이브러리 기본 시간 단위 지정

이 경우 그라파나는 초 데이터 단위를 밀리초로 축소한다. 그라파나는 인간이 소수점 이하의 숫자보다 밀리초 단위를 더 쉽게 읽을 수 있다는 것을 알고 있다. 마찬가지로 특정 모니터링 시스템의 표준단위가 나노초라면 차트 라이브러리는 앞서와 반대로 기본 단위를 밀리초로 확장한다.

> **TIP** **데이터 조회 방식은 공통 기본 단위에 구애받지 않는다**
>
> 시간 및 데이터 크기(예: 바이트)처럼 일반적인 단위는 데이터를 볼 때를 대비해 어떻게 변환할지 고민할 필요가 없다. 일반적으로 선호하는 기본 단위를 모든 곳에 일관적으로 유지하고, 차트 라이브러리가 나중에 알아서 보기 편하게 조절하도록 두는 편이 낫다. 응답 본문의 페이로드 크기(일반적으로 작은 용량)를 바이트로 힙 크기(일반적으로 큰 용량)를 메가바이트로 다르게 기록하지 말고 모두 바이트 단위로 기록해도 좋다. 나중에 차트로 보면 모두 합리적인 규모로 단위가 조절된다.

우선적인 기본 시간 단위가 없는 모니터링 시스템은 마이크로미터가 단위를 선택한다. 일반적으로 이 단위는 마음대로 설정할 수 없다. 정밀도가 희생되지 않도록 모든 애플리케이션에 걸쳐 일관성을 유지하는 것이 기본 단위 시간을 변경하는 것보다 더 중요하기 때문이다.

2.10.6 타이머 사용법

MeterRegistry 인터페이스는 타이머를 생성하는 편리한 메서드를 제공한다. [예제 2-19]는 타이머 생성 예시다.

예제 2-19 타이머 생성

```
// 태그 없음
Timer  timer = registry.timer("execution.time");

// 키-값 쌍으로 태그 지정
Timer timer = registry.timer("execution.time", "region", "us-east-1");

// 명시적인 태그 목록 생성
Timer timer = registry.timer("execution.time", Tags.of("region", "us-east-1"));
```

타이머 플루언트 빌더는 [예제 2-20]처럼 많은 설정 조건을 제공한다. 이러한 설정을 모두 사용하는 경우는 별로 없다.

예제 2-20 타이머 플루언트 빌더

```
Timer timer = Timer
    .builder("execution.time")
    .description("a description of what this timer does")
    .distributionStatisticExpiry(Duration.ofMinutes(2))
    .distributionStatisticBufferLength(3)
    .serviceLevelObjectives(Duration.ofMillis(100), Duration.ofSeconds(1))
    .publishPercentiles(0.95, 0.99)
    .publishPercentileHistogram()
    .tags("region", "us-east-1")
    .register(registry);
```

Timer 인터페이스는 [예제 2-21]처럼 한줄에 작성할 수 있는 편리한 오버로드 메서드를 지원한다. 또한 Runnable 또는 Callable로 감싸서 반환하면 추후 다시 사용할 수 있다.

```
timer.record(() -> dontCareAboutReturnValue());
timer.recordCallable(() -> returnValue());

Runnable r = timer.wrap(() -> dontCareAboutReturnValue());
Callable c = timer.wrap(() -> returnValue());
```

> **TIP 타이머 대 분포 요약**
>
> 타이머는 사실 분포 요약의 특수한 형태다(2.11절 참고). 분포 요약은 각 모니터링 시스템에 맞게 시간 단
> 위를 조정하는 방법을 알고 있으며 자동으로 결정된 기본 단위를 보유한다. 시간을 측정할 때는 항상
> `DistributionSummary` 대신 `Timer`를 사용한다. 다만 장기간 지속되는 여러 이벤트가 하나의 간격 동안
> 발생하는 경우는 예외다. 나노 정밀도 `Timer`는 대략 290년이 지나면 오버플로를 일으킨다. 자바의 long 타
> 입이 최대 9.22e9 초까지 나타낼 수 있기 때문이다.

샘플 인스턴스에 시작 상태를 저장하고 중지하는 방법도 있다. 샘플은 레지스트리 시계^{registry's} ^{clock}를 기준으로 시작 시간을 기록한다. 샘플을 시작한 뒤 코드를 실행하고 `stop(Timer)`를 호출하면 작업이 완료된다.

[예제 2-22]는 샘플을 중지하기 전까지 샘플을 누적시킬 타이머가 결정되지 않는다. 이런 원리를 이용하면 시간 측정 작업의 마지막 순간에 특정 태그를 동적으로 결정할 수 있다. `Timer.Sample`은 리스너 패턴으로 제작된 이벤트 기반 인터페이스를 다룰 때 주로 쓰인다. 또한 [예제 2-22]는 JOOQ 리스너에 마이크로미터를 적용하는 방법을 약식으로 표현한 예시다.

예제 2-22 이벤트 주도 패턴에서 타이머를 사용하는 예시

```
class JooqExecuteListener extends DefaultExecuteListener {
  private final Map<ExecuteContext, Timer.Sample> sampleByExecuteContext =
    new ConcurrentHashMap<>();

  @Override
  public void start(ExecuteContext ctx) {
    Timer.Sample sample = Timer.start(registry);
    sampleByExecuteContext.put(ctx, sample);
  }
```

```
    @Override
    public void end(ExecuteContext ctx) {
        Timer.Sample sample = sampleByExecuteContext.remove(sample);

        sample.stop(registry.timer("jooq.query", ...)); // ❶
    }
}
```

❶ 통상적으로, ExecuteContext의 데이터 요소와 실행 결과를 기반으로 태그를 추가한다.

또한 [예제 2–23]처럼 **AutoCloseable** 타이머 샘플을 사용할 수 있다. 예외를 검사하고 처리하는 코드 블록을 측정할 때 유용하다. 이 패턴은 약간 특이하게 중첩 **try** 문을 쓰는데, 내키지 않는다면 그냥 **Timer.Sample**을 쓰면 된다.

예제 2-23 타이머 사용 예

```
try (Timer.ResourceSample sample = Timer.resource(registry, "requests")
        .tag("method", request.getMethod()) // ❶
        .description("This is an operation")
        .publishPercentileHistogram()) {
    try { // ❷
        if (outcome.equals("error")) {
            throw new IllegalArgumentException("boom");
        }
        sample.tag("outcome", "success"); // ❸
    } catch (Throwable t) {
        sample.tag("outcome", "error");
    }
}
```

❶ 이 태그는 두 블록에 모두 적용된다. 설명문과 백분위 히스토그램도 마찬가지다.

❷ 이 부분은 error 태그를 추가하기 위한 중첩 try 문이다. catch 블록 안에서 Timer.ResourceSample 에 접근한다.

❸ try/catch 블록의 각 분기점에 태그를 추가하면 outcome에 대한 정보를 기록할 수 있다.

마이크로미터는 여러 타이머가 포함된 메트릭을 내장한다. [표 2–10]은 내장 메트릭 예시다.

표 2-10 마이크로미터 내장 타이머 예

메트릭명	설명
http.server.requests	스프링부트의 WebMVC와 WebFlux 요청 핸들러 실행 시간
jvm.gc.pause	GC 다운타임
mongodb.driver.commands	MongoDB 수행 시간

스팬span 추적과 타이머는 하나의 코드를 동시에 측정할 수 있다. 마찬가지로 타이머도 같은 코드를 똑같이 측정한다. [예제 2–24]에 보이듯이 타이머 메트릭은 결국 분산 추적으로 귀결된다. 3장에서 더 자세히 설명한다.

NOTE_ **추적과 메트릭의 상호작용**
분산 추적과 메트릭으로 동시에 측정할 수 있는 지표는 소요 시간에 국한된다.

[예제 2–24]는 집킨Zipkin의 브레이브Brave를 사용한다. 나중에 다시 보게될 것이다.

예제 2-24 같은 코드 블록에서 트레이싱과 시간 측정을 모두 수행하는 예

```
// 트레이스 시작
ScopedSpan span = tracer.startScopedSpan("encode"); // ❶
try (Timer.ResourceSample sample = Timer.resource(registry, "encode")) {
    try {
        encoder.encode();
        sample.stop(registry.timer("encode", "result", "success"));
    } catch (RuntimeException | Error e) {
        span.error(e);
        sample.stop(registry.timer("encode", "result", "failure"));
        throw e;
    } finally {
        span.finish();
    }
}
```

❶ 마이크로미터는 AutoCloseable 생성자를 지원하지만 브레이브는 그렇지 않기에 측정 구조가 비대칭을 이룬다.

입력 내용이 비슷한 코드 블록은 실행 시간도 비슷할 것이라 생각하기 쉽지만, 실제로 이러한 직관은 오해를 불러일으키기 쉽다.

2.10.7 레이턴시 분포의 일반적 특성

자바 애플리케이션의 실행 시간을 측정할 때는 몇 가지 특성을 잘 이해해야 한다. 동일한 코드 블록도 실행 시간은 매번 제각각이다. 입력 매개변수, 다운스트림 시스템, 힙 상태 등 변수는 다양하다. 그럼에도 입력 정보가 비슷한 요청은 일반적으로 비슷한 시간 안에 처리가 완료된다.

실행 시간이 대략적으로 정규분포를 따른다는 직관은 쉽게 믿음으로 바뀐다. 즉 [그림 2-10] 처럼 중앙의 평균을 기준으로 더 빠르거나 느린 시간 분포가 양쪽에 낮은 확률을 보이며 꼬리 처럼 이어지는 형태를 예상하기 쉽다.

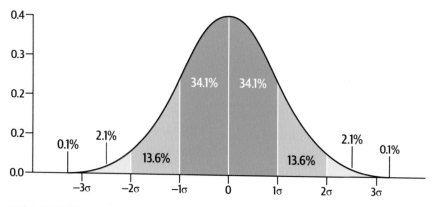

그림 2-10 정규분포 곡선

실제 상황에서 실행 시간은 대부분 다봉^{multimodal}분포를 형성한다. 레이턴시 스펙트럼을 따라 둘 이상의 '봉우리' 또는 시간 그룹을 이룬다. 가장 일반적인 자바 실행 시간 분포는 [그림 2-11]과 비슷한 쌍봉^{bimodal}분포다. 왼쪽보다 더 작은 오른쪽 봉우리는 가비지 수집과 VM 중단 상태를 나타내는 동시에, 다운스트림 서비스의 파급 효과를 반영한다.

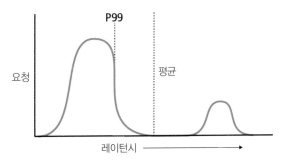

그림 2-11 자바 레이턴시의 통상적인 쌍봉분포

특히 왼쪽 봉우리는 종종 매우 협소한 형태로 나타나며 실행 시간 분포 중 99% 이상을 포함한다. 항상 그런 것은 아니고 대체로 그렇다. 결과적으로 평균은 두 번째 봉우리에 의해 오른쪽으로 치우치며 99분위(2.10.8절 참고)보다 높은 지점에 형성된다.

> **TIP** **표준편차**
>
> 일부 메트릭 측정 라이브러리 시스템은 표준편차를 제공하고 표시한다. 표준편차는 정규분포의 맥락으로 볼 때만 의미가 있다. 현실은 결코 정규분포와 비슷하지 않다. 표준편차는 자바 실행 시간 측면에서 의미 있는 통계가 아니다. 무시해도 좋다. 평균도 마찬가지다.

2.10.8 백분위/분위

평균 레이턴시의 함정에 대해서는 앞에서 이미 언급했다. 그러나 필자는 틈만 나면 다음 격언을 인용할 것이다.

> 평균은 최댓값과 1/2 중윗값 사이에 있는 임의의 수를 의미한다. 주로 현실을 무시하는 용도로 사용된다.
>
> – 길 테네

평균 레이턴시는 정작 레이턴시 현황을 모니터링 하기에는 모자란 지표다. 최댓값은 경고 임곗값으로 쓰기 좋지만 가끔 튀는 경우가 있다. 성능 비교 측면에서 보면 고백분위값이 더 무난하다. 성능이 낮은 코드는 자연스럽게 최대 스파이크^{spike}값이 높게 나온다. 통제하지 않는 영역에서 발생하는 스파이크는 각각을 일대일로 비교하기 어렵다. 서로 다른 인스턴스에서 동일한 코드를 실행한다 해도 마찬가지다.

모니터링 시스템에서 **백분위수**percentile 또는 **분위수**quantile라는 용어는 샘플 중에서 특정 값의 순위를 가리키는 용도로 쓰인다. 중간값 또는 50번째 백분위수라 불리는 중위수는 최소에서 최대로 순위가 매겨진 샘플 집합의 중간을 가리킨다.

> **NOTE_ 중위수 vs 평균**
>
> 평균은 실행 시간을 모니터링할 때 거의 쓸모가 없다. 통계적으로 평균은 모든 샘플의 합계를 총 샘플 수로 나눈 값이다. 평균은 중위수와는 다른 중심성 척도며, 일반적인 맥락에서 중심성을 나타내기에 딱히 좋다 나쁘다를 평가할 수 없다. '완벽한' 중심성 척도라 할지라도, 시스템의 신뢰성을 높이려면 분포의 좋은 쪽 절반이 아닌 **나쁜 쪽** 절반에 더 많은 관심을 기울여야 한다.

백분위수는 분위수의 특수한 형태며, 100%에 상대적인 정도를 묘사한다. 최소에서 최대로 정렬된 목록에 샘플 100개가 있다면 99번째 백분위수(P99)는 목록에서 99번째 순서에 있는 샘플이다. 1,000개의 샘플 목록 순서에서 99.9번째 백분위수는 999번째 샘플이다.

이 정의에 따라 백분위수, 특히 높은 백분위수는 사용자 **대부분**이 어떤 경험을 겪고 있는지 판단할 때 매우 유용하다. 즉 P99는 사용자 100명 중 99명이 경험한 최대 레이턴시다. 실행 시간을 백분위수로 확인하면 VM이나 가비지 수집이 중단되는 일부 돌출 행동은 배제되는 한편 주요 사용자 경험 정보는 보존된다.

99번째처럼 높은 백분위를 모니터링하다 보면 사용자가 경험하는 응답 시간이 쾌적하다고 단정하고 안심하기 쉽다. 불행히도 우리의 직관은 이러한 통계를 도구삼아 우리를 타락시킨다. 일반적으로 P99보다 1배 또는 2배 더 큰 레이턴시는 상위 1%에 숨어있다.

단일 요청은 정확히 99%의 확률로 상위 1%를 피해갈 수 있다. N개의 요청을 고려할 때 이러한 요청 중 최소한 하나가 상위 1%에 속할 확률은 $(1-0.99^N)*100\%$이다. 물론 각 확률은 독립적이라고 가정한다. 단 하나의 요청이라도 상위 1%에 속할 확률이 50%를 넘기려면 생각보다 더 적은 요청이 필요하다. 100개의 개별 요청 중 하나라도 1%를 경험할 확률은 $(1-0.99^{100})*100\% = 63.3\%$다.

시스템과 사용자는 UI, API 게이트웨이, 다중 마이크로서비스 호출, 데이터베이스 등 많은 자원을 통해 상호작용을 나눈다. 엔드투엔드 **상호작용**이 시작되면 많은 이벤트가 연쇄적으로 발생한다. 이 과정에서 사용자가 일부 리소스에서 상위 1% 레이턴시를 경험할 가능성은 실제로

1%보다 훨씬 높다. 이 확률을 구하는 수식은 $(1-0.99^N)*100\%$다. 마이크로서비스 체인에서 단일 요청이 상위 1% 레이턴시를 보이기 시작하면 이미 전체 사용자가 불편함을 겪는다는 뜻이다. 특히 상위 1%가 99번째 백분위 요청보다 10배 이상 성능이 떨어지는 경향이 있다는 사실을 감안하면 이 문제를 심각하게 받아들여야 한다.

마이크로미터는 타이머의 백분위를 계산하는 방법을 두 가지 형태로 지원한다.

- 백분위값을 미리 계산해 모니터링 시스템으로 직접 전달한다.
- 측정 시간을 레이턴시 버킷 세트로 묶고 한데 모아 모니터링 시스템에 제공한다. 모니터링 시스템은 이 데이터를 이용해 히스토그램(2.10.9절 참고)에서 백분위수를 계산한다.

히스토그램 기반 백분위수 근사 기능을 지원하지 않는 모니터링 시스템도 많다. 백분위값을 미리 계산해서 게시하면 이식성이 보장되지만 활용성은 저하된다. 이 부분은 이번 절 말미에 다시 설명한다. 미리 계산된 백분위수는 몇 가지 방법으로 타이머에 추가할 수 있다.

Timer 플루언트 빌더를 사용하면 [예제 2-25]처럼 타이머를 생성할 때 직접 백분위수를 설정할 수 있다.

예제 2-25 빌더를 이용해 타이머에 백분위수를 추가하는 예

```
Timer requestsTimer = Timer.builder("requests")
  .publishPercentiles(0.99, 0.999)
  .register(registry);
```

[예제 2-26]은 MeterFilter로 백분위수를 추가한다.

예제 2-26 MeterFilter를 이용해 타이머에 백분위수를 추가하는 예

```
registry.config().meterFilter(new MeterFilter() {
  @Override
```

```
public DistributionStatisticConfig configure(Meter.Id id,
    DistributionStatisticConfig config) {
  if (id.getName().equals("requests")) {
    DistributionStatisticConfig.builder()
        .publishPercentiles(0.99, 0.999)
        .build()
        .merge(config);
  }
  return config;
  }
});

...

// 타이머가 생성될 때 필터가 적용된다.
Timer requestsTimer = registry.timer("requests");
```

마지막으로, 스프링부트 프레임워크는 프로퍼티 기반 설정을 통해 선언적으로 백분위수를 추가할 수 있다. [예제 2-27]의 프로퍼티 설정은 requests 접두어가 붙은 모든 타이머에 백분위수를 추가한다.

예제 2-26 'request' 접두어가 붙은 미터에 백분위수를 추가하는 스프링부트 설정

```
management.metrics.distribution.percentiles.requests=0.99,0.999
```

MeterFilter를 써서 백분위수를 추가하면 해당 애플리케이션 코드에서 생성한 Timer에서 백분위수를 지원한다. 뿐만 아니라 마이크로미터의 미터를 포함하는 다른 라이브러리도 백분위수를 지원하게 된다.

TIP 라이브러리 코드에 타이머 추가하기

라이브러리를 작성하고 시간 측정 코드를 추가할 때 타이머에 백분위수, 히스토그램, SLO 경계 등의 기능을 미리 구성하지 않는 것이 좋다. 이러한 기능은 최소한으로 유지해도 모두 성능 비용을 수반한다. 통계로 발생하는 추가 비용을 라이브러리 사용자가 감내할 만큼 측정 시간이 중요한 지표인지 판단해야 한다. 특히 최종 사용자는 5.8절처럼 히스토그램용 비교 측정 데이터에 시간 데이터를 포함할 가능성이 있다. 사용자는 원하는 시기에 MeterFilter를 사용해 이러한 통계를 구성할 수 있다.

타이머 측정 항목에 태그의 고유 조합이 여러 개 있을 때 사전 계산된 백분위는 쓸모가 없다. 이러한 태그들은 결합하거나 집계할 수 없기 때문이다. 클러스터에 인스턴스가 2개라고 가정해보자. 한 인스턴스 엔드포인트의 90번째 백분위 레이턴시가 100ms, 다른 하나는 200ms라면 단순히 두 값을 평균내서 클러스터 전체의 90번째 백분위값이 150ms라고 단정할 수 없다.

왜 그러한지는 [표 2-11]에 나열된 중위수(50번째 백분위수) 데이터로 확인할 수 있다. 백분위수를 계산할 때 사용된 개별 샘플은 소멸되었으므로 모니터링 시스템은 표 마지막에 보이는 전체 클러스터 백분위를 도출할 방법이 없다.

표 2-11 인스턴스가 2개인 클러스터의 P50(중윗값) 레이턴시

인스턴스	개별 레이턴시 (ms)	P50 레이턴시 (ms)
1	[100,110,125]	110
2	[125,130,140]	130
전체 클러스터	[100,110,125,125,130,140]	125

사전 계산된 백분위수를 최대한 활용하는 방법은 [그림 2-12]처럼 모든 값을 그리고 프로메테우스 쿼리 `requests_second{quantile=0.99}`를 이용해 특이한 값을 찾는 것이다.

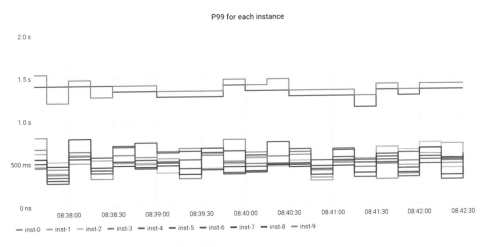

그림 2-12 단일 타이머에서 99번째 백분위만 조회

일단은 원하는 대로 그래프가 조절되어 보인다. 그러나 인스턴스 수가 100개 정도로 늘어나면 시각적으로 몹시 혼잡해진다. 그래프를 추려서 보기 위해 최대 레이턴시 중 상위 *N*개만 선택하면 범례가 개별 인스턴스 ID로 가득 차버린다. 그 이유는 [그림 2-13]을 보면 알 수 있다. 프로메테우스 쿼리 topk(3, requests_second{quantile=0.99})를 이용해 상위 레이턴시 3개를 선택했지만 3번째 인스턴스 때문에 모든 간격이 바뀌었다.

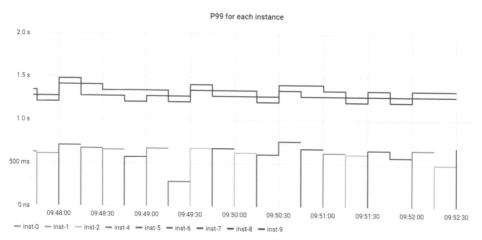

그림 2-13 단일 타이머에서 99번째 백분위 중 상위 3개만 조회

사전 계산된 백분위수는 이러한 제약을 지니기 때문에 **항상** 히스토그램을 지원하는 모니터링 시스템을 써야한다.

2.10.9 히스토그램

메트릭은 항상 집계된 형태로 모니터링 시스템에 제공된다. 코드 블록의 레이턴시를 측정한 개별 시간은 모니터링 시스템에 제공되지 않는다. 이런 데이터가 기록된다면 메트릭은 더 이상 고정된 비용을 유지한다고 볼 수 없다.

히스토그램은 개별 측정 시간의 근사치를 나타낼 수 있다. 히스토그램에서 측정 시간은 버킷에 나누어 담긴다. 히스토그램은 각 버킷(**간격**interval 또는 **빈**bin이라고도 한다)에 담긴 개별 측정 시간 개수를 유지한다. 버킷은 연속적이며 중첩되지 않는다. 버킷의 사이즈가 일률적인 경우는 별로 없다. 세밀한 수준까지 관심을 가지는 영역은 항상 따로 있기 때문이다. 예를 들어 API 엔드포인트 레이턴시 히스토그램을 볼 때 40초나 41초보다는 1ms, 10ms, 100ms 차이에 더 관심을 기울이기 마련이다. 레이턴시 버킷은 예상값을 훨씬 벗어나는 영역이 아니라, 예상값을 중심으로 더 세분화된다.

모든 개별 측정 시간을 버킷에 누적하고 버킷 수를 제어하면 고정된 비용으로 분포 형태를 유지할 수 있다.

히스토그램은 모니터링 시스템 저장소에서 일련의 카운터로 표시된다. 프로메테우스는 [표 2-12]에 보이듯 카운터 메트릭에 le라는 특수한 태그가 달려 있다. le 태그의 값은 초단위로 기록되며 이 값보다 작거나 같은 모든 샘플의 개수가 메트릭의 값으로 기록된다.

표 2-12 히스토그램 버킷이 시계열 데이터베이스(프로메테우스)에 저장되는 형태

메트릭명	값
http_server_requests_seconds_bucket{status=200,le=0.1}	[10,10,12,15]
http_server_requests_seconds_bucket{status=200,le=0.2}	[20,20,24,26]
http_server_requests_seconds_bucket{status=200,le=0.5}	[30,30,40,67]
http_server_requests_seconds_bucket{status=500,le=0.1}	[1,1,2,5]
http_server_requests_seconds_bucket{status=500,le=0.2}	[1,1,2,6]
http_server_requests_seconds_bucket{status=500,le=0.5}	[1,1,2,6]

모니터링 시스템에 따라 히스토그램은 정상 또는 누적 히스토그램으로 표현할 수 있다. 두 유형의 시각적 차이는 [그림 2-14]를 보면 알 수 있다. 누적 히스토그램 버킷은 버킷의 경계보다 작거나 같은 모든 측정 시간의 수를 나타낸다. 타이머의 개수는 정상 히스토그램의 모든 버킷을 더한 개수와 같다.

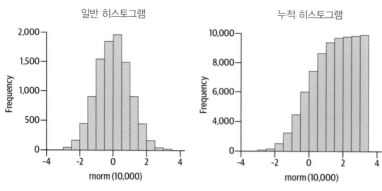

그림 2-14 누적 히스토그램과 일반 히스토그램

태그와 마찬가지로 히스토그램 데이터를 타이머에 추가하면 총 스토리지가 늘어난다. 늘어나는 양은 범위가 세분화되는 버킷의 개수만큼이다. 이 예시는 버킷이 셋(0.1초, 0.2초, 0.5초)이므로 다른 태그의 순열 개수의 3배만큼 시계열이 저장된다.

이 히스토그램은 간격마다 모니터링 시스템에 게시된다. 히스토그램의 각 간격은 히트맵^{heatmap}으로 조합할 수 있다. [그림 2-15]는 API 엔드포인트의 레이턴시 히트맵을 보여준다. 요청은 대부분 1ms 이내에 처리되지만 각 간격을 보면 최대 100ms까지 이어지는 긴 레이턴시가 있다.

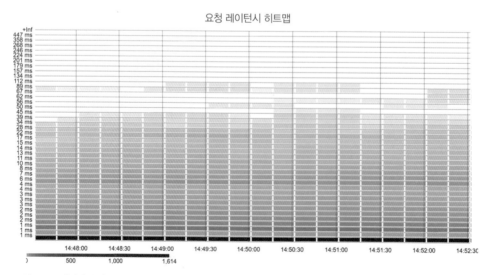

그림 2-15 레이턴시 히트맵

히스토그램 데이터를 사용하면 백분위수 근사치를 구할 수 있다. 마이크로미터의 `publish PercentileHistogram` 설정을 사용하면 히스토그램이 활성화되며 히스토그램 데이터를 일반적인 용도로 활용할 수 있다. 높은 백분위는 애플리케이션의 성능을 비교 측정할 때 쓸모가 많다. 5.8절에서 두 애플리케이션의 상대적 성능을 비교한다. 히스토그램은 모니터링 시스템의 추가 스토리지 비용과 애플리케이션의 힙 사용량을 고려해 기본적으로 비활성화 상태로 둔다. 마이크로미터는 버키팅bucketing 함수는 넷플릭스에서 경험적으로 추산된 통계를 바탕으로 백분위수 근사치에 적절한 에러 경계를 생성한다.

타이머는 몇 가지 방법으로 히스토그램 게시를 활성화시킬 수 있다.

`Timer` 플루언트 빌더는 [예제 2-28]처럼 `Timer`가 구성될 때 직접 히스토그램을 추가할 수 있다.

예제 2-28 빌더를 이용해 타이머에 히스토그램 추가

```
Timer requestsTimer = Timer.builder("requests")
  .publishPercentileHistogram()
  .register(registry);
```

히스토그램은 [예제 2-29]처럼 `MeterFilter`로 사후 설정한다. 이러한 방식은 애플리케이션을 계층화하고 효과적인 모니터링 체계를 구축할 때 중요한 역할을 한다. 애플리케이션은 비즈니스 로직뿐만 아니라 방대한 바이너리 종속성 계층 구조를 항상 포함한다. HikariCP 커넥션 풀이나 RabbitMQ 클라이언트처럼 범용적인 의존성을 제작하는 개발자는 응답 측정용 타이머를 코드에 추가하고 싶어 한다. 그러나 RabbitMQ 개발자는 RabbitMQ 상호작용이 유발하는 분포 통계 탑재 비용을 과연 애플리케이션이 감당할 것인지 충분히 확신할 수 없다. 아무리 코드를 최적화시켜도 보장할 수 없다. 애플리케이션 개발자가 `MeterFilter`로 배포 통계를 활성화시키도록 허용하면 RabbitMQ 클라이언트 개발자는 안심하고 코드에 타이머를 추가할 수 있다.

예제 2-29 MeterFilter를 이용해 타이머에 히스토그램 추가

```
registry.config().meterFilter(new MeterFilter() {
  @Override
  public DistributionStatisticConfig configure(Meter.Id id,
      DistributionStatisticConfig config) {
    if (id.getName().equals("requests")) {
```

```
    DistributionStatisticConfig.builder()
      .publishPercentileHistogram()
      .build()
      .merge(config); // ❶
  }
  return config;
 }
});

...

// 타이머가 생성될 때 필터가 적용된다.
Timer requestsTimer = registry.timer("requests");
```

❶ 백분위수 히스토그램 게시가 기본적으로 설정된 다른 분포 통계, 또는 다른 MeterFilter 설정과 결합
된다.

마지막으로, 스프링부트 프레임워크는 Timer에 히스토그램을 선언적으로 추가하는 프로퍼티
기반 MeterFilter를 제공한다. [예제 2-30]은 requests 접두어로 시작하는 모든 타이머에
히스토그램 지원을 추가하는 프로퍼티다.

예제 2-30 스프링부트에서 'requests'로 시작하는 메트릭에 백분위 히스토그램 추가

```
management.metrics.distribution.percentiles-histogram.requests=true
```

히스토그램은 히스토그램 데이터를 근거로 백분위수 근사를 산출할 수 있는 모니터링 시스템
에만 제공된다.

아틀라스에서는 [예제 2-31]처럼 :percentiles 함수를 사용한다.

예제 2-31 아틀라스용 백분위 함수

```
name,http.server.requests,:eq,
(,99,99.9,),:percentiles
```

프로메테우스는 [예제 2-32]처럼 histogram_quantile 함수를 사용한다. 2.10.8절에서 설
명했듯이 백분위수는 분위수의 특수한 형태임을 잊지 말자. 프로메테우스 히스토그램에는 Inf

라는 특수 버킷이 있다. 사용자 또는 마이크로미터가 정의한 버킷 중 가장 큰 버킷을 초과하는 모든 샘플을 기록하는 버킷이다. 타이머의 개수는 `Inf` 버킷의 개수와 같다.

예제 2-32 프로메테우스용 분위수 히스토그램 함수

```
histogram_quantile(
  0.99,
  rate(http_server_requests_seconds_bucket[2m])
)
```

2.10.10 서비스 수준 목표 경계

서비스 수준 목표service level objective (SLO) 경계는 백분위나 히스토그램과 비슷하게 `Timer` 플루언트 빌더 또는 `MeterFilter`로 추가할 수 있다. 정확히 말하자면 '경계'가 아니라 '경계들'이라고 해야 한다. 많은 상황에서, 목표는 계층적로 구성해야 합리성을 갖춘다. 길 테네는 2013년 강연에서 레이턴시 모니터링에 대한 SLO 요구 사항 반영에 대해 이야기한 적이 있다. SLO를 계층화시켜야 할 필요성을 절감할 수 있는 내용이므로 일부분을 발췌해 여기서 소개하겠다. [예제 2-33]은 SLO 요구 사항 인터뷰 대화록이다.

예제 2-33 SLO 요구 사항 인터뷰

```
Q: 서비스 수준 목표가 어떻게 되죠?
A: 평균 10ms 이하여야 합니다. // ❶
Q: 최악의 경우에 대한 기준은요?
A: 없어요.
Q: 그러면 5시간 이상도 괜찮은가요?
A: 아뇨!
Q: 그러면 5시간이 최악의 경우라고 간주하겠습니다.
A: 안돼요! 100ms로 합시다.
Q: 확실해요? 최악의 경우가 하루에 두 번만 생긴다고 해도요?
A: 아, 2s로 합시다.
Q: 응답 시간이 1s가 걸리는 경우는 몇 번 이하로 발생해야 하나요?
A: (짜증을 내며) 방금 하루에 한두 번이라고 했잖아요?
Q: 그건 최악의 경우고요. 응답 중 절반이 10ms 이하일 때 나머지 절반이 2s보다 약간 낮다
면 문제 없는 건가요?
A: (더 자세한 요구 사항들…)
```

❶ 저런, 평균이라는 단어를 입 밖으로 꺼내고 말았다. 못 들은 것으로 하고 넘어가기 바란다.

이 인터뷰는 결국 다음과 같은 SLO를 도출한다.

- 20ms 안에 90%

- 100ms 안에 99.99&

- 2s 안에 100%

이제 20ms, 100ms, 2s에 해당하는 SLO 카운트를 게시하도록 마이크로미터를 구성한다. 그러면 총 요청과 20ms 미만 요청을 간단히 비교하고 비율로 나타낼 수 있다. 이 비율이 90% 미만이면 경고를 발생시킨다.

마이크로미터는 각 경계를 넘어가지 않은 요청 횟수를 제공한다. SLO 경계들을 한 데 표시하면 [그림 2-16]처럼 히스토그램이 구성된다. 여기서 레이턴시 도메인은 0부터 가장 낮은 수준의 SLO까지 버킷으로 구분된다. 이후 SLO 경계를 추가하면 같은 방식으로 히스토그램도 추가된다.

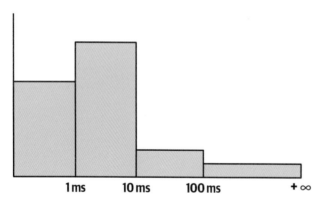

그림 2-16 SLO 경계 히스토그램

SLO 경계 데이터는 모니터링 시스템의 총 스토리지 및 애플리케이션 메모리 소모량에 영향을 미친다. 그러나 일반적으로 일부 경계 정보만 게시하기 때문에 백분위 히스토그램에 비하면 상대적으로 낮은 수준이다.

백분위 히스토그램과 SLO는 함께 사용할 수 있다. SLO 경계를 추가하면 단순하게 백분위 히스토그램에 SLO 버킷이 추가된다. SLO 경계와 백분위 히스토그램을 함께 전달하면 [그림 2-17]처럼 히스토그램 그래프에 모두 나열된다. 마이크로미터는 적절한 에러 경계를 판단하고 SLO 경계 버킷 사이에 히스토그램 버킷을 **추가**한다.

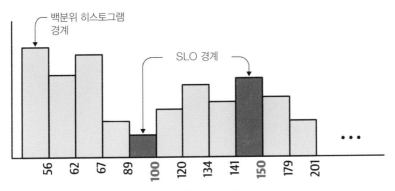

그림 2-17 SLO 경계와 백분위 경계를 조합한 히스토그램

SLO 경계를 게시하면 백분위 정보를 훨씬 저렴하고 정확하게 검사할 수 있다. 예를 들어 99% 요청이 100ms 미만이어야 하는 SLO는 100ms 경계로 게시한다. SLO 경계 위반을 경고하려면 전체 요청에 대해 경계 미만 요청이 99%보다 작은지만 확인하면 된다.

모니터링 시스템이 아틀라스처럼 일반적인 히스토그램을 사용하면 약간 불편한 점이 생긴다. SLO 경계보다 **작은** 모든 버킷을 선택하고 합산해야 하기 때문이다. [예제 2-34]는 99%의 요청이 100ms(0.1초) 미만인지 검사한다. 태그값을 숫자형으로 처리할 수 없기 때문에 태그값이 0.1초 미만인 모든 시계열을 선택할 때 :le 연산자를 사용할수 없다. 따라서 :re라는 정규식 연산자로 수치를 비교해야 한다.

예제 2-34 SLO 경계를 기준으로 아틀라스에 경고 영역 설정하기

```
name,http.server.requests,:eq,
:dup,
slo,0.(0\d+|1),:re,
:div,
0.99,:lt,
uri,_API_ENDPOINT,:eq,:cq
```

프로메테우스는 누적 히스토그램을 표현할 수 있다는 장점이 있다. 100ms 미만인 모든 샘플

은 해당 경계를 포함해 100ms 미만인 모든 경계에 누적된다.

경고 발생 기준을 구하는 방법은 [예제 2-35]를 참고하기 바란다.

예제 2-35 SLO 경계를 기준으로 프로메테우스에 경고 영역 설정하기

```
http_server_requests_seconds_bucket{le="0.1", uri="/API_ENDPOINT"}
/ ❶
http_server_requests_seconds_count{uri="/API_ENDPOINT"} < 0.99
```

❶ 나눗셈 기호

각각을 시각적으로 나타내면 [그림 2-18]과 같다.

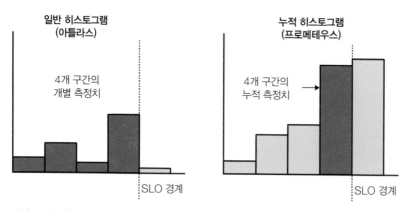

그림 2-18 아틀라스와 프로메테우스의 SLO 경고 쿼리 비교

타이머에 SLO 게시를 활성화시키는 방법은 다음과 같다.

Timer 플루언트 빌더는 [예제 2-36]처럼 Timer를 생성할 때 SLO를 직접 추가한다.

예제 2-36 빌더를 이용해 타이머에 SLO 경계 추가

```
Timer requestsTimer = Timer.builder("requests")
    .slo(Duration.ofMillis(100), Duration.ofSeconds(1))
    .register(registry);
```

[예제 2-37]은 MeterFilter로 SLO 경계를 추가한다.

```
registry.config().meterFilter(new MeterFilter() {
  @Override
  public DistributionStatisticConfig configure(Meter.Id id,
      DistributionStatisticConfig config) {
    if (id.getName().equals("requests")) {
      DistributionStatisticConfig.builder()
        .slo(Duration.ofMillis(100), Duration.ofSeconds(1))
        .build()
        .merge(config);
    }
    return config;
  }
});

...

Timer requestsTimer = registry.timer("requests"); // ❶
```

❶ 타이머를 생성하면 필터가 적용된다.

다음 절에서 다룰 미터 타입은 타이머와 매우 비슷하다.

2.11 분포 요약

[예제 2–38]은 분포 요약을 생성하며 이벤트 분포를 추적할 때 사용한다. 구조적으로 타이머와 비슷하지만 시간 단위가 아닌 값을 기록한다. 예를 들면 서버가 받는 요청의 페이로드 크기를 분포 요약으로 측정할 수 있다.

예제 2-38 분포 요약 생성

```
DistributionSummary summary = registry.summary("response.size");
```

마이크로미터는 [예제 2–39]처럼 분포 요약을 생성하는 플루언트 빌더를 제공한다. 일부 모니터링 시스템은 기본 단위가 명명 규칙에 포함되므로 이식성을 최대한 확보하려면 기본 단위도 추가해야 한다. 또한 각 샘플이 기록될 때 변환될 배율을 선택적으로 제공할 수 있다.

```
DistributionSummary summary = DistributionSummary
    .builder("response.size")
    .description("a description of what this summary does")
    .baseUnit("bytes")
    .tags("region", "test")
    .scale(100)
    .register(registry);
```

분포 요약은 타이머와 마찬가지로 백분위수, 히스토그램, SLO 설정이 모두 있다. 타이머는 시간 측정에 특화된 분포 요약이다. SLO는 기간이 아닌 고정값으로 정의된다. 즉, `Duration.ofMillis(1000)`이 아니라 `1000`을 기록하며 이때 1,000은 분포 요약에 할당된 기본 단위에 따라 의미가 달라진다. 또한 코드 블록을 측정하는 편리한 시간 메서드를 제공한다. 둘 사이의 차이점은 이 정도다.

분포 요약의 일반적인 예시는 바이트 단위로 측정된 페이로드 크기다.

타이머와 마찬가지로 현실에서 분포는 정상적이지 않은 경우가 많다. 필자는 일전에 페이로드 크기를 바이트 단위로 측정했던 경험이 있다. 대체로 정상적이었지만 분포 그래프 왼쪽 편에 급격한 감소가 나타났다. 페이로드 크기에 요청 헤더를 포함시켜서 생긴 현상이었다. 당연한 말이지만, 요청 헤더의 크기보다 작은 페이로드는 1건도 발생하지 않았다.

분포 요약은 모든 측정 단위를 추적할 수 있지만 일반적으로는 타이머로도 얻을 수 있는 값을 측정하기 때문에 분포 요약에서 경고를 설정하는 가장 좋은 방법은 다음과 같은 자세로 접근해야 한다.

- 타이머와 마찬가지로 그래프가 다봉분포 형태를 이룰 때는 최댓값을 알리는 경고를 설정해야 한다. '최악의 경우'가 어디에 속하는지 추적해야 하기 때문이다.
- 대부분의 경우 99 정도로 높은 백분위를 기준으로 비교 분석을 수행해야 타당한 결론을 얻을 수 있다. 더 자세한 내용은 5.8절을 참고하기 바란다.

2.12 장기 작업 타이머

장기 작업 타이머long task timer는 측정하고 있는 이벤트가 실행되는 동안 계속 시간을 측정할 수 있는 특별한 타이머다. 이 타이머는 작업이 완료되기 전에는 경과 시간을 기록하지 않는다. 장기 작업 타이머는 다음과 같이 여러 통계를 제공한다.

- 활성active: 현재 진행 중인 작업의 개수
- 총 시간total duration: 측정 코드 블록을 실행하고 있는 모든 작업의 실행 시간 합계
- 최대max: 가장 오래 진행되고 있는 작업의 실행 시간. 가장 오래 전에 시작된 작업 중 아직 실행 중인 작업의 총 실행 시간을 나타낸다.
- 히스토그램histogram: 진행 중인 작업의 이산화discretized된 버킷 집합
- 백분위수percentile: 진행 중인 작업의 실행 시간으로 사전 계산한 백분위수

[그림 2-19]는 장기 작업 타이머가 타이머와 근본적으로 어떻게 다른지 보여준다. 작업이 시작되면 총 기간이 늘어나지만 작업이 완료되면 더 이상 늘어나지 않는다. 그에 비해 타이머로 측정한 작업은 완료되기 **전**에는 보고되지 않는다. 시간 $t=3$에서 총 기간이 1이 아니라 2만큼 증가했다는 점이 중요하다. $t=2$에서 시작한 두 개의 작업이 모두 지속적으로 1을 더하기 때문이다. $t=4$에서 두 작업이 모두 완료되면 총 기간과 활성화 개수가 모두 0으로 떨어진다.

장기 작업 타이머 평균은 타이머 평균과 의미가 다르다. 현 시점에서 실행 중인 활성 작업 시간의 평균이다. 마찬가지로 최댓값은 현시점에서 실행 중인 작업 중 가장 오래 실행되고 있는 작업을 나타내며, 타이머와 비슷한 방식으로 폐기된다.

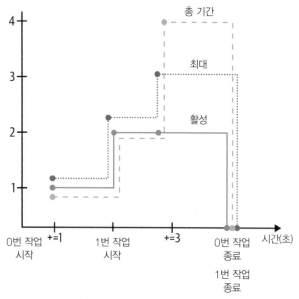

그림 2-19 장기 작업 타이머로 측정한 두 작업의 활성화 개수와 총 시간

[예제 2-40]은 `MeterRegistry` 인터페이스가 제공하는 편리한 메서드로 장기 작업 타이머를
생성한다.

예제 2-40 장기 작업 타이머 생성

```
// 태그 없음
LongTaskTimer  timer = registry.more()
  .longTaskTimer("execution.time");

// 키-값 쌍으로 태그 추가
LongTaskTimer timer = registry.more()
  .longTaskTimer("execution.time", "region", "us-east-1");

// 명시적인 태그 목록 생성
LongTaskTimer timer = registry.more()
  .longTaskTimer("execution.time", Tags.of("region", "us-east-1"));
```

[예제 2-41]에서 사용한 **LongTaskTimer** 플루언트 빌더는 설정 조건이 더 다양하다.

예제 2-41 장기 작업 타이머 플루언트 빌더

```
LongTaskTimer timer = LongTaskTimer
    .builder("execution.time")
    .description("a description of what this timer does") // 선택적
    .tags("region", "us-east-1") // 선택적
    .register(registry);
```

장기 작업 타이머의 기록 메서드는 **Sample**을 반환한다. 이를 이용하면 추후 원하는 시점에 타이머를 중지할 수 있다. [예제 2-42]는 람다 형식으로 간편하게 작성한 장기 작업 타이머 코드다.

예제 2-42 장기 작업 타이머로 실행 시간 기록

```
longTaskTimer.record(() -> dontCareAboutReturnValue());
longTaskTimer.recordCallable(() -> returnValue());

LongTaskTimer.Sample sample = longTaskTimer.start();
// 실행 코드
sample.stop(longTaskTimer);
```

에다^Edda (*https://oreil.ly/qXUkv*)는 장기 작업 타이머를 사용한 좋은 예시다. 에다는 AWS의 인스턴스, 볼륨, 오토스케일링 그룹 등의 리소스 정보를 캐시에 저장한다. 일반적으로 모든 데이터는 몇 분 안에 갱신된다. 그러나 AWS 서비스가 평소보다 느리면 훨씬 더 오래 걸리기도 한다. 장기 작업 타이머를 사용하면 메타데이터를 갱신할 때 소요되는 전체 시간을 추적할 수 있다.

[예제 2-43]은 스프링부트의 **@Scheduled** 어노테이션으로 생성한 일반적인 장기 실행 프로세스다.

예제 2-43 예약된 작업을 장기 작업 타이머로 명시적 기록

```
@Scheduled(fixedDelay = 360000)
void scrapeResources() {
  LongTaskTimer.builder("aws.scrape")
    .description("Time it takes to find instances, volumes, etc.")
    .register(registry)
    .record(() => {
```

```
    // 인스턴스, 볼륨, 오토스케일링 그룹 등
  });
}
```

스프링부트 등 일부 프레임워크는 [예제 2-44]처럼 longTask 속성이 true로 설정된 @Timed 어노테이션을 인식하고 장기 작업 타이머로 생성한다.

예제 2-44 예약 작업에 어노테이션 기반으로 장기 작업 타이머 설정

```
@Timed(name = "aws.scrape", longTask = true)
@Scheduled(fixedDelay = 360000)
void scrapeResources() {
  // 인스턴스, 볼륨, 오토스케일링 그룹 등
}
```

이 프로세스가 임계치를 넘는 순간을 감지하고 경고 알림을 받을 수 있다. 장기 작업 타이머는 임계치 초과 시점 이후 발생하는 최초 보고 시점에 경고를 보낸다. 일반 타이머를 사용하면 프로세스가 완료되고 나서야 경고가 발생한다. 1시간 정도 걸릴 수도 있다.

2.13 미터 타입 선정

2.3절에서 설명한 계층형 메트릭 시스템 라이브러리는 통상적으로 게이지와 카운터만 지원했다. 이러한 제약에 적응하면 요청 처리량 같은 비율 데이터를 미리 계산해서 게이지로 게시하는 습관이 생긴다. 마이크로미터는 항상 비율로 유도할 수 있는 방식으로 카운터를 노출시키기 때문에 애플리케이션 코드에서 수동으로 비율을 계산할 필요가 없다.

Timer와 DistributionSummary는 항상 다른 측정 지표와 함께 이벤트 카운트를 게시한다. 코드 블록은 실행 횟수만 측정할 이유가 없다. 실행 시간을 측정해야 마땅하다.

> **TIP** **어떤 미터 타입을 선택해야 하는가**
>
> 셀 수 있는 것을 게이지로 측정하지 말고 시간으로 측정할 수 있는 것을 세려고 하면 안 된다.

일반적으로, 매번 2분을 초과하는 요청을 측정할 때는 LongTaskTimer를 선택한다. 인플라이트in-flight 요청, 특히 실패 가능성이 있고 예상 시간이 수 분, 수 시간 단위로 늘어날 위험이 있는 요청도 LongTaskTimer로 측정한다.

2.14 비용 제어

측정 애플리케이션이 늘어날수록 메트릭 비용도 증가한다. 처음에는 메모리, 프로세서 사용률처럼 기본 통계를 제공하는 것으로 시작해 HTTP 요청, 캐시 성능, 데이터베이스 상호작용, 커넥션 풀 포화도 등으로 측정 영역이 점점 더 확장된다. 이런 측정 요소 중 상당수는 스프링부트 같은 프레임워크에 의해 점점 더 자동화될 것이다.

그러나 컴포넌트를 추가해 측정 영역이 확장된다 해서 반드시 텔레메트리 비용이 증가하는 것은 아니다. 개별 메트릭의 비용을 조사하려면 메트릭명과 키-값 태그 조합의 고유한 순열을 고려해야 한다. 이들은 백엔드에서 일련의 시계열을 형성하며 이 집합의 크기를 메트릭의 카디널리티라고 표현한다.

카디널리티의 경계는 가능한 모든 키-값 태그 조합을 고려해 신중하게 결정해야 한다. 또한 고유한 값이 지나치게 많아지지 않도록 제한해야 한다. 메트릭의 카디널리티는 고유한 태그값과 태그키의 곱이다. 태그 카디널리티의 합리적인 제한선은 모니터링 시스템마다 다르지만, 일반적으로 수천 개 이내로 유지하면 적당하다. 넷플릭스에서 일반적으로 제시하는 선은 시계열이 100만을 넘지 않을 정도로 카디널리티를 유지한다. 아마 대부분의 조직은 이 정도까지 필요하지 않을 것이다.

메트릭은 집계 자료로 사용하기 위해 제공하며 이벤트 수준 또는 요청 수준에서 성능을 검사하는 용도로 사용하면 안 된다. 분산 추적이나 로깅 같은 형태가 개별 이벤트 텔레메트리에 더 적합하다.

프레임워크에서 제공하는 텔레메트리는 일반적으로 태그 카디널리티를 제한하기 위해 신중하게 제작된다. 예를 들어 스프링부트의 WebMVC 및 WebFlux를 측정하면 유용한 태그들이 추가된다. 그러나 각 태그가 측정 항목의 카디널리티에 기여하는 방식을 세밀하게 제한한다. 다음은 각 태그키의 의미를 설명하는 목록이다.

메서드

HTTP 명세에 근거한 HTTP 메서드(예: GET, POST 등). 종류가 많지 않다.

상태

HTTP 상태 코드는 HTTP 명세에 정의된 종류로 자연스럽게 한정된다. 또한 API 엔드포인트 대부분은 사실상 다음 값 중 하나를 반환한다. 200~202:성공/생성/수락, 304:변경 없음, 400:잘못된 요청, 500:내부 서버 오류, 403: 접근 불가. 대부분 이보다 적은 범주에 머문다.

응답 결과

상태 코드 요약 정보(예: SUCCESS, CLIENT_ERROR, SERVER_ERROR 등)

URI

이 태그는 태그 카디널리티가 순식간에 손 쓸 수 없는 지경에 이르는 주요한 원인이다. 200~400 상태 코드의 URI는 요청 매핑 경로다. 그러나 엔드포인트에 경로 변수나 매개변수가 포함되면 프레임워크는 원래 경로 대신 **변수로 대체되지 않은 경로**를 주의 깊게 지정한다. 예를 들면 /api/customer/123이나 /api/customer/456을 /api/customer/{id}로 대체하는 식이다. 이렇게 하면 메트릭의 카디널리티를 제한하는 데 도움이 될 뿐만 아니라 성능을 추론하기도 쉽다. ID가 123이나 456인 특정 고객에 대한 요청 그룹보다 /api/customer/{id}를 요청한 그룹의 성능이 훨씬 유용한 정보다. 또한 /api/doesntexist/1, /api/doesntexistagain처럼 존재하지 않는 URI에 접근해 서버가 최종적으로 404를 반환할 때도 URI를 제한해야 한다. 그렇지 않으면 잘못 입력된 모든 URI가 새 태그값으로 기록된다. 스프링부트는 상태 코드가 404일 때마다 URI 태그값에 NOT_FOUND를 지정한다. 또한 상태 코드가 403일 때는 REDIRECT를 지정한다. 요청 페이지가 존재하든 존재하지 않든, 서버는 인증되지 않은 요청을 항상 리다이렉션하기 때문이다.

예외

요청 결과로 500 내부 서버 오류가 발생하면 이 태그에 예외 클래스명이 기록된다. 일반적으로 예외 클래스를 그룹화하는 간단한 방법이다. 예를 들면 널 포인터 예외와 다운스트림 서비스 시간 초과는 예외 클래스명이 다르다. 일반적인 엔드포인트 구현이 발생시키는 예외 클래스는 몇 가지뿐이므로, 이 태그값의 종류도 자연스럽게 한정된다.

HTTP 서버 요청 메트릭의 총 카디널리티를 계산하는 공식은 [수식 2-7]과 같다.

수식 2-7 단일 엔드포인트에 대한 HTTP 서버 요청 메트릭의 카디널리티

$$2\,메서드 \times 4\,상태 \times 2\,응답\,결과 \times 1\,URI \times 3\,예외 = 48\,태그값$$

비용을 과도하게 최적화하려는 충동은 자제해야 한다. 특히 0이 게시되는 것을 막으려고 애쓸 필요는 없다. 이론적으로 애플리케이션은 상태에 따라 모든 메트릭이 0이 아닌 순간이 있다. 높은 포화도를 유발하는 원인은 대부분 0이 아닌 메트릭이며, 이러한 메트릭이 메트릭 비용을 지배한다. 0이 게시되지 않도록 제한해서 메트릭 집합의 규모를 줄이는 것보다, 0이 아닌 대부분의 메트릭을 억제시키는 편이 이득이다. 또한, 0으로 기록된 메트릭은 뭔가 일어나고 있음을 알리는 유용한 신호다. 아무것도 기록되지 않는 것보다 낫다.

기본적으로 제공되는 측정 방식으로 태그 카디널리티를 제한하기 어려울 때는 메트릭 집합의 설정을 통해 제한 방식을 정의할 수 있다. 제티^{Jetty} `HttpClient` 측정이 좋은 예다. `HttpClient`는 일반적으로 [예제 2-45]처럼 요청을 생성한다. `HttpClient`의 POST 호출 API는 경로 변수를 제공하는 메커니즘이 없으므로, 마이크로미터의 `Request.Listener`가 요청을 가로 챌 때면 이미 경로 변수는 돌이킬 수 없이 대체된 다음이다.

예제 2-45 path 변수와 문자열을 결합한 Jersey HTTP 클라이언트 요청

```
Request post = httpClient.POST("https://customerservice/api/customer/" +
customerId);
post.content(new StringContentProvider("{\\"detail\\": \\"all\\"}"));
ContentResponse response = post.send();
```

제티 클라이언트 메트릭도 스프링부트의 WebMVC와 WebFlux 측정처럼 경로 변수가 대체되지 않은 URI를 태그값으로 지정해야 한다. [예제 2-46]은 경로 변수를 제거한 URI를 태그값으로 지정한다. 이 작업은 엔지니어의 몫이다.

예제 2-46 Jersey HTTP 클라이언트 메트릭 설정

```
HttpClient httpClient = new HttpClient();
httpClient.getRequestListeners().add(
  JettyClientMetrics
```

```
  .builder(
    registry,
    result -> {
      String path = result.getRequest().getURI().getPath();
      if(path.startsWith("/api/customer/")) {
        return "/api/customer/{id}";
      }
      ...
    }
  )
  .build()
);
```

2.15 조율된 누락

필자의 첫 일자리는 고등학생 시절 패스트푸드 레스토랑 알바였다. 드라이브스루 코너에서 일했던 그 경험은 통계를 대하는 자세를 배우는 조기 학습 수업이 되었다.

매장의 성과는 고객이 메뉴를 주문한 시간부터 주문을 마치고 떠날 때까지 소요된 평균 시간을 기준으로 평가되었다. 이 가게는 항상 일손이 부족해서 평균 시간이 목표를 넘기는 경우가 있었다. 필자는 가끔 손님이 줄어들 때까지 기다렸다가 차를 운전해 건물을 한 바퀴 돌곤 했다. 이렇게 하면 3~4초 정도 소요되는 서비스 건이 등록된다. 이 건수가 수십 번 쌓이면 평균이 급속히 낮아진다(다시 말하지만 평균은 문제가 많은 통계다). 이런 식으로 서비스 평균 시간을 의도적으로 낮춰 성과를 높이곤 했다. 그러던 어느 날 본사는 평가용 통계 항목에 최소 서비스 시간을 추가했고, 필자의 부정 행위는 그렇게 막을 내렸다.

드라이브스루에 버스가 들어왔던 황당한 경험도 있다. 버스는 창구에 머물렀다. 서비스 시간은 메뉴판 근처의 압력판을 밟으면 시작되고 창구를 지나야 끝난다. 이 경우는 주문당 서비스 시간이 얼마나 걸리는지 알 수 없었고 차량당 서비스 시간만 계산할 수 있었다. 버스의 주문을 응대하는 기간은 분명히 다른 차량의 서비스 기간보다 길다. 이날 버스가 일으켰던 파급 효과는 조율된 누락이라는 개념이 현실로 재현된 좋은 사례다. 충분히 주의를 기울여 통계를 설계하지 않으면 대기 시간을 제외한 채 서비스 시간만 모니터링하게 된다. 버스 사태에서 배울 수 있는 조율된 누락의 두 가지 예시가 [그림 2-20]에 나와 있다.

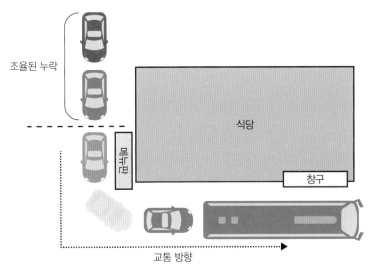

조율된 누락

식당

메뉴판

창구

교통 방향

그림 2-20 드라이브스루의 버스로 인해 발생한 조율된 누락

- 버스가 창구에 머무르는 시점에 차량 3대의 서비스 시간이 기록되고 있다. 이들은 메뉴판의 압력판을 활성화시켰다. 차량 2대는 아직 시스템이 인지하지 못한 상태다. 버스의 방해를 받은 차량은 실제로 5대지만 서비스 시간에 영향을 받은 차량은 3대뿐이다.
- 메뉴판에 진입하는 순간부터 창구를 떠나는 시점까지를 서비스 시간으로 보는 대신, 창구에서 머무는 시간을 서비스 시간으로 본다고 가정해보자. 평균 서비스 시간은 단지 버스가 머무른 시간의 영향만 받으며, 뒤따른 차량의 서비스 시간은 버스로 인해 서비스 시간에 영향을 받지 않는다.

이러한 효과는 스레드 풀이 요청 응답 시간에 미치는 영향과 유사하다. 요청 핸들러가 작업을 시작하고 응답을 커밋할 때까지 소요된 시간을 응답 시간으로 보면, 요청이 대기열에 추가되고 가용 핸들러 스레드가 작업을 시작하기까지 기다리는 시간이 계산될 곳이 없다.

이 사례에서 조율된 누락이 초래하는 또 다른 결과는, 드라이브스루 도로를 막아버리면 고객의 급격한 주문량 폭주를 완전히 차단할 수 있다는 점이다. 드라이브스루에 줄이 길면 누구라도 주문하기 꺼려할 것이다. 스레드 풀도 이와 비슷한 효과를 낸다. 조율된 누락은 다음과 같이 여러 원인으로 발생한다.

서버리스 함수

서버리스 함수serverless function의 실행 시간을 측정할 때는 함수가 시작되기까지 걸리는 시간을 기록하지 않는다.

일시 정지

일시 정지^{pause}가 발생하는 형태는 다양하다. 가비지 수집으로 인한 JVM 중단, 데이터베이스 재인덱싱으로 인한 일시적 응답 불가, 캐시 버퍼를 디스크로 플러시하는 순간 등이다. 실행되는 중간에 일시 정지 상태가 된 작업은 높은 레이턴시를 보고하지만, 아직 시작되지 않은 작업은 비현실적으로 낮은 레이턴시를 보고한다.

부하 테스트

기성 부하 테스트^{load tester} 도구는 서비스가 실제로 포화되기 전에 자신의 스레드 풀에 작업을 백업한다.

정확한 부하 테스트는 매우 일반적인 요구 사항이므로 좀 더 자세히 살펴볼 것이다.

2.16 부하 테스트

아파치 벤치^{Apache Bench}로 대표되는 기성 테스트 도구들은 지정한 속도에 맞춰 지속적으로 요청을 만들어낸다. 모든 응답 시간은 통계를 생성하기 위해 집계된다. 응답이 수집 버킷 구간을 벗어나면 다음 요청이 지연된다.

이런 방식으로 과포화된 서비스는 경계를 넘지 않는다. 응답 시간이 길어지더라도 의도치 않게 조정되고 부하 테스트를 무력화시키기 때문이다. 이러한 조정은 부하 테스트의 블로킹^{blocking} 요청 모델이라는 특성에 기인한다. 블로킹 방식은 동시 처리 건수가 머신의 코어 수를 넘어서지 않도록 효과적으로 제한된다.

실제 사용자는 이러한 조정을 유발하지 않는다. 모든 사용자가 서로 독립적으로 서비스와 상호작용하므로 서비스를 훨씬 더 포화시킬 수 있다. 논블로킹^{nonblocking} 부하 테스트는 사용자 행동을 효과적으로 시뮬레이션하는 방법 중 하나다. 개틀링^{Gatling}과 J미터^{JMeter}는 아파치 벤치와 달리 논블로킹 방식으로 서비스를 포화시킨다. 논블로킹 부하 테스트가 어떤 방식으로 작동하는지 알아보려면 직접 코드를 작성해보는 편이 빠르다. 스프링의 논블로킹 `WebClient`와 프로젝트 리액터Project Reactor를 이용하면 간단한 논블로킹 테스트를 구현할 수 있다. 결과는 [예제 2-47]에 있다. 실제로 이러한 논블로킹 부하 테스트는 구현하기 매우 쉽기 때문에 J미터나 개틀링 같은 전용 도구를 굳이 사용할 필요가 없다. 자신과 팀의 상황을 고려해 판단하기 바란다.

예제 2-47 웹클라이언트와 리액터를 이용한 논블로킹 부하 테스트

```
public class LoadTest {
  public static void main(String[] args) {
    MeterRegistry meterRegistry = ...; // ❶
    Counter counter = meterRegistry.counter("load.test.requests");

    WebClient client = WebClient.builder()
      .baseUrl("http://" + args[0])
      .build();

    Flux
      .generate(AtomicLong::new, (state, sink) -> { // ❷
        long i = state.getAndIncrement();
        sink.next(i);
        return state;
      })
      .limitRate(1) // ❸
      .flatMap(n -> client.get().uri("/api/endpoint").exchange())
      .doOnNext(resp -> {
        if (resp.statusCode().is2xxSuccessful())
          counter.increment();
      })
      .blockLast();
  }
}
```

❶ 부하 테스트가 대상 모니터링 시스템으로 메트릭을 탑재하도록 레지스트리를 생성한다.

❷ 플럭스를 무한히 생성한다. 또는 `Flux.range(0, MAX_REQUESTS)`를 쓰면 원하는 횟수만큼 요청을 실행할 수 있다.

❸ 서비스에 요청을 보내는 속도를 조절한다.

리액티브 방식 테스트와 기존 부하 테스트는 [그림 2-21]에 보이듯 상당히 차이가 크다. 기존 부하 테스트의 레이턴시는 10ms 이하인 반면 논블로킹 리액티브 테스트는 애플리케이션 포화도가 상승함에 따라 200ms를 초과할 정도로 치솟는다. 200ms가 넘는 구간도 상당히 조밀하다. 기존 부하 테스트는 블로킹 방식이며 동시성 수준이 테스트 머신의 코어 수 이하로 제한되므로 레이턴시도 일정 선을 넘지 않는다.

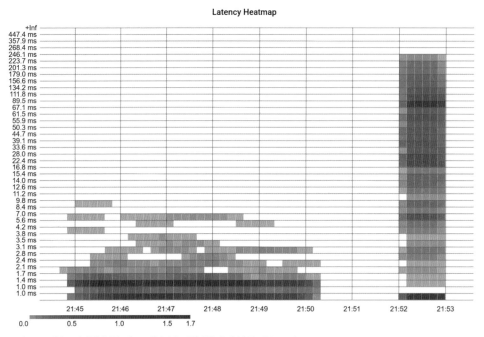

그림 2-21 블로킹 방식 부하 테스트와 논블로킹(리액티브) 부하 테스트 비교

[그림 2-22]에서 보이듯 최대 레이턴시 통계도 같은 영향을 받으며 경고를 발생시킨다. 4.7.2절에서 더 자세히 다룬다.

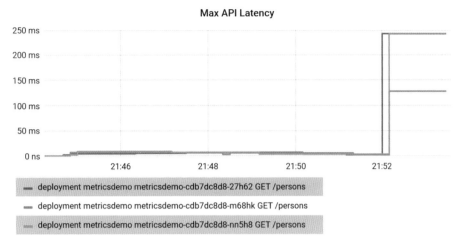

그림 2-22 최대 레이턴시 증가

[그림 2-23]은 99번째 백분위 레이턴시 지표를 나타내며 역시 눈에 띄게 상승하고 있음을 알수 있다. 동일한 마이크로서비스의 두 버전을 두고 응답 시간 성능을 비교할 때 사용하는 핵심 지표다. 5.8절에서 더 자세히 다룬다.

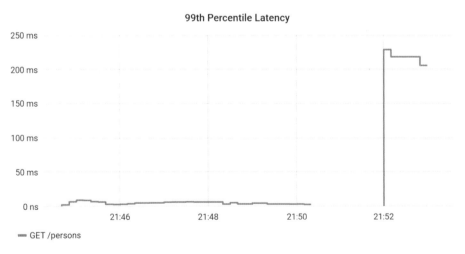

그림 2-23 99분위 레이턴시 증가

이 예시는 또한 서버 관점에서 처리량을 관찰하는 방식의 맹점을 보여준다. [그림 2-24]를 보면 두 테스트 사이에 초당 작업량이 대략 1개에서 3개로 늘어났을 뿐이지만, 이는 **완료**된 요청만 측정한 정보다. 실제로 리액티브 부하 테스트를 진행하면 서비스가 과포화된 기간 동안 더 많은 요청이 톰캣 스레드 풀에 대기 상태로 쌓이고 적시에 처리되지 않는다.

프로덕션 환경에서 경고 발생 구간을 모니터링하기 위해 처리량이나 레이턴시를 관찰할 때는 가능하면 클라이언트 관점에서 본 상태도 함께 모니터링하는 것이 좋다. 이 부분도 4.7.2절에서 더 자세히 설명한다.

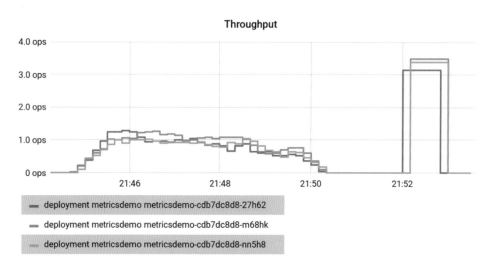

그림 2-24 처리량 증가

마지막으로 [그림 2-25]에서 평균 레이턴시를 살펴보자. 두 번째 테스트를 수행할 때 평균치가 한 단계 상승했다는 것을 알 수 있다. 그러나 여전히 60ms 정도로, 그다지 나쁘지 않은 수치다. 평균은 실제 벌어지는 현상을 과하게 감추는 경향이 있다. 유용한 측정값이 아니다.

그림 2-25 평균 레이턴시 차이

지금까지 다양한 미터의 사용 방법을 살펴봤다. 이제 초점을 옮겨 애플리케이션 전반에 걸친 메트릭 탑재 방식을 알아볼 차례다.

2.17 미터 필터

자바 애플리케이션 스택의 여러 부분에 측정 요소가 추가될수록 메트릭의 종류와 충실도를 제어할 필요성이 커진다. 필자는 넷플릭스에서 근무할 때 이 사실을 처음 알게 되었다. 넷플릭스는 사용자가 화면에서 '좋아요' 또는 '별표'로 해당 영상을 평가하는 시스템이 있으며, 사용자 대상 마이크로서비스 대부분은 핵심 플랫폼 라이브러리를 포함한다. 좋아요 기능을 관장하는 엔지니어는 채팅을 통해 이 라이브러리를 측정하는 현황을 보여주었는데, API 엔드포인트 하나당 특정 메트릭이 무려 70,000여 개의 시계열값을 기록했었다. 프로덕트팀 대부분은 이 시계열 데이터를 대시보드나 경고 알림 용도로 사용하지 않아서 터무니 없는 낭비라는 것을 확실했다. 이 사례는 핵심 라이브러리 제작자에게 주어진 선택의 여지가 사실상 극히 협소하다는 점을 시사한다. 이들은 측정의 충실도를 높여야 하지만 누군가가 이러한 충실도를 자신의 목적에 맞게 저하시키는 것도 대비해야 한다. 마이크로미터의 미터 필터는 이러한 필요성을 바탕으로 탄생했다.

미터 필터를 사용하면 미터가 등록되는 방식, 시기, 발행 통계의 종류를 설정하고 높은 수준으로 제어할 수 있다. 미터 필터는 다음 세 가지 기본 기능을 제공한다.

1. 거부: 미터 등록을 **거부**^{deny}하거나 허용한다.

2. 변형: 미터 ID를 **변형**^{transform}(예: 이름 변경, 태그 추가/제거, 기본 단위 설명 추가 등)한다.

3. 설정: 일부 미터 타입의 분포 통계를 **설정**^{configure}한다.

`MeterFilter`는 [예제 2-48]처럼 프로그래밍 방식으로 레지스트리에 추가할 수 있다.

예제 2-48 미터 필터 적용

```
registry.config()
    .meterFilter(MeterFilter.ignoreTags("too.much.information"))
    .meterFilter(MeterFilter.denyNameStartsWith("jvm"));
```

> **CAUTION_ 미터 필터는 애플리케이션 라이프 사이클 초반에 적용한다**
> 성능 손실을 줄이기 위해 필터가 적용된 **후에** 등록된 메트릭만 필터의 영향을 받는다.

2.17.1 미터 거부/허용

예제 2-49 거부/허용 필터의 가장 상세한 형태

```
MeterFilter filter = new MeterFilter() {
  @Override
  public MeterFilterReply accept(Meter.Id id) {
    if(id.getName().contains("test")) {
      return MeterFilterReply.DENY;
    }
    return MeterFilterReply.NEUTRAL;
  }
}
```

`MeterFilterReply`는 다음 세 가지 상태를 보유한다.

DENY

미터 등록을 거부한다. 레지스트리에 미터를 등록할 때 필터가 DENY를 반환하면 레지스트리는 해당 미터의 NOOP 버전(예: `NoopCounter`, `NoopTimer`)을 반환한다. 코드는 NOOP 미터와 계속 상호작용할 수 있지만, 이 미터에 기록한 정보는 즉시 삭제되며 오버헤드를 최소화시킨다.

NEUTRAL

DENY를 반환하는 다른 미터 필터가 없으면 정상적으로 미터를 등록한다.

ACCEPT

특정 필터가 ACCEPT를 반환하면 다른 필터의 수락 메서드를 확인하지 않고 즉시 미터를 등록한다.

또한 `MeterFilter`는 거부/허용 필터에서 쓸 수 있는 편리한 정적 빌더를 다음과 같이 제공한다.

accept()

모든 미터를 허용하며 이후 모든 필터의 결정을 무시한다.

accept(Predicate⟨Meter.Id⟩)

특정 `Predicate`와 일치하는 모든 미터를 허용한다.

acceptNameStartsWith(String)

지정한 접두어와 일치하는 모든 미터를 수락한다.

deny()

모든 미터를 거부하며 이후 모든 필터의 결정을 무시한다.

denyNameStartsWith(String)

지정한 접두어와 일치하는 모든 미터를 거부한다. 마이크로미터에서 제공하는 모든 MeterBinder 구현은 이름에 공통적인 접두어가 있어 UI상에서 쉽게 그룹화할 수 있다. 뿐만 아니라 이 접두어는 특정 미터 그룹을 비활성/활성화시키는 용도로 활용하기 쉽다. 가령 MeterFilter.denyNameStartsWith("jvm") 코드는 jvm으로 시작하는 모든 메트릭을 거부하는 필터다.

deny(Predicate⟨Meter.Id⟩)

특정 Predicate와 일치하는 모든 미터를 거부한다.

maximumAllowableMetrics(int)

레지스트리에 등록된 미터 개수가 상한선에 도달하면 등록을 거부한다.

maximumAllowableTags(String meterNamePrefix, String tagKey, int maximumTagValues, MeterFilter onMaxReached)

지정한 조건과 일치하는 미터의 태그값이 상한선에 도달하면 등록을 거부한다.

기본적으로 미터 등록을 거부하되 특정 그룹만 **허용**하는 경우도 있다. 주로 **고비용** 모니터링 시스템에서 고려하는 방식이며 다음과 같이 간단히 구현할 수 있다.

denyUnless(Predicate⟨Meter.Id⟩)

특정 Predicate와 일치하지 않는 모든 미터를 거부한다.

미터 필터는 레지스트리 설정에 추가된 순서대로 적용된다. 따라서 거부/허용 필터를 연속으로 추가하면 더 복잡한 규칙을 구현할 수 있다. [예제 2-50]은 http로 시작하는 모든 메트릭을 명시적으로 허용하고 나머지는 모두 거부한다. http.server.requests 미터는 첫 번째 필터가 이미 허용하므로 나머지 거부 필터는 거치지 않는다.

예제 **2-50** HTTP 메트릭만 허용하고 나머지는 모두 거부하는 필터

```
registry.config()
    .meterFilter(MeterFilter.acceptNameStartsWith("http"))
    .meterFilter(MeterFilter.deny());
```

2.17.2 메트릭 변형

미터 필터는 미터의 이름, 태그, 설명, 기본 단위를 변환할 수 있다. 가장 일반적인 사용법은 애
플리케이션 공통 태그 추가다. 범용 라이브러리 제작자는 사용자가 자신의 라이브러리를 구체
적으로 어떻게 측정하기 원하는지 알지 못한다. 모니터링 시스템이 메트릭을 식별하는 방식,
배포 환경, 코드가 실행될 인스턴스, 애플리케이션 버전 등에 따라 측정 요건은 매우 달라진다.
애플리케이션에 공통 태그를 추가하고 스트리밍할 수 있다면 저수준 라이브러리 작성자는 측
정할 부분에만 태그를 추가해 전체적인 단순성을 유지할 수 있다. RabbitMQ 클라이언트를 예
로 들면 큐 이름이 이러한 측정 요소에 해당한다. 애플리케이션 개발자는 그 외 식별 정보를 더
해 저수준 라이브러리의 측정 정보를 보강할 수 있다.

[예제 2-51]은 변형 필터 예시다. 이 필터는 이름이 'test'로 시작하는 미터에 접두어와 태그를
추가한다.

예제 **2-51** 미터 필터 변형

```
MeterFilter filter = new MeterFilter() {
    @Override
    public Meter.Id map(Meter.Id id) {
        if(id.getName().startsWith("test")) {
            return id.withName("extra." + id.getName()).withTag("extra.tag",
"value");
        }
        return id;
    }
}
```

MeterFilter는 보편적인 변형 작업에 쓰도록 다음과 같은 빌더들을 제공한다.

commonTags(Iterable⟨Tag⟩)

모든 메트릭에 태그 목록을 추가한다. 애플리케이션명, 호스트, 지역 등을 나타내는 공통 태그를 추가하면 좋다.

ignoreTags(String...)

모든 미터에서 특정 태그 키를 제외한다. 태그의 카디널리티가 너무 높아져 모니터링 시스템에 부담을 주거나 비용이 상승하는 순간이 왔을 때 모든 측정 지점을 한번에 수정하기 어렵다. 이런 상황에 특히 쓸모가 많은 빌더다.

replaceTagValues(String tagKey, Function⟨String, String⟩ replacement, String... exceptions)

특정 태그키의 값을 매핑 규칙을 이용해 변경한다. 태그값 중 일부를 교체해 총 카디널리티를 줄이는 용도로 사용할 수 있다.

renameTag(String meterNamePrefix, String fromTagKey, String toTagKey)

지정한 접두어로 시작하는 모든 메트릭에서 태그키를 변경한다.

측정 메트릭과 태그가 과도하게 많은 상태라면 그중 일부 태그만 제외하는 조치를 취해도 획기적으로 비용을 절감할 수 있다. 이번 절 도입부에 언급한, API 엔드포인트 한 개당 수만 개 태그를 생성했던 넷플릭스의 측정 시스템도 마찬가지다.

2.17.3 분포 통계 설정

`Timer`, `LongTaskTimer`, `DistributionSummary`는 기본적으로 카운트, 합계, 최댓값 통계를 제공한다. 필터를 이용하면 분포 통계 정보도 선택적으로 추가할 수 있다. 분포 통계는 백분위수, 히스토그램, SLO 경계를 포함한다. [예제 2-52]는 `MeterFilter`를 통해 분포 통계를 설정한다.

```
new MeterFilter() {
    @Override
    public DistributionStatisticConfig configure(Meter.Id id,
        DistributionStatisticConfig config) {
        if (id.getName().startsWith(prefix)) {
            return DistributionStatisticConfig.builder()
                    .publishPercentiles(0.9, 0.95)
                    .build()
                    .merge(config);
        }
        return config;
    }
};
```

일반적으로 추가할 통계의 `DistributionStatisticConfig`를 먼저 생성한 다음 입력된 설정과 `merge`한다. 이렇게 하면 레지스트리가 기본으로 제공하는 배포 통계에 더해 추가 필터를 연쇄적으로 적용할 수 있다. 각 필터는 배포 통계의 일부를 구성한다. 가령 100ms SLO를 모든 HTTP 요청에 적용하고 일부 엔드포인트만 백분위수 히스토그램을 적용하는 것도 가능하다.

`MeterFilter`는 다음과 같이 간편한 빌더를 제공한다.

maxExpected(Duration/long)
타이머 또는 요약 미터가 제공하는 백분위수 히스토그램 버킷에서 상한선을 제어한다.

minExpected(Duration/long)
타이머 또는 요약 미터가 제공하는 백분위수 히스토그램 버킷에서 하한선을 제어한다.

스프링부트는 다음과 같은 프로퍼티 기반 필터를 제공하며 접두어에 따라 SLO, 백분위수, 백분위수 히스토그램을 설정한다.

management.metrics.distribution.percentiles-histogram
백분위수 히스토그램 게시 여부를 설정한다. 차원에 따라 집계 가능한 백분위수 근사치를 추산하기 적합하다.

management.metrics.distribution.minimum-expected-value
예상값의 범위를 지정해 히스토그램 버킷을 절약한다.

management.metrics.distribution.maximum-expected-value
예상값의 범위를 지정해 히스토그램 버킷을 절약한다.

management.metrics.distribution.percentiles
계산된 백분위값 게시 여부를 설정한다.

management.metrics.distribution.sla
SLA에 정의된 버킷으로 누적 히스토그램을 게시한다.

가장 낮은 수준의 소프트웨어 설정도 조직 문화가 뒷받침되면 미터 필터를 통해 효과적으로 관리할 수 있다. 몇몇 조직은 미터 필터를 사용해 플랫폼과 애플리케이션 메트릭을 분리한다.

2.18 플랫폼과 애플리케이션 메트릭 분리

콘웨이의 법칙에 의하면 '당신은 조직도를 나르고 있다'. 대략적으로 표현하면 조직이 시스템을 갖추고 배포하고 작동하는 방식이 그 조직의 모습과 흡사하다는 의미다.

이 원칙이 긍정적으로 발현된 사례를 목격한 적이 있다. 넷플릭스의 운영 엔지니어링 조직(이 책에서 플랫폼 엔지니어링이라고 부르는)은 개별 마이크로서비스 간에 발생하는, 식별하기 난해한 문제를 해결하는 도구를 만들었다. 이 조직의 고객은 엔지니어였으며 항상 고객에 집중했다. 그러나 넷플릭스의 핵심 가치인 '자유와 책임' 문화에 의거해 다른 팀의 작업을 감독하거나 통제하지 않았다. 많은 조직에서 플랫폼팀은 프로덕트팀을 뒤로 하고 중앙 무대로 진출해 모니터링 애플리케이션을 관장한다. 이러한 기조가 반드시 나쁘거나 좋다고 판단하지는 않는다. 다만 넷플릭스에서 애플리케이션 모니터링은 전적으로 프로덕트팀의 관할이었다. 중앙 조직은 여러 가지를 요청했지만 그만큼 조언과 도움도 아끼지 않았다.

플랫폼팀과 애플리케이션팀의 책임을 분리하는 경우도 있다. 플랫폼팀은 프로세서, 메모리, API 에러율 같은 비즈니스 메트릭을 담당하고 애플리케이션팀은 고객 지표를 담당한다. 곰곰이 살펴보면 대략적으로 블랙박스와 화이트박스 측정이 두각을 나타내는 분야에 따라 책임이 나뉘어짐을 알 수 있다. 플랫폼팀은 블랙박스 신호를, 프로덕트팀은 화이트박스 신호를 각각 모니터링한다. 이는 플랫폼팀과 프로덕트팀이 서로 다른 모니터링 시스템을 사용하는 이유를 엿볼 수 있는 좋은 사례다. 플랫폼에 필요한 모니터링 신호는 프로덕트팀에 필요한 신호와 완전히 다르며 에이전트 기반으로 측정해 SaaS로 게시하는 방식이 더 적합하다. 두 측정 방식은 경쟁적인 게 아니라 상호 보완적인 것이다.

조직의 형태는 메트릭 텔레메트리를 구성하는 방식에 영향을 미친다. 구체적으로 설명하기 위해 앞서 설명한 조직이 프로메테우스를 모니터링 시스템으로 사용하고 있다고 가정한다. 이때 플랫폼 엔지니어와 프로덕트 엔지니어의 최종 목표는 서로 다르다.

플랫폼 엔지니어

플랫폼 엔지니어는 조직 전체에 존재하는 모든 마이크로서비스를 동일한 방식으로 모니터링하기 원한다. 다시 말해 모든 마이크로서비스는 플랫폼팀이 모니터링할 메트릭 집합을 게시해야 한다. 또한 측정 항목은 일관적인 형태로 공통 태그를 부여해야 한다(예: test/dev/prod, 지역, 클러스터, 서버그룹명, 애플리케이션 버전, 인스턴스 식별자 등). 플랫폼팀이 필요한 메트릭보다 더 많은 정보를 제공해도 플랫폼팀에게는 가치가 없다. 플랫폼팀의 본령이 그러하듯 이 메트릭들은 모든 애플리케이션에 통용된다. 또한 특정 비즈니스 기능과 관련이 없는 일반적인 지표를 나타내므로 시간이 지나더라도 크게 변경되지 않을 것이다.

프로덕트 엔지니어

프로덕트 엔지니어는 프로덕션과 관련된 마이크로서비스만 모니터링한다. 플랫폼 엔지니어가 적용한 공통 태그는 프로덕트 엔지니어에게 도움이 되지만 한걸음 나아가 개별 인스턴스를 더욱 차별화하는 공통 태그를 추가하기 원한다. 이러한 태그는 플랫폼팀과 관련이 없는 영역에 존재한다. 예를 들어 애플리케이션팀은 서로 다른 최종 사용자(예: 내부/외부 사용자)를 대상으로 동일한 애플리케이션을 여러 클러스터에 배포한다. 최종 사용자 집단의 규모에 따라 SLO를 다르게 설정해야 하므로 이를 구별하는 태그를 메트릭에 추가할 것이다. 프로덕트 엔지니어는 최종 사용자 경험을 구체적으로 이해하는 데 가장 집중해야 한다. 기능적인 면도 중요하다. 새로운 기능이 도입되면 메트릭도 그에 맞게 변경해야 한다.

마이크로서비스 메트릭이 단일한 `MeterRegistry`로 게시되면 프로덕트 엔지니어가 반영한 설정이 플랫폼팀의 마이크로서비스 관찰 가능성에 영향을 미칠 가능성이 있다. 또한 프로덕트팀은 자체적으로 메트릭 태그를 집계하고 시각화한다. 플랫폼 엔지니어가 추가한 공통 태그는 경우에 따라 프로덕트팀의 대시보드와 경고 알림 기능에 영향을 미칠 가능성이 있다.

이렇듯 엔지니어링 조직은 각 팀의 책임이 팀의 조직적 경계를 넘나들기 쉽다. 따라서 플랫폼팀과 프로덕트팀이 각각의 책임을 다하려면 고유한 미터 레지스트리로 메트릭을 분할 게시해야 한다. '당신은 조직도를 나르고 있다'는 사실을 잊지 말자.

앞서 설명한 책임 분담 형태는 상당히 흔하기 때문에 여기서 해결 방식을 알아보도록 하자. 우선 플랫폼팀은 모든 마이크로서비스에 포함시킬 공통 설정을 라이브러리로 제작하고 JAR 같은 바이너리 종속성으로 제공해야 한다. 대개 마이크로서비스팀은 독자적인 릴리스 주기를 따르므로 개별 마이크로서비스의 변화에 비해 플랫폼팀이 공통 설정을 발전시키는 속도가 더딘 것이 자연스럽다. 공통 플랫폼 JAR의 자동 설정은 [예제 2-53]과 비슷하게 보인다.

예제 2-53 플랫폼팀이 프로덕션팀과 공유하는 메트릭 자동 설정

```
@Configuration
public class PlatformMetricsAutoConfiguration {
  private final Logger logger = LoggerFactory.getLogger(
    PlatformMetricsAutoConfiguration.class);

  private final PrometheusMeterRegistry prometheusMeterRegistry =
    new PrometheusMeterRegistry(PrometheusConfig.DEFAULT); // ❶

  @Value("${spring.application.name:unknown}")
  private String appName;

  @Value("${HOSTNAME:unknown}")
  private String host;

  public PlatformMetricsAutoConfiguration() { // ❷
    new JvmGcMetrics().bindTo(prometheusMeterRegistry);
    new JvmHeapPressureMetrics().bindTo(prometheusMeterRegistry);
```

```
  new JvmMemoryMetrics().bindTo(prometheusMeterRegistry);
  new ProcessorMetrics().bindTo(prometheusMeterRegistry);
  new FileDescriptorMetrics().bindTo(prometheusMeterRegistry);
}

@Bean
@ConditionalOnBean(KubernetesClient.class)
MeterFilter kubernetesMeterFilter(KubernetesClient k8sClient) {  // ❸
  MeterFilter k8sMeterFilter = new KubernetesCommonTags();
  prometheusMeterRegistry.config().meterFilter(k8sMeterFilter);
  return k8sMeterFilter;
}

@Bean
@ConditionalOnMissingBean(KubernetesClient.class)
  MeterFilter appAndHostTagsMeterFilter() {
    MeterFilter appAndHostMeterFilter = MeterFilter.commonTags(
      Tags.of("app", appName, "host", host));
  prometheusMeterRegistry.config().meterFilter(appAndHostMeterFilter);
  return appAndHostMeterFilter;
}

@RestController
class PlatformMetricsEndpoint {
  @GetMapping(path = "/platform/metrics", produces = TextFormat.CONTENT_
TYPE_004)
  String platformMetrics() { // ❹
    return prometheusMeterRegistry.scrape();
  }
 }
}
```

❶ 플랫폼팀의 설정은 프로메테우스 미터 레지스트리를 스프링 콘텍스트에 추가하지 않고 private로 생성한다. 따라서 프로덕트팀이 애플리케이션 콘텍스트를 통해 구성하는 MeterFilter, MeterBinder 또는 기타 자체 설정에 영향을 미치지 않는다.

❷ 플랫폼팀이 담당하는 메트릭이 private 레지스트리에 직접 추가된다.

❸ 플랫폼팀이 제공하는 공통 태그용 미터 필터다. 이 필터는 쿠버네티스에서 실행되는 모든 마이크로서비스에 적용된다. 이 부분에서 마이크로서비스팀의 우려가 불식된다. 모든 팀이 쿠버네티스 공통 태그를 활용할 수 있으며 추가로 필요한 태그는 직접 등록할 수 있다. 미터 필터를 생성하면 즉시 플랫폼팀의 private 미터 레지스트리에 적용한다. 애플리케이션이 쿠버네티스에서 실행되지 않는 경우를 대비해 대체 태그도 제공한다.

❹ 플랫폼팀에 필요한 전용 API를 직접 추가하며 모든 애플리케이션에 공통적으로 제공한다. 스프링 자동 구성을 통해 생성되는 /actuator/prometheus 엔드포인트는 별개로 두고 프로덕트팀이 자신의 목적에 맞게 온전히 활용하도록 허용한다.

[예제 2-54]에 구현된 쿠버네티스 공통 태그는 쿠버네티스 파드에 들어갈 스피나커 설정에 적용할 수 있다. 스피나커는 5장에서 자세히 설명한다.

예제 2-54 스피나커로 배포되는 서비스의 쿠버네티스용 공통 태그

```
public class KubernetesCommonTags implements MeterFilter {
  private final Function<Meter.Id, Meter.Id> idMapper;

  public KubernetesCommonTags(KubernetesClient k8sClient) {
    try {
      Map<String, String> annotations = k8sClient.pods()
        .withName(host)
        .get()
        .getMetadata()
        .getAnnotations();

      for (Map.Entry<String, String> annotation : annotations.entrySet()) {
        logger.info("Kubernetes pod annotation <" + annotation.getKey() +
          "=" + annotation.getValue() + ">");
      }

      idMapper = id -> id.withTags(Tags.of(
        "revision",
        annotations.getOrDefault("deployment.kubernetes.io/revision", "unknown"),
        "app",
        annotations.getOrDefault("moniker.spinnaker.io/application", appName),
        "cluster",
        stream(annotations
          .getOrDefault("moniker.spinnaker.io/cluster", "unknown")
          .split(" ")
        ).reduce((first, second) -> second).orElse("unknown"),
        "location",
        annotations.getOrDefault("artifact.spinnaker.io/location", "unknown"),
        "host", host
      ));
    } catch (KubernetesClientException e) {
      logger.warn("Unable to apply kubernetes tags", e);
      idMapper = id -> id.withTags(Tags.of(
```

```
        "app", appName,
        "host", host,
        "cluster", "unknown")
      );
    }
  }

  @Override
  public Meter.Id map(Meter.Id id) {
    return idMapper.apply(id);
  }
}
```

미터 필터를 활용하면 메트릭 게시 기능 자체에 탄력성 계층을 추가할 수 있다.

2.19 모니터링 시스템에 따른 메트릭 분할

프로메테우스를 기본 모니터링 시스템으로 채택한 조직이 있다고 가정하자. 이 조직은 전담 플랫폼팀이 있어 일련의 프로메테우스 인스턴스를 운영하며 사내 인벤토리에 속한 모든 애플리케이션에서 메트릭을 수집한다. 플랫폼팀은 프로덕션팀 대신 조직에 공통 지표를 도입하고 모니터링에 반영한다. 이 지표는 조직 내 모든 자바 마이크로서비스에 광범위하게 적용된다.

플랫폼팀 엔지니어들이 보기에 프로메테우스 인스턴스들은 효과적으로 운영되고 있다. 프로메테우스가 실제로 모든 배포 자산을 성공적으로 스크래핑scraping하고 있음을 어떻게 검증할 수 있을까? 우선 스크래핑이 실패하는 상황을 살펴보자. 프로메테우스가 애플리케이션에서 메트릭을 가져오다가 시간이 초과되는 경우가 있다. 이런 실패는 프로메테우스의 자체 모니터링 기능으로 확인할 수 있다. 그러나 프로메테우스 설정이 잘못되어 특정 애플리케이션을 처음부터 스크래핑하지 않는 상황도 있다. 이때 프로메테우스는 정상적으로 인식된 모든 애플리케이션을 성실하게 스크래핑하지만 그 외 애플리케이션에 대한 정보는 아무것도 남기지 않는다.

또한 이 조직은 AWS 인프라도 보유하고 있다. 기본 모니터링 시스템인 프로메테우스와 AWS 클라우드워치Cloudwatch에 지표를 동시에 게시한다. 사전 조사 결과 클라우드워치는 클라우드 제공 업체 대부분이 그렇듯 전송 시계열 건수에 따라 비용을 과금하며 비용이 꽤 많이 나온다. 그러나 우리가 클라우드워치를 사용하려는 이유는 단지 프로메테우스 모니터링 시스템이 제 할

일을 다 하고 있는지 검증하기 위해서다.

[그림 2-26]은 이러한 상황에서 원하는 결과를 얻을 수 있는 시스템 구조를 흐름도로 나타낸다. 플랫폼팀은 자산 인벤토리의 배포 상태를 정기적으로 조회한다. 5장에서 설명할 상태 저장 자동화 솔루션이 이런 상황에 쓰인다. 마이크로미터는 프로메테우스가 스크래핑을 시도하는 횟수를 기록한다. 플랫폼팀은 인벤토리 목록에 나열된 애플리케이션마다 이 횟수를 검사할 수 있다. 스크래핑되지 않는 애플리케이션은 이 횟수가 0이거나 비어 있어서 결과적으로 누락된 애플리케이션을 식별할 수 있다.

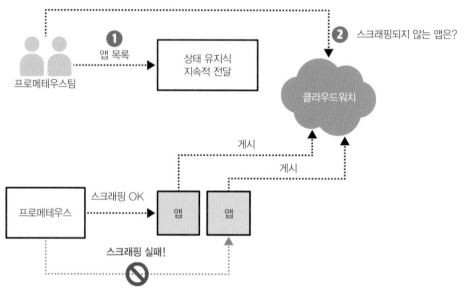

그림 2-26 프로메테우스와 클라우드워치에 메트릭 동시 게시

[예제 2-55]는 `MeterFilter`의 수락, 거부 필터를 병행해 클라우드워치 비용을 효과적으로 절약한다. 클라우드워치에 게시하는 메트릭은 플랫폼팀이 프로메테우스의 스크래핑 설정을 검증하기 위해 필요한 최소한의 정보다. 스프링부트가 제공하는 `MeterRegistryCustomizer`를 사용하면 전체 레지스트리 중 특정 레지스트리 유형만 필터를 추가하고 사용자 설정을 적용할 수 있다.

예제 2-55 클라우드워치 레지스트리에 MeterRegistryCustomizer 적용

```
    @Bean
MeterRegistryCustomizer<CloudwatchMeterRegistry> cloudwatchCustomizations() {
    return registry -> registry.config()
            .meterFilter(MeterFilter.acceptNameStartsWith("prometheus"))
            .meterFilter(MeterFilter.deny());
}
```

메트릭 구성의 핵심 개념 중 아직 설명하지 않은 마지막 한 가지가 남았다.

2.20 미터 바인더

하위 시스템 또는 라이브러리를 모니터링하면 보통 한 개 이상의 미터를 사용한다. 마이크로미터는 여러 미터를 한 곳에 캡슐화하도록 고안된 MeterBinder라는 인터페이스를 제공한다. 스프링부트는 애플리케이션 콘텍스트(예: @Bean MeterBinder ...)로 설정된 MeterBinder 빈을 자동으로 인식하고 메트릭으로 등록한다. [예제 2-56]은 차량 종류와 관련된 메트릭을 캡슐화하는 간단한 미터 바인더다.

예제 2-56 미터 바인더 구현

```
public class VehicleMeterBinder implements MeterBinder {
  private final Vehicle vehicle;

  public VehicleMeterBinder(Vehicle vehicle) {
    this.vehicle = vehicle;
  }

  @Override
  public void bindTo(MeterRegistry registry) {
    Gauge.builder("vehicle.speed", vehicle, Vehicle::getSpeed)
      .baseUnit("km/h")
      .description("Current vehicle speed")
      .register(registry);

    FunctionCounter.builder("vehicle.odometer", vehicle, Vehicle::readOdometer())
      .baseUnit("kilometers")
      .description("The amount of distance this vehicle has traveled")
      .register(registry);
```

```
    }
  }
```

미터 바인더에 등록된 모든 메트릭은 예제의 'vehicle'처럼 공통 접두어를 선정해 공유하면 활용성이 한층 높아진다. 특히 바인더가 다양한 애플리케이션에 기본 구성으로 포함되어 전달되는 경우에는 더욱 그렇다. 여러 메트릭 중 쓸만한 지표를 찾지 못한 일부 팀은 필터를 이용해 메트릭을 배제하고 비용을 절감하려 할지도 모른다. 공통 접두어가 있으면 [예제 2-57]처럼 거부 미터 필터를 손쉽게 일괄 적용할 수 있다. 이렇게 미터 바인더를 통해 메트릭을 추가하거나 제외하면 시간이 지나도 그 상태가 유지된다. 또한 향후에도 필터 로직은 미터 바인더가 생성한 메트릭을 포괄적으로 포함하거나 제외하는 효과를 낸다.

예제 2-57 vehicle로 시작하는 메트릭에 대한 프로퍼티 기반 거부 필터

```
management.metrics.enable.vehicle: false
```

2.21 마치며

이번 장은 차원형 메트릭을 사용해 애플리케이션을 여러 모로 측정하는 방법을 배웠다. 아직 이 데이터를 **사용**하는 방법은 구체적으로 논의되지 않았다. 4장의 핵심 내용은 결국 메트릭으로 회귀한다. 메트릭 데이터를 이용해 모든 자바 마이크로서비스를 효과적으로 조망하는 차트를 제작하고 위험 요소를 적절하게 경고하는 방법을 배울 것이다.

차원형 메트릭 데이터를 수집하고 가치를 창출하는 것은 여러분에게 부여된 조직적 의무다. 여기에는 하나 또는 복수의 모니터링 시스템을 선정하는 의무도 포함된다. SaaS 제품을 선정하거나 OSS 시스템을 온프레미스에 구축하는 선택지가 있다. 코드는 매우 제한적인 영향만 받는다. 스프링부트처럼 최신 자바 프레임워크를 사용하면 이미 상당한 세부 정보를 제공하는 측정 라이브러리가 사전 패키징된다. 직접 작성할 측정 코드는 전혀 없다. 자신의 모니터링 시스템에 맞는 구현을 종속성으로 추가하고, 메트릭을 탑재할 설정을 약간만 가미하면 그것으로 모든 작업이 끝난다.

다음 장은 분산 추적 및 로그로 대표되는 디버그 가능성 신호를 배우며 메트릭 계측과 어떤 차

이가 있는지 비교한다. 메트릭은 고정비를 유지한 채 텔레메트리를 제공하기 위해 고안됐으며, 시스템에 어떤 일이 벌어지고 있는지 정보를 **취합하고** 이해하는 용도로 쓰인다. 4장을 읽는 동안에도 이 점을 항상 유념하기 바란다. 그 외 텔레메트리 데이터는 개별 이벤트나 요청 수준에서 발생하는 현상에 대한 상세한 정보를 제공한다.

관찰 가능성과 디버깅

관찰 가능성 신호는 신호가 지닌 가치에 따라 가용성에 기여하는 부류와 디버그 가능성을 높이는 부류로 나뉜다. 잘 집계된 애플리케이션 메트릭은 가장 유용한 가용성 신호다. 분산 추적과 로그는 디버깅 가능성 신호에 해당한다. 이번 장은 후자에 대해 설명한다.

앞으로 설명할 분산 추적 기법은 메트릭과 추적을 상호 연관시키는 방식으로 접근하며 오직 오픈 소스만 사용한다. 일부 상용 제품도 이와 비슷한 형태로 통합된 정보를 제공한다. 관찰 가능성 스택을 제대로 구성하려면 최소한 여기서 보이는 수준의 정교함을 갖춰야 한다. 2장과 마찬가지로 3장의 내용을 통해 기술적 **기대치**의 기준을 수립하기 바란다.

마지막에 다룰 주제는 가상으로 실패를 주입하고 테스트하는 실패 추적이다. 분산 추적 도구는 마이크로서비스 계층에 걸쳐 콘텍스트를 전파하므로 시스템의 행동을 더 심도 있게 통제하는 도구로 사용할 수 있다.

3.1 관찰 가능성의 세 주축과 두 분류

『Distributed Systems Observability』(O'Reilly, 2018)에 의하면 관찰 가능성은 로그, 분산 추적, 메트릭을 주축으로 형성된다. 이 셋은 언제 어디에서 비롯됐는지 기원을 찾기 어려울 정도로 일반화된 분류 형태다.

로그, 분산 추적, 메트릭은 각자 고유한 특성을 지닌 텔레메트리 형태지만 용도는 크게 가용성 증명 또는 근원 식별 디버깅으로 나뉜다.

텔레메트리 데이터는 계속 쌓인다. 어떤 식으로든 용량을 줄이지 않으면 그에 따라 데이터 유지 비용도 증가한다. 유지할 수 있는 데이터의 양은 한계가 있으므로 텔레메트리 데이터를 감소시킬 전략이 필요하다.

집계

모든 측정 결과를 집계해 통계를 미리 계산한다. 예를 들어 타이머 데이터(2.10절 참고)는 합계, 카운트, 제한적 분포 통계로 나타낼 수 있다.

샘플링

일부 측정 결과만 선택적으로 유지한다.

집계는 요청 수준에서 세분성을 희생시키는 방식으로 표현을 압축한다. 반면 샘플링은 요청 수준 세분성을 유지한 채 시스템 성능에 대한 전지적 조망 능력을 희생시킨다. 처리량이 매우 적은 시스템이 아닌 한, 요청 수준 세분화와 완전한 표현성을 둘 다 유지하기엔 비용이 너무 많이 든다.

이번 장의 요점은 **디버깅**debugging과 관찰 가능성 도구를 통해 특정 정보의 완전한 세분성을 유지하는 것이다. 메트릭이 도출한 가용성 신호는 문제 지점을 가리킨다. 데이터를 차원적으로 탐색하면 문제의 근본 원인을 식별할 수 있다. 예를 들어 인스턴스에 따라 신호를 분리하면 문제가 발생한 인스턴스가 드러난다. 가끔은 전지역적인 장애가 발생하거나 특정 애플리케이션 버전이 문제를 일으킨다. 분산 추적이나 로그는 이렇게 패턴이 뚜렷하게 보이지 않는 문제의 근원적 원인을 식별하는 핵심 열쇠가 된다.

세 주축의 특성에 주목하면 각각이 기여하는 영역이 드러난다. 이벤트 수준 텔레메트리로 로그를 남기고 추적하면 디버깅이 원활해지고, 메트릭을 관찰하면 가용성을 입증할 수 있다.

3.1.1 로그

로그는 모든 소프트웨어 스택에 존재한다. 또한 최종적인 저장 위치나 구조에 관계없이 공통적으로 보이는 뚜렷한 특징이 있다.

로그의 양은 시스템 처리량에 비례한다. 로그로 측정하는 코드 실행 경로가 많을수록 더 많은 로그 데이터가 발행된다. 로그 데이터를 샘플링한다 해도 이 비례 관계는 변함이 없다.

로그 콘텍스트 영역은 하나의 이벤트에 해당한다. 로그 데이터는 특정 상호작용의 실행 콘텍스트를 제공한다. 개별 로그 이벤트의 데이터를 집계해 시스템의 전반적인 성능을 추론할 때 로그 집계는 사실상 메트릭의 역할을 한다.

로그의 존재 의의는 명백히 디버깅에 있다. 정교한 로그 분석 패키지는 로그 집계 과정을 거쳐 시스템의 가용성을 도출한다. 로그 데이터를 유지하고, 지속적으로 집계하고, 작업 페이로드를 할당하면 그에 상응하는 비용이 발생한다.

3.1.2 분산 추적

원격 추적 로그는 실행(이벤트) 단위로 기록하지만 한편으로 시스템 각 부분에 일어나는 개별 이벤트를 인과적으로 연결하는 특성이 있다. 분산 추적 시스템은 사용자와 시스템 사이의 상호작용을 시작점부터 끝점까지 관찰한다. 따라서 특정 요청이 성능 저하를 발생시키면 엔드투엔드 추적 관찰을 통해 시스템의 어느 부분이 저하되었는지 확인할 수 있다.

원격 추적은 일반적인 로그보다 샘플링 비율이 더 높다. 그러나 추적 데이터 역시 로그 데이터처럼 시스템 처리량에 비례해 저장 용량이 늘어난다.

기존 시스템이 구축된 상태에서 추적 기능을 추가하기 어려운 경우도 있다. 모든 엔드투엔드 프로세스에 추적 콘텍스트가 전파되도록 공통 작업자를 구성해야 하기 때문이다.

분산 추적이 특히 빛을 발하는 문제 상황은, 전체 시스템이 평상시보다 느려졌지만 신속하게 최적화시킬 요처를 지목할 수 없을 때다. 때로 우리는 수많은 하위 시스템의 영향력이 모여 전체 시스템을 천천히 '고사'시키는 것을 목도해야 한다. 이러한 경험은 문제를 해결하려는 조직적 의지를 고취시키고 시간 및 자원을 집중하는 계기가 된다.

> '느리다'는 디버그하기 가장 어려운 문제다. '느리다'는 사용자 요청에 수반된 여러 시스템 중 하

나 이상 혹은 여러 머신에 걸친 변환 파이프라인 중 하나 이상이 느리다는 의미다. '느리다'는 결함이 존재하는 지점에 대한 단서를 거의 제공하지 않아서 해결하기 어렵다. 국지적인 장애는 평상시 관찰하는 그래프에는 잘 나타나지 않으며 항상 어두운 구석에 몸을 숨기고 있다. 또한 성능이 눈에 띄게 저하되기 전까지는 분석 시간, 비용, 도구를 충분히 지원받지 못할 것이다. 대퍼Dapper와 집킨Zipkin은 이러한 난제를 극복하기 위해 만들어졌다.

— 제프 호지스Jeff Hodges

대규모 마이크로서비스 집합을 운영하는 조직은 분산 추적의 도움을 받아 서비스 그래프(서비스 간 종속성)를 이해하고 특정 요청의 처리 과정을 분석할 수 있다. 물론 그래프를 구성하는 각 서비스는 한 가지 이상의 추적 측정 장치를 탑재했다고 가정한다. 좁은 의미에서 덧붙이자면 최종 서비스 계층은 이 전제에서 예외인 경우가 있다. 클라이언트측 호출을 스팬으로 래핑wrapping하면 그래프에 서비스로 표시되지만 실제로는 측정할 수 없다.

분산 추적은 본질적으로 이벤트 기반으로 작동하므로 디버깅 신호 역할에 적격이다. 그러나 서비스 간 관계 콘텍스트를 전달하는 중요한 역할도 수행한다.

3.1.3 메트릭

2장에서 메트릭에 대해 자세히 다뤘다. 로그와 분산 추적은 메트릭들보다 서로 더 비슷한 면이 있다. 비용을 제어하기 위해 샘플링된다는 점이다. 메트릭은 개별적인 상호작용의 정보를 얻기보다는 주로 서비스 수준 지표(SLI)를 이해하는 용도로 쓰이며 전체적으로 집계된 결과를 나타낸다.

기존 시스템에 메트릭 측정을 탑재하려면 부분적으로 수작업이 필요하다. 그 외에는 공통 프레임워크와 라이브러리가 기본적으로 제공하는 측정 기능을 활용하면 된다.

메트릭 SLI는 서비스 수준 목표가 달성되는지 확인하기 위해 의도적으로 수집하는 지표들이다. 따라서 가용성 증명에 활용하기 적합하다.

3.1.4 어떤 텔레메트리 방식을 선택할까?

관찰 가능성의 형태와 용도를 파악하고 각각의 영역이 서로 어떻게 겹치는지 잘 판단해야 한다. 자신의 시스템을 고려할 때 겹치는 영역은 어디이며 더욱 부각되는 영역은 어디인가?

추적과 로깅이 모두 디버깅 신호라면 굳이 둘 다 사용할 필요가 있을까 싶지만 둘은 엄연히 다르다. 각각의 조회, 검색 여건이 동등하다면 태그와 메타데이터가 포함된 추적 신호가 로그보다 우월하다. 또한 추적은 호출 체인을 연결하는 콘텍스트 정보를 제공하며 전파한다.

논리적으로, 추적은 메트릭 타이머가 존재하는 모든 위치에 탑재할 수 있다. 그러나 분산 추적은 오로지 실행만 측정한다는 점을 유념하자. 실행 시간 측정 시 메트릭과 추적 도구는 서로를 보완하므로 둘 다 사용해도 좋다. 메트릭은 코드 조각의 모든 실행 결과를 집계해서(호출 콘텍스트는 제외) 보여주며, 분산 추적은 개별 실행 결과의 샘플 예시를 제공한다. 그러나 메트릭은 여기에 더해 카운트와 게이지도 측정한다. 이 부분은 추적으로 완전히 대체할 수 없다.

구체적인 예시를 살펴보자. [예제 3-1]은 일반적인 애플리케이션 로그에서 발췌한 도입부다. 로그 시작 부분은 컴포넌트 설정과 기능이 활성화되는 일회성 이벤트 정보를 보여준다. 이러한 정보는 애플리케이션이 정상적으로 구동되지 않을 때는 중요한 단서로 작용하지만 메트릭으로 수집할만한 정보는 아니다. 메트릭은 시스템의 전반적인 성능을 이해하기 위해 반복적인 이벤트를 통해 지속적으로 집계해야 하기 때문이다. 서비스 상태에 국한된 이벤트는 최종 사용자가 겪는 조율된 만족도와 관련이 없다. 이러한 만족도는 여러 마이크로서비스를 거쳐 결정된다.

로그 내용 중 번호로 표시된 줄은 추적 또는 메트릭으로 대체할 수 있는 부분이다.

예제 3-1 일반적인 애플리케이션 로그에서 텔레메트리할 수 있는 요소

```
  .   ____          _            __ _ _
 /\\ / ___'_ __ _ _(_)_ __  __ _ \ \ \ \
( ( )\___ | '_ | '_| | '_ \/ _` | \ \ \ \
 \\/  ___)| |_)| | | | | || (_| |  ) ) ) )
  '  |____| .__|_| |_|_| |_\__, | / / / /
 =========|_|==============|___/=/_/_/_/
 :: Spring Boot ::        (v...RELEASE)

:56:56 main INFO c.m.MySampleService - Starting MySampleService on
 HOST with PID 12624
:56:56 main INFO c.m.MySampleService - The following profiles are active: logging
:56:56 main INFO o.s.b.c.e.AnnotationConfigEmbeddedWebApplicationContext - Refresh
```

```
  org.springframework.boot.context.embedded.AnnotationConfigEmbeddedWebApplication
  Context@2a5c8d3f: startup date [Tue Sep 17 14:56:56 CDT]; root of context
:56:57 background-preinit INFO o.h.v.i.util.Version - HV000001: Hibernate Validator
  5.3.6.Final
:57:02 main INFO o.s.b.c.e.t.TomcatEmbeddedServletContainer - Tomcat initialized
  with port(s): 8080 (http)
:57:03 localhost-startStop-1 INFO i.m.c.i.l.LoggingMeterRegistry - publishing
  metrics to logs every 10s
:57:07 localhost-startStop-1 INFO o.s.b.a.e.m.EndpointHandlerMapping - Mapped
  "{[/env/{name:.*}],methods=[GET],produces=[application/
  vnd.spring-boot.actuator.v1+json || application/json]]" onto public
  java.lang.Object org.springframework.boot.actuate.endpoint.mvc.
  EnvironmentMvcEndpoint.value(java.lang.String)
:57:07 localhost-startStop-1 INFO o.s.b.w.s.FilterRegistrationBean - Mapping filter:
  'metricsFilter' to: [/*]
:57:11 main INFO o.mongodb.driver.cluster - Cluster created with settings
  {hosts=[localhost:27017], mode=SINGLE, requiredClusterType=UNKNOWN,
  serverSelectionTimeout='30000 ms', maxWaitQueueSize=500}
:57:12 main INFO o.s.b.a.e.j.EndpointMBeanExporter - Registering beans for JMX
  exposure on startup
:57:12 main INFO o.s.b.a.e.j.EndpointMBeanExporter - Located managed bean
  'healthEndpoint': registering with JMX server as MBean
  [org.springframework.boot:type=Endpoint,name=healthEndpoint]
:57:12 main INFO o.s.b.c.e.t.TomcatEmbeddedServletContainer - Tomcat started on
  port(s): 8080 (http)
:57:13 cluster-ClusterId{value='5d813a970df1cb31507adbc2', description='null'}-
  localhost:27017 INFO o.mongodb.driver.cluster - Exception in monitor thread
  while connecting to server localhost:27017
com.mongodb.MongoSocketOpenException: Exception opening socket // ❶
  at c.m.c.SocketStream.open(SocketStream.java:63)
  at c.m.c.InternalStreamConnection.open(InternalStreamConnection.java:115)
  at c.m.c.DefaultServerMonitor$ServerMonitorRunnable.run(
    DefaultServerMonitor.java:113)
  at java.lang.Thread.run(Thread.java:748)
Caused by: j.n.ConnectException: Connection refused: connect
  at j.n.DualStackPlainSocketImpl.waitForConnect(Native Method)
  at j.n.DualStackPlainSocketImpl.socketConnect(
    DualStackPlainSocketImpl.java:85)
  at j.n.AbstractPlainSocketImpl.doConnect(AbstractPlainSocketImpl.java:350)
  at j.n.AbstractPlainSocketImpl.connectToAddress(
    AbstractPlainSocketImpl.java:206)
  at j.n.AbstractPlainSocketImpl.connect(AbstractPlainSocketImpl.java:188)
  at j.n.PlainSocketImpl.connect(PlainSocketImpl.java:172)
  at j.n.SocksSocketImpl.connect(SocksSocketImpl.java:392)
```

```
    at j.n.Socket.connect(Socket.java:589)
    at c.m.c.SocketStreamHelper.initialize(SocketStreamHelper.java:57)
    at c.m.c.SocketStream.open(SocketStream.java:58)
    ... 3 common frames omitted
:57:13 main INFO c.m.PaymentsController - [GET] Payment 123456 retrieved in 37ms. // ❷
:57:13 main INFO c.m.PaymentsController - [GET] Payment 789654 retrieved in 38ms
... (hundreds of other payments retrieved in <40ms)
:57:13 main INFO c.m.PaymentsController - [GET] Payment 567533 retrieved in 342ms.
:58.00 main INFO c.m.PaymentsController - Payment near cache contains 2 entries. // ❸
```

❶ 메트릭, 로깅 가능, 추적 제외. 몽고DB 소켓 연결 시도는 메트릭으로 시간을 측정하기 쉽다. exception =ConnectException 같은 예외 요약 태그와 성공/실패 태그를 조합하면 더욱 유용하다. 전체 스택을 추적하지 않아도 요약 태그만으로 충분히 문제를 이해할 수 있으며 그렇지 않은 경우에는 스택 트레이스 로그를 쓰면 된다. 예를 들어 요약 태그가 exception=NullPointerException이라면 모니터링 시스템이 이러한 예외를 그룹으로 묶고 경고를 보내도록 한다. 그 후 스택 트레이스 로그를 조사하면 문제를 쉽게 식별할 수 있다.

❷ 추적, 메트릭 가능, 로깅 제외. 지불 기능에 대한 정보를 남기는 이 로그는 완전히 제거해도 좋다. 메트릭과 분산 추적을 도입하면 지불 기능에 관련된 주요 정보가 모두 수집된다. 개별 지불의 선별적 정보뿐만 아니라 모든 지불 정보를 취합해 추론할 수 있다. 가령 지불 기능이 대부분 40ms 안에 완료되고 가끔 이보다 수십 배 느린 요청이 발생한다고 가정하자. 메트릭을 쓰면 이러한 상황을 한눈에 파악할 수 있다.

❸ 메트릭 가능, 추적, 로깅 제외. 빈번하게 수행되는 지불 기능의 니어[near] 캐시는 게이지 메트릭으로 엄밀하게 모니터링할 수 있다. 게이지 기능은 추적으로 대체할 수 없으며 로그 기록은 게이지 측정과 중복된다.

TIP 어떤 관찰 도구를 선택할까

추적은 로깅보다 우선시되어야 한다. 수집하는 정보는 같지만 콘텍스트가 더 풍부하기 때문이다. 시스템의 정상 작동 여부부터 판단해야 하므로 추적과 메트릭의 역할이 겹칠 때는 메트릭으로 시작한다. 텔레메트리으로 문제를 해결하는 것은 그 다음이다. 추적은 메트릭 측정이 탑재된 위치에서 시작한다. 메트릭 태그의 상위 집합을 추적에 적용하면 추적 정보의 가치를 더 높일 수 있다.

분산 추적을 추가할 기본적인 준비가 끝나면 다음은 추적 구성 항목과 시각화 방법을 고려할 차례다.

3.2 분산 추적 컴포넌트

전체 분산 추적은 개별 스팬의 집합이다. 스팬은 최종 사용자 요청을 만족시키는 각 접점의 성능 정보를 담는다. 이러한 스팬 정보를 조합해 [그림 3-1]처럼 '고드름^{icicle}' 그래프를 생성하면 서비스별 상대 소요 시간을 한눈에 파악할 수 있다.

그림 3-1 집킨 고드름 그래프

스팬은 메트릭처럼 이름과 키-값 태그 쌍을 함께 담는다. 2.6절에서 설명한 많은 원칙이 분산 추적에 그대로 적용된다. `http.server.requests` 추적 스팬은 클라우드 리전, API 엔드포인트, HTTP 메서드, 응답 상태 코드 등을 태그 정보로 식별할 수 있다. 메트릭과 추적명을 일관되게 유지하는 것이 텔레메트리의 상호 연관성을 유지하는 핵심 요소다. 더 자세한 설명은 3.6절을 참고하기 바란다.

집킨 스팬 데이터 모델은 메트릭과 달리 서비스명을 나타내는 특수 항목을 포함한다. 이 항목은 집킨 종속성을 나타내는 서비스 그래프에서 쓰인다. 메트릭 태그로 치면 애플리케이션명에 해당하지만, 대부분의 메트릭 백엔드는 이러한 개념을 구현한 예약 태그가 없다. 또한 집킨 데이터 모델은 스팬명도 정의한다. 스팬명과 서비스명은 모두 인덱싱되고 조회에 사용되므로 카디널리티가 적절히 유지되도록 값을 한정시켜야 한다.

그러나 메트릭처럼 항상 태그 카디널리티를 제어할 필요는 없다. 이러한 차이는 추적이 저장되는 방식과 관련이 있다. [표 2-1]은 이름과 키-값으로 조합된 고유 ID에 따라 메트릭 로우가 저장되는 형태를 논리적으로 보여준다. 측정 결과는 기존 로우에 샘플로 추가된다. 메트릭 비용은 총 ID 개수와 ID당 유지되는 샘플 수의 곱이다. 분산 추적 스팬은 다른 스팬에 동일한 이름과 태그가 있더라도 별개로 저장된다. 분산 추적 비용은 시스템 처리량과 샘플링 비율의 곱이다.

태그 카디널리티는 분산 추적 시스템의 스토리지 비용이 아닌 **조회** 비용에 영향을 미친다. 추적 시스템은 백엔드에서 태그에 인덱싱 여부를 설정할 수 있으며 집킨 UI는 태그 자동완성 기능을 지원한다. 이러한 점들을 고려하면 인덱스 성능을 보장하기 위해 태그값 집합은 제한되어야 한다.

메트릭과 추적은 상호 연관성을 높일 수 있도록 최대한 태그를 중첩시켜야 한다. 또한 분산 추적은 특정 사용자나 상호작용의 요청을 관찰할 수 있도록 카디널리티가 높은 태그를 추가하면 좋다. [표 3-1]은 메트릭과 함께 사용하면 좋은 태그 예시다. 태그키가 일치하면 값도 일치하도록 잘 관리해야 한다.

표 3-1 분산 추적과 메트릭 태그의 중복 요소

메트릭 태그 키	추적 태그 키	값
application	application	payments
method	method	GET
status	status	200
uri	uri	/api/payment/{paymentId}
	detailedUri	/api/payment/abc123
	user	user123456

추적은 요청의 엔드투엔드 성능에 대한 통찰을 얻고자 고안됐다. 집킨의 검색 UI는 [그림 3-2]처럼 매개변수 집합에 초점을 맞춘다. 특정 매개변수에 맞추어 추적 검색 결과의 범위를 좁히면 전체적인 엔드투엔드 성능 분포는 한눈에 보기 어려워진다. 이러한 검색 결과와 전체 분포를 상호 연관시키는 방법이 3.6절의 주제다.

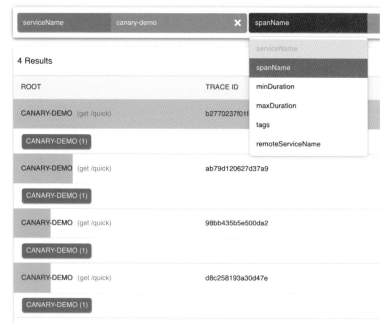

그림 3-2 집킨의 추적 검색 UI

애플리케이션에 분산 추적을 추가하는 방법은 메트릭처럼 여러 가지다. 각각의 특장점을 알아보자.

3.3 분산 추적 유형

2.1절에서 설명한 모든 내용은 메트릭뿐만 아니라 분산 추적 도구에도 적용된다. 추적은 인프라 계층에서 시작해 애플리케이션의 개별 컴포넌트에 이르기까지 다양한 아키텍처 수준에서 두루 사용할 수 있다.

3.3.1 수동 추적

집킨 브레이브 또는 오픈텔레메트리 라이브러리는 코드를 통해 명시적으로 애플리케이션을 측정하는 도구다. 이상적인 분산 시스템 측정 환경은 필연적으로 일부 계층에 수동 측정 도구가 탑재된다. 사전 패키징된 측정 도구가 접근하지 못하는 주요 비즈니스 콘텍스트는 이 계층에서 수동으로 추적할 수 있다.

3.3.2 에이전트 추적

추적도 메트릭처럼 에이전트를 이용해 자동으로 추가할 수 있다. 에이전트는 통상적으로 업체가 제공하며 코드를 고치지 않아도 바로 작동한다. 그러나 에이전트는 애플리케이션 전달 파이프라인에 탑재해야 하므로 복잡도를 증가시킨다. 유지 비용도 그만큼 상승한다는 점을 간과하면 안 된다.

유지 비용은 시스템이 어느 정도 수준으로 추상화되어 있는지와 무관하게 실질적으로 발생한다. 다음과 같이 다양한 환경을 고려하자.

- 서비스형 인프라infrastructure as a service(IaaS) 플랫폼인 아마존 EC2 플랫폼을 쓸 때는 에이전트와 관련 설정을 기본 아마존 머신 이미지에 추가해야 한다.
- 서비스형 컨테이너container as a service(CaaS) 플랫폼에서 에이전트를 사용하려면 `openjdk:jre-alpine` 같은 기본 컨테이너 이미지와 애플리케이션 사이에 별도의 컨테이너 계층을 두어야 한다. 이 구조는 빌드 과정을 통해 구현된다. 그레이들 플러그인 `com.bmuschko.docker-spring-boot-application`으로 스프링부트 애플리케이션을 패키징하고 CaaS에 배포한다고 가정하면, `com.bmuschko.docker-spring-boot-application`에 설정된 기본 이미지에 에이전트를 추가해 새로운 이미지를 생성하고 기본 빌드 이미지로 다시 설정해야 한다. 또한 최초의 기본 이미지가 갱신될 때마다 에이전트 컨테이너도 새로 생성해 게시해야 한다.
- 클라우드 파운드리나 헤로쿠Heroku는 대표적인 서비스형 플랫폼platform as a service(PaaS)다. 업체 쪽에서 특별히 사전에 에이전트를 통합하지 않는 한 이들 서비스에서 에이전트를 사용하기는 어렵다.

3.3.3 프레임워크 추적

프레임워크는 자체적으로 텔레메트리를 지원한다. 애플리케이션에 바이너리 종속성으로 포함되므로 기술적으로 보면 블랙박스 측정 대상이다. 그러나 프레임워크가 자동으로 제공하는 측정 접점에 사용자 설정을 더하면 화이트박스에 가까운 측정 형태가 된다.

프레임워크는 자신의 구현 특이성idiosyncracy을 인지하며 이를 통해 풍부한 콘텍스트 정보를 태그로 제공한다.

예를 들어 HTTP 요청 처리기를 프레임워크 수준에서 측정하면 매개변수가 포함된 요청 URI 스팬에 태그를 지정할 수 있다. 즉 /api/customers/1이 아닌 /api/customers/(id)를 측정할 수 있다는 의미다. 에이전트가 이정도 수준으로 콘텍스트 정보를 제공하고 개별 프레임워크의 변경 사항에 일일이 대응하려면 에이전트 자신이 지원하는 모든 프레임워크를 인식하고 각각에 맞춰 교체하는 수밖에 없다.

비동기 워크플로 추적도 다소 까다로운 분야다. 반응형reactive 프로그래밍으로 대표되는 비동기 워크플로는 최신 프로그래밍 패러다임에 부응하며 점점 저변을 넓히고 있다. 통상적으로 추적 기능이 제대로 작동하려면 프로세스를 타고 전파되어야 한다. 그러나 반응형 콘텍스트는 특성상 ThreadLocal에 담아 유지하거나 전파할 수 없다. 같은 이유로, 매핑된 진단 콘텍스트 Mapped Diagnostic Context (MDC)(*https://oreil.ly/h1p0-*)도 사용할 수 없어 로그와 추적을 상호 연관시키기 어렵다.

기존에 개발한 애플리케이션은 비교적 간단하게 프레임워크 수준으로 추적할 수 있다. 예를 들어 스프링 클라우드 기반 애플리케이션은 스프링 클라우드 슬루스Spring Cloud Sleuth를 이용해 원격 추적 기능을 추가한다. [예제 3-2]처럼 종속성을 추가하고 [예제 3-3]의 설정을 추가하면 된다. 스프링 클라우드 컨피그 서버 같은 중앙형 동적 구성 서버를 사용하고 있다면 후자의 설정에 반영해 전체 조직에 공통적으로 적용할 수 있다.

예제 3-2 그래이들 빌드에 슬루스 런타임 의존성 추가

```
dependencies {
    runtimeOnly("org.springframework.cloud:spring-cloud-starter-zipkin") // ❶
}
```

❶ 의존성의 정확한 버전은 io.spring.dependency-management 플러그인이 결정한다.

예제 3-3 스프링부트 application.yml에 슬루스 설정 추가

```
spring.zipkin.baseUrl: http://YOUR_ZIPKIN_HOST:9411/
```

3.3.4 서비스 메시 추적

서비스 메시는 애플리케이션 코드 외부에 존재하는 인프라 계층이며 마이크로서비스 사이의 상호작용을 관리한다. 이런 기능 중 상당수는 사이드카 프록시를 통해 애플리케이션 프로세스를 다루는 방식으로 구현된다.

서비스 메시 추적은 프레임워크 추적과 비슷한 면이 있지만 완전히 같다고 생각하면 오산이다. 둘 다 RPC 호출을 가공해 측정하지만 프레임워크 측정 쪽이 서비스 메시에 비해 명백히 **더 많은** 정보를 제공한다. 예를 들어 프레임워크는 REST 엔드포인트 추적을 통해 HTTP 상태 코드를 제공하는 동시에 느슨하게 연결된 예외 정보까지 덧붙인다. 반면 서비스 메시는 상태 코드 정보만 얻는다. 또한 프레임워크는 `/api/person/1`에서 변수가 대체되지 않은 원본 경로 `/api/person/{id}`에 접근할 수 있다.

에이전트도 사이드카보다 풍부한 측정 결과를 얻을 가능성이 높다. RPC 호출보다 더 세밀한 개별 메서드 호출 수준까지 접근할 수 있기 때문이다.

서비스 메시를 추가하면 전달 파이프라인이 변경되며 사이드카와 제어 플레인 관리 측면에 복잡도가 상승한다. 비용과 자원도 당연히 추가로 필요하다.

그러나 서비스 메시 계층에서 애플리케이션을 측정할 때는 스프링 클라우드 슬루스 같은 프레임워크 측정 도구를 추가할 필요가 없다. 또한 에이전트 기반 측정처럼 컨테이너 이미지를 변경하거나 수동 측정 코드를 추가할 필요도 없다. 서비스 메시 측정은 프레임워크 방식에 비해 가용 정보가 적기에 측정 결과의 충실도가 낮다. 텔레메트리 용도로 서비스 메시를 도입했을 때 상당한 시스템 유지 비용이 발생하는 이유가 여기에 있다. 예를 들어 서비스 메시는 `/api/customers/1` 요청을 관찰할 뿐 이 요청의 원본이 `/api/customers/(id)`라는 맥락 정보를 알 수 없어서 프레임워크 측정처럼 변수화된 URI 그룹으로 분류하기 어렵다. 이러한 점들을 두루 고려하면 결국 서비스 메시 측정보다 런타임 종속성 추가가 훨씬 더 쉽고 편리하다.

3.3.5 혼성 추적

화이트박스(또는 프레임워크 자동 설정을 이용한 **유사** 화이트박스)와 블랙박스 방식은 상호 배타적이지 않다. 실은 보완적인 관계에 더 가깝다. [예제 3-4]에 있는 REST 컨트롤러를 살펴보자. 스프링 클라우드 슬루스는 요청 핸들러 `findCustomerById`에 자동으로 스팬을 생성하고 관련 정보에 태그를 붙인다. 내부에 삽입된 **Tracer**는 더 세분화된 범위로 스팬을 생성해 데이터베이스 접근만 관찰한다. 이러한 방식으로 엔드투엔드 사용자 상호작용의 추적 단위를 더 세밀하게 나누어 활용성을 높인다. 가령 특정 마이크로서비스에서 요청 응답 속도가 저하됐을 때 어느 데이터베이스가 원인을 제공했는지 식별할 수 있다.

예제 3-4 블랙박스와 화이트박스 측정 방식 혼용

```java
@RestController
public class CustomerController {
  private final Tracer tracer;

  public CustomerController(Tracer tracer) {
    this.tracer = tracer;
  }

  @GetMapping("/customer/{id}") // ❶
  public Customer findCustomerById(@PathVariable String id) {
    Span span = tracer.nextSpan().name("findCustomer"); // ❷
    try (Tracer.SpanInScope ignored = tracer.withSpanInScope(span.start())) {
        Customer customer = ... // Database access to lookup customer
        span.tag("country", customer.getAddress().getCountry()); // ❸
        return customer;
    }
    finally {
        span.finish(); // ❹
    }
  }
}
```

❶ 스프링 클라우드 슬루스는 이 엔드포인트를 자동으로 측정하며 `http.uri`처럼 유용한 태그를 해당 스팬에 지정한다.

❷ 스팬을 추가하면 추적 그래프에 표시 항목이 추가된다. 이제 전체 엔드투엔드 사용자 상호작용 과정에서 `findCustomerById` 메서드가 차지하는 비용을 추정할 수 있다.

❸ 블랙박스 측정에서 놓치기 쉬운 비즈니스성 콘텍스트를 보완한다. 여러분의 회사가 최근 사업 영역 확장의 일환으로 새로운 국가에서 서비스를 시작했다고 가정하자. 해당 국가는 장기적인 고객 활동 기록이 부족한 상태다. 이 지점에서 고객의 지역 정보를 추적하면 고객 정보를 불러오는 소요 시간을 지역적으로 비교할 수 있다. 그 결과 신규 고객과 기존 고객 사이에 상당한 차이가 존재한다면 정보 검색 방식을 개선해야 할 것이다.

❹ 전체적인 데이터 조회 작업이 화이트박스 방식으로 측정된다.

데이터베이스 조회 과정에 추적 기능을 추가한 다음 공통 라이브러리로 캡슐화했다고 가정하자. 이를 조직 전체가 공유하면 애플리케이션 스택 전체에 걸쳐 데이터베이스 작업을 추적할수 있다. 결과적으로 데이터베이스 계층에 자체적으로 화이트박스나 블랙박스 모니터링을 추가하지 않고도 효과적으로 데이터베이스를 측정하게 된다. 이처럼 호출 주체의 관점에서 측정을 수행하면 원칙적으로 측정 불가능해 보이는 시스템도 추적할 수 있다. z/OS 메인프레임에서 실행되는 IBM DB2 데이터베이스를 집킨 브레이브로 추적하는 경우가 대표적인 사례다.

> **TIP** 하위 시스템 호출을 전수 추적하면 사실상 하위 시스템을 추적하게 된다
>
> 하위 시스템을 향한 모든 호출을 추적하면 결과적으로 하위 시스템 자체를 추적할 때와 동일한 효과가 생긴다. 데이터베이스, 캐시, 메시지 큐 등 대부분의 컴포넌트성 프레임워크는 사용자가 훅hook을 걸 수 있는 이벤트 시스템을 제공한다. 이러한 이벤트를 제어하는 핸들러를 적절히 활용하면 전체 호출에 일일이 측정 기능을 붙일 필요가 없다. 측정하려는 컴포넌트 프레임워크에 자동으로 핸들러가 주입되도록 바이너리 의존성을 구현한 다음 호출 애플리케이션에 추가하면 된다.

호출자를 추적하면 두 시스템 간의 레이턴시(네트워크 오버헤드 등) 정보를 얻는 부수 효과가 생긴다. 다운스트림 서비스에 연속적으로 요청을 보내는 상황을 가정해보자. 이 서비스가 스레드 풀처럼 최대 동시 처리 능력이 제한된다면 대기 중인 다음 요청에 대한 정보를 인지하지 못할 것이다. 그러나 호출 측에서 요청을 측정하면 요청 처리가 시작되기 전까지 다운스트림 대기열에 머무르는 시간에 대한 정보도 함께 얻을 수 있다.

단 이러한 맥락 정보를 전부 취합하려면 비용이 많이 든다. 원격 추적 데이터는 일정 시점에 샘플링을 거쳐 비용을 제어해야 한다.

3.4 샘플링

3.1절에서 언급했듯이 일반적으로 추적 데이터 비용을 제어하려면 샘플링해야 한다. 다시 말해 일부 추적 데이터는 백엔드에 게시되지 않는다.

아무리 뛰어난 샘플링 전략을 수립해도 일부 데이터는 **폐기**될 수밖에 없다는 사실을 유념해야 한다. 수집된 추적 데이터는 결과적으로 어떤 식으로든 왜곡된다. 그러나 분산 추적 데이터와

메트릭 데이터가 짝을 이루면 전혀 문제될 것이 없다. 메트릭이 비정상적인 상황을 경고하면 추적을 통해 심층적인 디버깅을 수행할 수 있다.

샘플링 전략은 샘플 선정 방식에 따라 몇 가지 기본적인 범주로 나뉜다.

3.4.1 전수 유지

모든 추적 데이터를 유지한다. 일부 조직은 이를 위해 엄청난 비용을 감수하기도 한다. 스프링 클라우드 슬루스는 [예제 3-5]처럼 빈 정의를 이용해 전수 유지 샘플러를 설정한다.

예제 3-5 스프링 클라우드 슬루스의 샘플 유지 설정

```
@Bean
public Sampler defaultSampler() {
  return Sampler.ALWAYS_SAMPLE;
}
```

3.4.2 비율 제한 샘플링

기본적으로 스프링 클라우드 슬루스는 매초 처음 10개 샘플을 유지하고 이후의 추적 데이터는 확률적으로 다운샘플링한다. 이 임계 비율은 조절할 수 있다. 슬루스의 기본 샘플 정책은 비율 제한 샘플링이며 [예제 3-6]처럼 프로퍼티로 설정할 수 있다.

예제 3-6 초당 최초 2,000개 샘플을 유지하는 스프링 클라우스 슬루스 설정

```
spring.sleuth.sampler.rate: 2000
```

이 설정 뒤에 감춰진 논리적 추정은 비용 효율 면에서 손해를 보지 않는 합리적인 처리 비율이 존재한다는 것이다. 적정 비율을 결정하는 가장 큰 요인은 비즈니스의 특성과 애플리케이션의 처리량이다. 한 손해보험사의 대표 앱을 예로 들어보자. 이 앱은 분당 5,000건의 요청을 처리하며 모든 요청은 약 3,500명의 현장 직원들의 활동에 의해 생성된다. 직원수가 하루 아침에 몇 배로 급증할 가능성은 사실상 거의 없다. 따라서 평소에 안정적으로 100% 수용할 수 있는 추적 데이터량을 사전에 적절히 선정할 수 있다.

이 보험사의 규모를 훨씬 뛰어넘는 거대 기술 기업도 종종 오픈 소스를 활용해 관찰 가능성을 확보하곤 한다. 모든 고객의 안정적인 처리량을 예상할 수 없는 모니터링 시스템 제공 업체도 마찬가지다. 서비스 엔드포인트 레이턴시 측정 결과에서 고백분위를 계산하는 상황을 떠올려 보자. 모든 데이터가 100% 있다면 당연히 정확한 백분위를 계산할 수 있지만 그렇다고 해서 히스토그램 버킷을 통해 추정한 고백분위 정보가 쓸모없는 것은 아니다.

요점은, 메트릭 텔레메트리도 대규모 측정 환경에서 활용할 수 있으며 되도록이면 새로운 분산 통계 시스템을 만들지 말라는 것이다.

비율 기반 샘플링에 주어진 해결 과제는 공극hole이다. 마이크로서비스 호출이 연쇄적으로 발생할 때 각 호출의 추적 데이터 유지 여부는 독립적으로 결정된다. 따라서 한 요청의 엔드투엔드 흐름을 전체적으로 조망하면 중간에 추적 데이터가 비어있는 공간이 생긴다. 다르게 표현하자면, 비율 기반 샘플링은 하나의 추적 ID에 대해 샘플링 비율을 일관적으로 유지하지 않는다. 개별 하위 시스템이 샘플링 비율 임계점에 도달하는 순간, 이 시스템이 포함된 추적 과정에 공극이 발생한다.

비율 기반 샘플링의 용량 계획을 수립할 때는 이러한 비율이 **인스턴스 단위**per instance로 결정된다는 점에 주의해야 한다. 추적 시스템에 도달하는 샘플 비율은 클러스터의 인스턴스 수와 가장 낮은 샘플링 비율의 곱이다.

3.4.3 확률 샘플링

확률 샘플러는 100개의 추적 데이터 중 몇 개를 유지할지를 결정한다. 10% 확률이면 100개 중 10개의 추적이 유지된다. 이때 10개는 처음 또는 마지막의 10개가 아닐 가능성이 더 높다.

확률 설정이 존재하면 스프링 클라우스 슬루스는 비율에 우선해 확률적으로 샘플을 추출한다. [예제 3-7]은 확률 프로퍼티 설정이다.

예제 3-7 스프링 클라우드 슬러시로 10% 추적 데이터 유지

```
spring.sleuth.sampler.probability: 0.1
```

확률은 다음 요소들을 고려해 결정한다.

비용

확률로 샘플을 추출하면 추적 비용은 트래픽에 비례해 선형적으로 증가한다. API 엔드포인트가 처리할 요청이 초당 100개를 넘지 않는다는 가정하에 샘플링 비율을 10%로 설정했다고 가정하자. 예상을 뛰어넘은 트래픽으로 초당 10,000개 요청이 발생하면 추적 샘플링 데이터는 즉시 1,000개로 늘어난다. 반면 비율 제한 샘플링은 처리량과 무관하게 고정된 상한선을 두는 방식으로 비용을 제한한다.

공극

비율 기반 샘플링처럼 확률 샘플링도 추적 ID와 헤더를 참조하지 않으므로 엔드투엔드 구성에 공극이 생긴다. 처리량이 상대적으로 낮은 시스템에서 비율 기반 샘플링을 수행하면, 개별 하위 시스템에서 비율 임계치가 초과되지 않아 실제로 공극이 발생하지 않을 가능성이 크다. 그러나 확률 샘플링은 그렇지 않다. 처리량이 낮더라도 측정 단위마다 일정한 확률로 공극이 발생하기 때문이다.

3.4.4 경계 샘플링

경계^{boundary} 샘플링은 확률 샘플링의 변형이다. 시스템과 처음 상호작용하는 경계에서 샘플 기준을 선정하고 다른 서비스와 컴포넌트에 다운스트림을 따라 전파시켜 공극 문제를 해결한다. 각 컴포넌트는 [그림 3-3]처럼 샘플링 결정이 포함된 추적 콘텍스트를 HTTP 헤더로 추가한다. 다운스트림 컴포넌트는 이를 전달받아 추출하고 샘플을 선정한다.

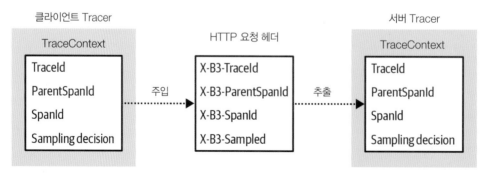

그림 3-3 샘플링 결정을 다운스트림 컴포넌트로 전파하는 B3 헤더

3.4.5 샘플링이 이상 탐지에 미치는 영향

확률 샘플링이 이상 탐지에 미치는 영향을 구체적으로 알아보자. 사실 모든 샘플링 전략에 비슷한 효과가 발생하지만 여기서는 확률 샘플링을 통해 구체화시켜볼 것이다.

샘플링 비율이 100%가 아닌 이상, 탐지 시스템은 현실을 정확하게 반영하지 못할 가능성이 늘 있다. 왜 그런지 알아보기 위해 가상의 샘플링 전략을 세워보자. 각 요청을 시작할 때 난수를 생성하고 이를 기반으로 추적 보존 여부를 결정한다(구글 대퍼가 이렇게 한다). 요청 중 1%를 샘플링한다고 가정하면 99번째 백분위를 초과한 데이터도 1% 확률로 살아남는다. 전체 요청을 100%로 볼 때 이러한 데이터를 하나라도 관찰하게 될 확률은 0.01%다. 초당 1,000개 요청 중 10개 이상 데이터가 존재하더라도 결과적으로 관찰되는 것은 5분당 한 개 정도에 불과할 것이다. 수식으로 표현하면 $(1 - 0.99^N) * 100\%$가 되고 그래프로 나타내면 [그림 3-4]가 된다.

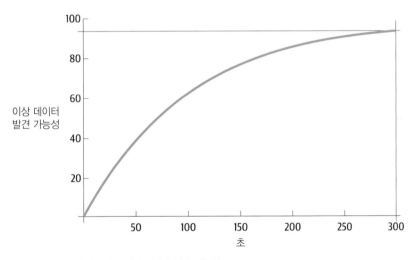

그림 3-4 시간 경과에 따른 이상 데이터 발견 가능성

99번째 백분위를 초과하는 데이터는 [그림 4-20]에 보이듯 실제로 상당히 많다. 허용 범위가 99.9분위 정도로 매우 높고 이상 데이터가 초당 한 건이라면 관측되기까지 한 시간 이상 걸리기도 한다. 그러나 디버그 가능성을 충분히 확보한다면 한 개 혹은 소수의 이상 데이터만 유지해도 문제없다. 해당 데이터가 발생하는 상황을 자세히 조사할 수 있기 때문이다.

3.5 분산 추적과 모놀리스

분산 추적은 그 이름 때문에 **분산**distributed 시스템에 쓰인다고 오해하기 쉽다. 그러나 실은 모놀리스Monolith도 분산 추적으로 관찰 가능성을 확보해야 마땅하다. 순수한 마이크로서비스 아키텍처에서 블랙박스 추적은 프레임워크(스프링 등) 수준이나 서비스 메시 사이드카 계층에서 RPC 호출을 가공해 구현한다. 마이크로서비스 아키텍처의 단일 책임 특성을 충실히 구현하면 RPC 추적을 통해 상당히 많은 상황 정보를 얻을 수 있다. 이때 마이크로서비스의 경계는 사실상 비즈니스 로직 기능의 경계와 일치한다.

모놀리식 애플리케이션은 최종 사용자의 요청을 수신하고 하나의 요청에 속한 많은 하위 작업을 수행한다. 물론 프레임워크 측정 결과의 활용도는 다소 낮을 수밖에 없다. 그러나 시스템 내부의 주요 기능 경계에 추적 지점을 설정하고 태그를 선택하면 비즈니스 콘텍스트에 따라 스팬을 검색할 수 있게 된다. 추적을 구현하는 방식은 로그와 동일하다. 프레임워크나 서비스 메시 측정이 비즈니스 콘텍스트 관찰 분야에 지닌 약점은 이러한 기법으로 보완할 수 있다.

화이트박스 측정의 비즈니스 태그는 순수한 마이크로서비스 아키텍처에서도 핵심적인 요소다. 실제로 프로덕션에서 비즈니스 기능은 **전체적**으로 오작동하기보다 부분마다 각기 다르게 문제를 일으킬 때가 많다. 보험 관리 시스템이 특정 지역의 특정 차량 종류에 등급을 매기지 못하는 문제도 이런 경우다. 이때 메트릭 측정과 추적 장치 모두에 차량 종류, 지역, 상태 정보가 있으면 문제를 찾아내기 쉽다. 엔지니어는 메트릭을 차원적으로 탐색해 문제가 발생한 영역을 확인하고, 해당 영역에서 발생한 추적이나 로그 등의 디버깅 신호를 찾아 문제의 원인을 파악한다.

> **TIP** 분산 시스템만큼 모놀리스에서 화이트박스 추적이 중요한 요인은 비즈니스 콘텍스트다
>
> 비즈니스 기능 경계 단위로 화이트박스 추적을 구현할 때 측정의 밀도는 마이크로서비스나 모놀리식 아키텍처가 서로 비슷하다. 블랙박스 측정은 비즈니스 콘텍스트에 스팬 태그를 지정하지 않으며 향후 검색에 활용하지 않기 때문이다.

결국 마이크로서비스 아키텍처와 모놀리스의 유일한 차이는 단일 프로세스로 묶인 비즈니스 기능 경계 콘텍스트가 얼마나 많은가다. 각 기능은 다양한 수단과 경로를 통해 관리할 수 있다. 관찰 가능성도 물론 포함된다.

또한, 단일 책임을 지닌 마이크로서비스도 데이터 조회 같은 사용자 요청에 대응해 편의 기능을 수행할 때가 있다.

3.6 텔레메트리의 상관관계

메트릭 데이터는 중요한 가용성 신호며 추적과 로그는 디버깅에 필수적인 데이터다. 둘 사이에 관계를 맺는 모든 작업은 결국 가용성 저하 경고를 디버깅 정보로 전환하기 위한 사전 작업이다. 근원적인 문제를 가장 잘 식별할 수 있는 정보를 특정해야 한다. 대표적으로 레이턴시는 대시보드에 그래프로 표시하고 최대치 변화에 대해 알림을 받는다. 히스토그램을 기반으로 레이턴시 분포를 히트맵으로 나타내면 정보의 밀도를 시각화할 수 있다. 그러나 경고 임계점은 인식할 수 없다.

3.6.1 메트릭과 추적의 상관관계

[그림 3-5]는 추적 UI와 연계시킨 히트맵이다. 각 셀이 해당하는 영역의 추적 데이터와 직접적으로 연결되도록 상호작용을 강화시켰다. 시스템 담당 엔지니어가 레이턴시 상태 경고를 받으면 이 차트를 보고 해당 영역을 클릭해 즉시 분산 추적 시스템을 확인할 수 있다.

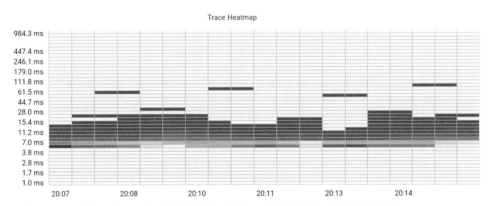

그림 3-5 프로메테우스 히스토그램 기반 집킨 추적 데이터를 그라파나 히스토그램으로 나타낸 차트

메트릭과 추적의 가치는 이러한 연계 그래프를 통해 동반 상승한다. 측정 항목 데이터를 집계하고 확인하는 것만으로는 특정 상황에 무슨 일이 일어났는지 이해하기 어렵다. 마찬가지로 추적만으로는 메트릭이 제공하는 거시적인 관점으로 시스템을 바라볼 수 없다.

또한 추적 데이터는 비용을 제어하기 위해 샘플링을 거치는 경우가 많기에 특정 레이턴시 버킷에 해당하는 모든 데이터가 누락될 가능성이 있다. 그러나 해당 추적 데이터를 정확히 열람하지 못한다 해도 사용자가 경험한 레이턴시를 이해할 수는 있다.

이러한 시각화는 [그림 3-6]처럼 프로메테우스와 집킨 쿼리를 독립적으로 조합해 구축한다. 측정 항목과 추적 도구 사이에 태그를 엄밀하게 일치시킬 필요는 없다. `http.server.requests`라는 마이크로미터 타이머는 프로메테우스 히스토그램의 `http_server_requests_second_bucket` 시계열 집합에 포함되며(2.10.9절 참고) uri 태그를 함께 수집한다. 스프링 클라우스 슬루스는 같은 방식으로 `http.uri` 태그를 추적한다. 당연히 두 데이터는 논리적으로 동일하다.

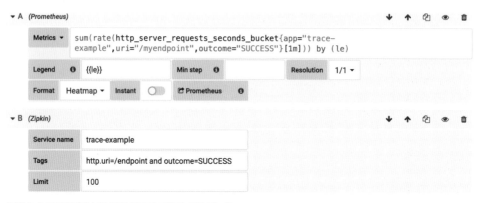

그림 3-6 프로메테우스와 집킨 쿼리로 조합한 추적 히트맵

태그키와 값을 반드시 일치시킬 필요는 없지만, 추적 데이터 쪽에 논리적으로 동등한 대상이 없는 메트릭 태그로 히트맵을 필터링하면 안 된다. 메트릭과 추적 사이를 정확하게 연결할 수 없으며 간혹 오탐지 결과가 발생하는 원인이 된다. 레이턴시 시각화는 종종 응답 성공이나 실패로 분리해서 확인한다. 레이턴시의 특성상 같은 응답 실패라도 외부 리소스 문제에 따라 비정상적으로 빠르거나 반대로 시간 초과에 걸리는 등 상반된 양상을 보이기 때문이다. 스프링 클라우드 슬루스는 기본적으로 HTTP 상태 코드나 결과를 추적 태그로 지정하지 않지만 스프링 마이크로미터는 태그를 지정한다. 따라서 응답 결과 태그로 레이턴시 시각화를 분리하려면 메트릭과 추적 양쪽에 동등한 태그가 있는지 먼저 확인해야 한다.

지금까지는 관찰 가능성 측면에서 분산 추적에 대해 살펴보았다. 분산 추적은 여기에 더해 트래픽 처리 방식에 영향을 미치거나 제어하는 용도로 사용할 수도 있다.

3.7 추적 콘텍스트를 이용한 실패 주입 및 실험

앞서 분산 추적 샘플링 방식 중 경계 샘플링(3.4.4절 참고)에 대해 설명했다. 에지에서 샘플링 결정decision을 먼저 생성한 다음 요청에 포함된 마이크로서비스에 다운스트림으로 전파하는 방식이다. 이때 샘플링 결정과 관련이 없는 다른 정보를 추적 콘텍스트에 심어 다운스트림에 함께 전파할 수 있다.

카오스 엔지니어링의 기법 중 하나인 **실패 주입 테스트**failure injection testing(FIT)가 이러한 방식으로 콘텍스트를 전달한다. 카오스 엔지니어링은 매우 광범위한 분야를 아우르는 기술이다. 자세한 내용은『Chaos Engineering』(O'Reilly, 2019)을 참고하기 바란다.

실패 주입 결정은 API 게이트웨이에서 먼저 추가되고 추적 태그 형태로 다운스트림에 전파된다. 주입 규칙은 중앙 FIT 서비스가 결정하고 제공한다. 실패가 주입된 실행 경로에 존재하는 마이크로서비스는 이 정보를 토대로 실패를 인위적으로 재현한다. [그림 3-7]은 이러한 종단 프로세스를 전체적으로 나타낸 그림이다.

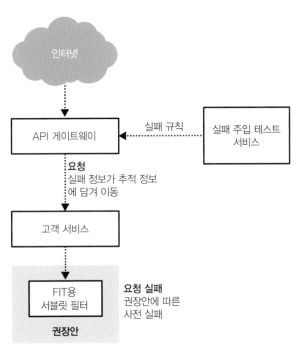

그림 3-7 사용자 요청 실패 주입 테스트 프로세스

이런 방식으로 사전 결정을 텔레메트리에 탑재하면 실패 주입에 포함된 추적 샘플도 똑같이 태그가 지정된다. 따라서 나중에 텔레메트리를 관찰할 때 실제 오류와 의도적 오류를 구별할 수 있다. [예제 3-8]은 스프링 클라우드 슬루스 스타터 패키지에 포함된 스프링 클라우드 게이트웨이 애플리케이션을 활용한 간단한 예시다. 'baggage'라는 FIT 결정을 추적 콘텍스트에 추가하고 검색한다. `spring.sleuth.baggage.tag-fields=failure.injection` 프로퍼티를 설정하면 자동으로 추적 태그로 변환된다.

예제 3-8 추적 콘텍스트에 실패 테스트 데이터를 주입한 스프링 클라우드 게이트웨이

```java
@SpringBootApplication
public class GatewayApplication {
    public static void main(String[] args) {
        SpringApplication.run(GatewayApplication.class, args);
    }
}

@RestController
class GatewayController {
    private static final String FAILURE_INJECTION_BAGGAGE = "failure.injection";

    @Value("${remote.home}")
    private URI home;

    @Bean
    BaggagePropagationCustomizer baggagePropagationCustomizer() {
        return builder -> builder.add(BaggagePropagationConfig.SingleBaggageField
                .remote(BaggageField.create(FAILURE_INJECTION_BAGGAGE)));
    }

    @GetMapping("/proxy/path/**")
    public Mono<ResponseEntity<byte[]>> proxyPath(ProxyExchange<byte[]> proxy) {
        String serviceToFail = "";
        if (serviceToFail != null) {
            BaggageField.getByName(FAILURE_INJECTION_BAGGAGE)
                .updateValue(serviceToFail);
        }

        String path = proxy.path("/proxy/path/");
        return proxy.uri(home.toString() + "/foos/" + path).get();
    }
}
```

다음으로 [예제 3-9]처럼 웹플럭스의 **WebFilter**를 이용해 수신 요청 필터를 추가한다. 이제 실패 주입 테스트에 포함된 모든 마이크로서비스에 필터가 적용된다.

예제 3-9 웹플럭스의 WebFilter를 이용한 실패 주입 테스트

```
@Component
public class FailureInjectionTestingHandlerFilterFunction implements WebFilter {
    @Value("${spring.application.name}")
    private String serviceName;

    @Override
    public Mono<Void> filter(ServerWebExchange exchange, WebFilterChain chain) {
        if (serviceName.equals(BaggageField.getByName("failure.injection")
            .getValue())) {
            exchange.getResponse().setStatusCode(HttpStatus.INTERNAL_SERVER_
ERROR);
            return Mono.empty();
        }

        return chain.filter(exchange);
    }
}
```

실패 주입 테스트 결정은 [예제 3-10]처럼 HTTP 클라이언트 메트릭에 태그로 추가할 수 있다. 실패 주입 테스트를 필터링할 때는 다운스트림 서비스와 HTTP 클라이언트 사이에 발생하는 에러율을 기준으로 잡으면 편리하다. 필터링 이후에 실패 테스트 요청이 남아 경고가 발생하면 엔지니어는 이를 검증해야 한다. 실패 주입 정보가 담긴 메트릭을 차원적으로 검색하면 이 요청에 실제로 문제가 발생했는지 아니면 실패가 주입됐는지 판단할 수 있다.

예제 3-10 실패 주입 테스트 정보를 마이크로미터 태그로 추가

```
@Component
public class FailureInjectionWebfluxTags extends DefaultWebFluxTagsProvider {
    @Value("${spring.application.name}")
    private String serviceName;

    @Override
    public Iterable<Tag> httpRequestTags(ServerWebExchange exchange, Throwable ex)
    {
        return Tags.concat(
```

```
                super.httpRequestTags(exchange, ex),
                "failure.injection",
                serviceName.equals(BaggageField
                  .getByName("failure.injection").getValue()) ? "true" : "false"
        );
    }
 }
```

이 예제는 대략적인 윤곽만 보여줄 뿐이다. 실패 주입 서비스를 정의하는 방법과 실패 주입 요청을 선정하는 조건은 사용자에게 달려 있다. 규칙이 아주 간단할 때는 게이트웨이 애플리케이션에 실패 주입 서비스를 포함하기도 한다.

추적 데이터는 실패 주입뿐만 아니라 A/B 테스트로 요청을 분리할 때도 유용하게 쓰인다.

3.8 마치며

이번 장은 가용성 모니터링과 디버깅 모니터링의 차이점을 살펴봤다. 디버깅 신호는 이벤트 기반으로 발생한다는 특징이 있으며 시스템 처리량에 비례해 증가하는 경향이 있다. 따라서 몇 가지 샘플링 기법을 통해 비용을 제한해야 한다. 디버깅 신호가 통상적으로 샘플링된다는 점을 감안하면 집계에 의의를 두어서는 안 된다. 샘플링을 거치면 일부 분포가 누락되며 집계 결과가 왜곡될 수 있기 때문이다.

마지막으로, 추적 콘텍스트에 특정 행동을 실어 보내는 방법을 알아보았다. 이러한 행동은 디버깅 정보와 함께 마이크로서비스 체인을 따라 깊은 수준까지 전파된다.

다음 장에서는 다시 메트릭으로 돌아가 기본적으로 모든 자바 마이크로서비스에서 측정해야 할 가용성 신호에 대해 살펴본다.

차트와 경고

모니터링에 사활을 걸 필요는 없다. CPU나 메모리 사용률 등의 리소스 현황을 굳이 모니터링하지 않더라도 최종 사용자 상호작용을 관찰하고 에러율을 측정하고 있다면 이미 자신의 소프트웨어를 이해하는 여정에 첫 걸음을 내딛은 셈이다. CPU와 메모리에 아무 이상 없이 API 요청 중 5%가 실패하는 상황이 발생하면 결국 엔지니어링 조직과 비즈니스 파트너는 실패율을 주제로 소통하게 된다.

2장과 3장에서는 다양한 형태의 모니터링 도구를 다뤘다. 이번 장은 경고와 시각화를 통해 사후 조치를 촉진하고 해당 데이터를 효과적으로 **이용**하는 방안을 제시한다. 앞으로 세 가지 주제에 대해 중점적으로 살펴본다.

우선 SLI를 효과적으로 시각화하는 방법을 알아본다. 일반적인 그라파나 차트와 경고 도구만 사용해 설명한다. 그라파나는 무료로 사용할 수 있는 오픈 소스 도구이며 다양한 모니터링 시스템에 대응하도록 데이터소스 플러그인을 제공한다. 또한 폭넓게 변용할 수 있는 기술이다. 하나의 모니터링 시스템을 시각화하는 데 익숙해지면 다른 모니터링 시스템에 쉽게 응용할 수 있다. 여기서 제안하는 많은 기법은 상용 제품에 통합된 차트 솔루션에 마찬가지로 적용할 수 있다.

다음으로, 고가치를 창출하는 측정 기법과 이를 시각화하고 경고하는 방식을 세부적으로 논의한다. 여기서 다룬 지표들은 향후 독자들의 SLI에 점진적으로 추가하기 바란다. 측정 지표는 한번에 하나씩 추가하는 게 좋다. 각각이 지닌 맥락이 비즈니스 관점에서 어떤 의미를 지니는지 진정으로 이해하기 위해, 또한 가장 가치 있는 형태로 세심하게 가공하는 방법을 배우기 위해서다. 네트워크 관제실에 들어섰을 때 모니터링 화면에 수백 개의 저수준 신호들이 떠 있다면 어쩐지 불안해진다. 차라리 비즈니스 성능에 관련된 에러율만 관찰하고 있는 편이 오히려 더 마음이 편하다.

점진적인 접근 방식은 경고 알림 체계를 도입할 때도 중요하다. 견고한 신뢰 관계는 단시간에 구축되지 않는다. 갑작스럽게 발생한 대량의 경고는 엔지니어를 압도하고 '경고 피로' 증상을 유발할 위험이 있다. 현재는 물론 앞으로 다가올 경고까지 편하게 받아들이도록 유도하지는 못할 망정, 아예 경고를 꺼버리게 만들면 곤란하다. 경고 발생 조건과 해결 방안은 한번에 하나씩 차근차근 배워나가야 한다. 경고 체계를 구축하는 쪽도 마찬가지로 시간이 필요하다. 엔지니어가 이러한 지식과 경험을 축적하는 과정에 함께 참여하고 도와주어야 한다.

따라서 이번 장은 비즈니스 성능에 관련된 SLI에 집중한다. 특히 API 실패율이나 사용자측 응답 시간처럼 특정 비즈니스에 속하지 않은 공통적인 지표를 위주로 설명할 것이다. 또한 힙 활용도 또는 파일 설명자descriptor처럼 비즈니스 성능 저하를 유발하는 가장 직접적인 지표들도 함께 다룬다.

[그림 4-1]은 나사NASA의 임무 관제소다. 모니터링이나 관제라고 하면 이렇게 한 쪽 벽에 화면이 나열되고 대시보드로 가득 찬 광경을 떠올리기 쉽다. 보기에는 그럴싸하지만 우리가 원하는 결과는 아니다. 화면은 화면일 뿐 행동하지 않는다. 나사의 관제소는 누군가 항상 문제 상황을 시각적으로 관찰하고 즉각적으로 반응해야 한다. 엄청난 비용은 물론 인간의 생명이 달린 로켓 인스턴스를 모니터링하기 때문이다. 그러나 우리가 다룰 API 요청의 발생 건당 중요도는 로켓과는 전혀 다르다.

그림 4-1 분산 시스템 모니터링의 롤 모델에 대한 오해

거의 모든 메트릭 수집기는 실제로 필요한 데이터보다 더 많은 데이터를 수집한다. 각 메트릭이 쓸모 있는 경우는 상황마다 다르므로 모든 메트릭을 시각적으로 나타내는 것은 비효율적이다. 그러나 최대 레이턴시, 에러율, 자원 사용률 등 거의 모든 자바 마이크로서비스에 통용되는 강력한 신뢰성 신호들이 있다. 우리는 이러한 지표를 집중적으로 관찰하고 경고 임계 범위를 조율할 것이다.

마지막으로, 모니터링 분야에서 인공지능의 역할에 대해 살펴본다. 모니터링 데이터에 AI 학습을 접목한 기술들이 속속 시장에 등장하고 있다. 경고 영역과 핵심 성능 지표를 완벽히 이해하지 않아도 자동화를 통해 시스템에 대한 통찰력을 얻을 수 있다고들 말한다. 이번 장은 애플리케이션 모니터링의 분야의 전통적인 통계 기법과 인공지능 기법을 함께 알아본다. 각 기법의 강점과 약점을 명확히 알아야 상업적 과장에 현혹되지 않고 자신에게 가장 적합한 도구를 선정할 수 있다.

본격적으로 진행하기에 앞서 현재 시장에 알려진 모니터링 시스템들과 각각의 다양성에 대해 논의해볼 것이다. 또한 각 시스템이 코드를 측정하고 데이터를 가져오는 방식을 배우고 그에 따른 영향 범위도 알아본다.

4.1 모니터링 시스템의 차이

여기서 모니터링 시스템의 차이를 논의하는 실질적인 목적은 프로메테우스로 차트를 작성하고 경고하는 세부적인 방법을 배우는 것이다. 프로메테우스와 데이터독의 쿼리 시스템은 굉장히 다르지만 둘 다 유용하다. 아직 우리가 상상하지 못한 기능을 갖춘 신제품도 꾸준히 등장한다. 한번 애플리케이션에 모니터링을 구현한 다음 코드를 변경하지 않아도 다른 모니터링 시스템에서 그대로 작동한다면 이상적일 것이다. 물론 바이너리 종속성을 새로 작성하거나 레지스트리를 구성하는 작업은 논외다.

분산 추적 백엔드 시스템이 데이터를 수신하는 방식은 메트릭 시스템보다 훨씬 더 일관성을 띠는 경향이 있다. 분산 추적 라이브러리는 전파 형식이 다양하며, 형태의 균일성은 선택된 라이브러리 스택 전체에 도입할 수 있는 수준에 머무른다. 그러나 데이터 자체는 백엔드와 무관하게 근본적으로 유사하다. 그 이유는 추적 데이터의 본질을 고려하면 직관적으로 알 수 있다. 분산 추적은 이벤트별 정보로 구성되며 추적 ID를 따라 맥락적으로 엮인다.

메트릭 시스템은 시간적 정보뿐만 아니라 게이지, 카운터, 히스토그램, 백분위 등을 집계해서 나타낼 수 있다. 각각을 집계하는 방식은 일치시킬 필요가 없다. 쿼리 시점에 동일하게 집계하거나 계산할 필요도 없다. 메트릭 측정 라이브러리가 게시하는 시계열 수와 메트릭 백엔드의 쿼리 역량은 [그림 4-2]처럼 반비례 관계에 있다.

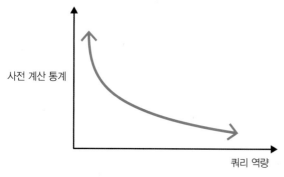

그림 4-2 시계열 게시와 쿼리 능력의 반비례 관계

예를 들어 드롭위저드 메트릭이 처음 개발되었을 가장 대중화된 모니터링 시스템은 그라파이트Graphite였다. 또한 프로메테우스 등 현재의 최신 모니터링 시스템과 달리 비율 연산 기능이 없었다. 결과적으로 드롭위저드는 카운터를 게시할 때 누적 카운트와 1분비, 5분비, 15분비 등을

별도로 게시해야 했다. 비율을 측정할 필요가 없는 경우는 라이브러리 자체에서 @Counted와 @Metered로 구분했다. 이처럼 측정 API는 개발 당시 최신 모니터링 시스템의 역량을 기반으로 설계된다.

오늘날에 이르러 메트릭 측정 라이브러리는 대상 시스템의 특성을 인식하고 그에 맞게 적절히 메트릭을 게시한다. 대표적으로 마이크로미터의 Counter는 그라파이트에 누적 카운트와 비율 정보들을 제공한다. 그러나 프로메테우스에 게시할 때는 누적 카운트만 제공한다. 프로메테우스는 PromQL의 rate 함수를 이용해 자체적으로 비율을 계산할 수 있기 때문이다.

측정 라이브러리 API를 새로 설계할 때는 단순히 기존 구현에 반영했던 모든 개념을 계승하기 앞서 당시에 그 개념이 세워져야 했던 이유를 역사적인 맥락에서 고려해야 한다. [그림 4-3]은 마이크로미터가 프로메테우스 심플 클라이언트 및 드롭위저드에 대응하는 영역을 나타낸다. 중첩되는 개념과 이전 세대에서 확장된 개념을 한눈에 파악할 수 있다. 특히 주목할 점은 모니터링 공간이 진화함에 따라 무대 뒤로 밀려난 일부 개념들이다. 이러한 선별적 확장의 기준은 때로 모호하다. 마이크로미터는 일반적인 Timer나 DistributionSummary에 히스토그램을 통합한다. 그러나 작업 수행 시간을 얼마나 깊은 수준까지 측정해야 하는지는 라이브러리 쪽에서 완전히 판단하기 어렵다. 어떤 작업은 추가 비용을 감수하더라도 히스토그램 데이터를 별도로 취합할 정도로 중요하다. 이러한 결정은 라이브러리 작성자가 아닌 다운스트림 애플리케이션 작성자의 몫이 된다.

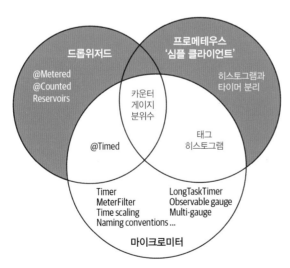

그림 4-3 메트릭 측정 영역의 중첩 관계도

비슷한 이유로, 드롭위저드가 대세였던 시기에 모니터링 시스템은 백분위 근사, 레이턴시 히트맵 등을 산출하는 쿼리 기능이 없었다. 따라서 '셀 수 있는 것을 게이지로 측정하지 말고 시간으로 잴 수 있는 것을 세려고 하지 말 것'이라는 지침도 따를 수 없다. 당시에는 메서드에 @Counted를 추가하는 것이 특이한 일이 아니었지만 현재 @Counted는 거의 금기시되는 설정이다. 시간으로 측정할 수 있는 메서드는 타이머가 항상 카운트 정보까지 게시한다.

2020년 10월 현재 오픈텔레메트리 메트릭 API는 베타 버전까지 개발된 상태이며 지난 몇 년간 큰 변화를 보이지 않았다. 또한 시간과 카운터 측정을 실용적으로 추상화시키기에는 원시^{primitive} 미터의 역할이 충분치 않다. [예제 4-1]에서 마이크로미터 Timer는 작업 결과에 따라 다양한 태그를 부여한다. 가장 상세한 수준으로 타이머 정보를 얻는 예시다.

예제 4-1 마이크로미터 타이머를 이용한 작업 결과 태깅

```
public class MyService {
  MeterRegistry registry;

  public void call() {
    try (Timer.ResourceSample t = Timer.resource(registry, "calls")
        .description("calls to something")
        .publishPercentileHistogram()
        .serviceLevelObjectives(Duration.ofSeconds(1))
        .tags("service", "hi")) {
      try {
        // 수행 코드 작성부
        t.tag("outcome", "success");
      } catch (Exception e) {
        t.tags("outcome", "error", "exception", e.getClass().getName());
      }
    }
  }
}
```

오픈텔레메트리 메트릭 API를 이용해 마이크로미터 수준으로 메트릭 정보를 얻으려면 [예제 4-2]처럼 꽤 난해한 구현 과정을 거쳐야 한다. 게다가 백분위 히스토그램이나 SLO 경계 정보도 없다. 이들 정보까지 마이크로미터와 똑같이 구현하면 코드가 더욱 장황해질 것이다.

```java
public class MyService {
  Meter meter = OpenTelemetry.getMeter("registry");
  Map<String, AtomicLong> callSum = Map.of(
      "success", new AtomicLong(0),
      "failure", new AtomicLong(0)
  );

  public MyService() {
    registerCallSum("success");
    registerCallSum("failure");
  }

  private void registerCallSum(String outcome) {
    meter.doubleSumObserverBuilder("calls.sum")
        .setDescription("calls to something")
        .setConstantLabels(Map.of("service", "hi"))
        .build()
        .setCallback(result -> result.observe(
            (double) callSum.get(outcome).get() / 1e9,
            "outcome", outcome));
  }

  public void call() {
    DoubleCounter.Builder callCounter = meter
        .doubleCounterBuilder("calls.count")
        .setDescription("calls to something")
        .setConstantLabels(Map.of("service", "hi"))
        .setUnit("requests");

    long start = System.nanoTime();
    try {
      // 수행 코드 작성부
      callCounter.build().add(1, "outcome", "success");
      callSum.get("success").addAndGet(System.nanoTime() - start);
    } catch (Exception e) {
      callCounter.build().add(1, "outcome", "failure",
          "exception", e.getClass().getName());
      callSum.get("failure").addAndGet(System.nanoTime() - start);
    }
  }
}
```

필자는 오픈텔레메트리가 강조하는 폴리글랏^{polyglot} 지원이라는 가치에 맹점이 있다고 본다. 여러 언어에 통합적으로 대응하는 프로젝트는 데이터 구조도 일관적으로 정의해야 한다는 무언의 압력에 순응하기 쉽다. '더블^{double}형 합계 관찰자'와 '더블형 카운터' 같은 원시 미터가 좋은 예다. API가 고정된 데이터 구조를 다루면 마이크로미터의 `Timer`가 상위 수준에서 추상화시키던 구성 요소를 최종 사용자가 하위 수준에서 직접 구성해야 한다. 측정 코드가 매우 복잡해질 뿐만 아니라 특정 모니터링 시스템에 한정적으로 작동할 수 밖에 없다. 그라파이트 시스템을 프로메테우스로 전환한다고 가정해보자. 프로메테우스는 비율을 게시할 필요가 없지만 전환하는 기간 동안에는 그라파이트에 메트릭을 함께 게시해야 한다. 따라서 카운터뿐만 아니라 단위 시간당 비율 변화를 명시적으로 계산해 전달해야 한다. 그러나 '더블형 카운터'로 데이터 구조가 고정되면 이런 방식으로 메트릭을 전달할 수 없다. 역으로 생각해도 문제가 되긴 마찬가지다. 다양한 모니터링 시스템에 폭넓게 대응하려면 모든 통계 데이터를 '더블형 카운터' 구조에 맞춰 메트릭에 포함해야 한다. 최신 메트릭 시스템의 백엔드 역량을 고려하면 불필요한 데이터가 낭비되는 셈이다.

차트와 경고에 대해 공부하다 보면 다양한 백엔드를 경험하고 싶어진다. 현재의 지식을 기반으로 선택한 백엔드가 1년 후에도 최선의 선택이라고 장담할 수는 없다. 자신이 선택한 메트릭 **측정 도구**^{instrumentation}가 모니터링 시스템을 교체해도 유연하게 대응할 수 있을지 사전에 충분히 고려하는 것이 좋다. 시스템 전환 기간 동안에는 심지어 양 쪽 모두에 메트릭을 게시해야 한다.

개별적인 SLI 항목을 살펴보기에 앞서 효과적인 차트를 구성하는 요소들을 먼저 알아보자.

4.2 서비스 수준 지표의 효과적인 시각화

앞으로 제시할 시각화 기법은 주관적인 권장안이다. 필자는 차트를 구성할 때 선은 굵게, '잉크'는 적게 쓰는 것을 선호한다. 두 가지 모두 그라파나의 기본 설정과 방향이 다르다. 솔직히 이 부분에 개인적인 취향을 밝히는 것이 다소 민망하다. 그라파나 디자인팀의 탁월한 감각보다 필자의 개인 취향이 미적으로 더 우위에 있다고 여기지 않기 때문이다.

필자가 제안하는 스타일과 감성은 지난 몇 년간의 경험을 통해 두 가지 측면에서 중대한 영향을 받았다.

찌푸린 눈으로 차트를 응시하는 엔지니어

엔지니어가 눈을 가늘게 뜬 채 차트를 응시하는 모습을 보면 걱정이 앞선다. 과도하게 복잡한 시각화 결과를 보며, 모니터링이란 원래 이렇게 복잡한 것이라고 단정지어 버리면 어쩌나 신경이 쓰인다. 대부분의 지표는 사실 매우 단순한 정보를 나타낸다. 시각적으로도 그렇게 보여야만 한다.

정량적 정보의 시각적 표현

필자는 한때 주변 UX^{User eXperience} 디자이너들에게 습관처럼 질문을 던지곤 했다. '지금까지 자신에게 가장 큰 영향을 준 책은 무엇인가요?' 운영 엔지니어링과 개발자 경험을 중요시 여기던 그들이 항상 첫 손가락으로 꼽았던 책은 바로 『The Visual Display of Quantitative Information』(Graphics Press, 2001)이었다. 이 책이 시계열 시각화에 대해 강조하는 철학은 '데이터 잉크^{data-ink}' 비율을 **높이는** 것이다. 차트의 '잉크(또는 픽셀)'가 정보를 전달하지 못하면 결과적으로 전달되는 것은 복잡성이다. 복잡성은 눈살을 찌푸리게 만든다.

이러한 관점을 바탕으로 데이터 잉크 비율을 **높여야** 하는 이유를 공감하기 바란다. 이제부터 설명할 구체적인 권장 사항들은 그라파나의 기본 스타일을 조작해 이 비율을 최대한 높이는 방법이다.

4.2.1 선 두께와 음영

그라파나는 기본적으로 1픽셀 두께의 실선으로 그래프를 그리고 내부는 10% 투명도로 음영을 채운다. 또한 단위 시간 사이는 보간(補間)해서 그린다. 가독성을 높이려면 선 두께를 2픽셀로 늘리고 음영은 없애자. 음영은 차트의 데이터 잉크 비율을 낮추며 색상이 중첩될수록 시각적으로 그래프를 따라가기 어렵다. 보간 기능은 오해를 유발할 소지가 다분하므로 가급적 배제한다. 두 측정 시간 사이에 대각선을 따라 중간 지점이 존재하는 것처럼 보이기 때문이다. 그라파나 옵션 중 'step'은 보간의 반대 설정이다. [그림 4-4]에서 위는 기본 차트, 아래는 이러한 권장 사항에 맞춰 조정된 차트다.

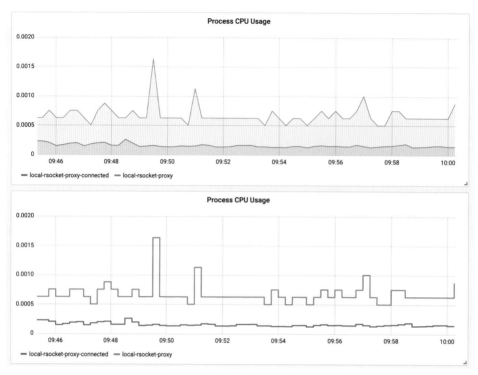

그림 4-4 그라파나의 기본 차트와 권장 차트

차트 에디터에서 'Visualization' 탭을 보면 [그림 4-5]처럼 차트 설정 조건들이 있다.

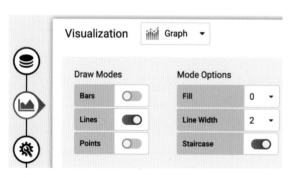

그림 4-5 그라파나 그래프 선 설정

4.2.2 에러 vs 성공

처리 결과(성공, 에러 등) 누적 그래프는 4.7.1절에 나오듯 매우 보편적인 타이머 시각화 기법이다. 물론 다른 시나리오에서 쓰는 사례도 많다. 성공과 에러를 색으로 표현할 때 대부분의 사람들은 즉각적으로 녹색과 적색, 즉 신호등 색상을 떠올린다. 그러나 전체 인구 중 상당수는 색상 차이를 정확히 인식하지 못한다. 게다가 자주 발견되는 증상은 녹색과 적색의 차이를 구분하기 어렵거나 아예 인식하지 못하는 것이다. 단색형 색각^{monochromacy}인 사람들은 특정 색을 구별하지 못하고 밝기만 느낄 수 있다. 흑백 인쇄본으로 이 책을 읽고 있는 독자라면 [그림 4-6]의 차트를 통해 간단하게나마 색상을 구분하지 못하는 증상을 경험해볼 수 있다.

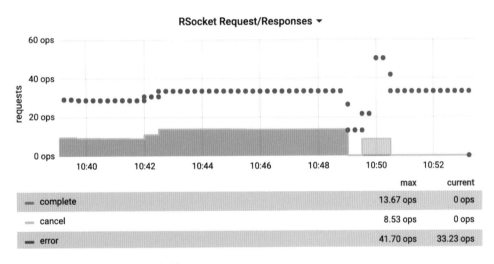

그림 4-6 접근성을 고려한 선 스타일 적용

성공과 에러는 단순히 색상만이 아닌 다른 방식으로 시각적 지표를 제공해야 한다. [그림 4-6]에서 '성공적인' 처리 결과는 누적 그래프로, 에러는 굵은 점으로 표시해 눈에 잘 띄도록 만들었다.

그라파나는 시계열 데이터를 누적 그래프로 나타낼 때 순서를 정할 수 없다. 다시 말해 '성공' 데이터의 위치를 그래프 맨 아래나 위로 지정할 수 없다. 그러나 [그림 4-7]처럼 별도 쿼리로 각 데이터를 선택하고 이 쿼리를 정렬하면 그래프의 데이터 위치도 인위적으로 정렬할 수 있다.

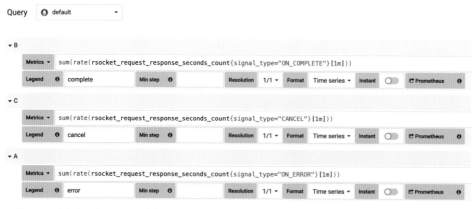

그림 4-7 그라파나 누적 그래프의 데이터 정렬

마지막으로, [그림 4-8]은 각 쿼리의 스타일을 정의하는 설정이다.

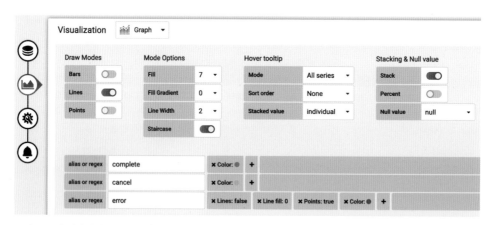

그림 4-8 각 처리 결과의 선 스타일 정의

4.2.3 '상위 k' 시각화

모니터링을 하다 보면 특정 범주에서 '최악'의 결과들만 확인하는 경우가 많다. 모니터링 시스템 대부분은 일정한 기준으로 '상위 k' 시계열을 선택하는 쿼리 기능을 제공한다. 최악의 '상위 3개' 결과를 선택했다는 것은 선이 최대 3개라는 의미는 아니다. 이런 최하위 경쟁의 결과는 영구적으로 보존되며 차트의 시간이 흘러감에 따라 따라 우승자가 바뀔 수 있기 때문이다. 최악의 경우 상위 N개의 데이터를 표시하는 시각화 자료에 3*N개의 고유 시계열이 등장한다. [그

림 4-9]에서 차트 특정 지점에 수직선을 그리고 교차하는 선을 세면 항상 3개 이하일 것이다. '상위 3개' 쿼리로 데이터를 추출했기 때문이다. 그러나 범례를 보면 총 6개 항목이 존재한다.

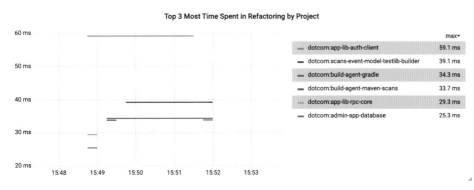

그림 4-9 상위 k개를 시각화했을 때 나타나는 k개 이상의 고유 시계열

이보다 훨씬 더 바쁘게 돌아가는 상황도 종종 발생한다. [그림 4-10]은 일정 기간 동안 가장 오래 걸린 그레이들 빌드 작업 5개의 소요 시간을 나타내는 차트다. 차트에 나타난 기간 동안 여러 빌드가 동시에 실행되므로 범례 항목은 5개보다 훨씬 많아진다.

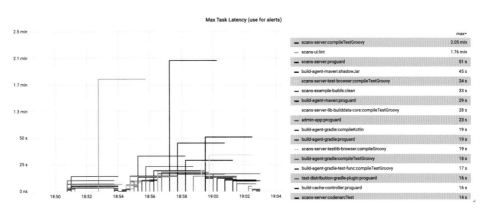

그림 4-10 상위 k개보다 훨씬 더 많은 범례 항목

범례가 레이블로 가득 차서 알아보기 어려울 정도다. 이쯤 되면 그라파나 설정을 이용해 범례를 오른쪽으로 옮기고 [그림 4-11]처럼 'Max' 요약 통계를 추가하자. 범례표에서 요약 통계를 클릭하면 해당 기준으로 범례가 정렬된다. 이제 차트를 보면 현재 열람하고 있는 시간 범위 내

에서 종합적으로 정렬된 최악의 데이터를 신속하게 확인할 수 있다.

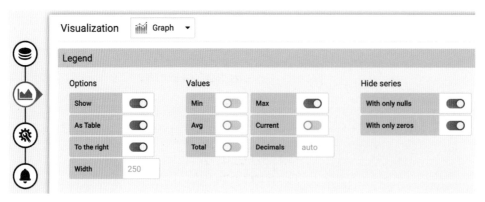

그림 4-11 범례 설정

4.2.4 프로메테우스 비율 간격

이번 장을 읽다 보면 프로메테우스 쿼리에서 범위 벡터(*https://oreil.ly/RnMk3*)를 사용하는 사례를 자주 보게 된다. 범위 벡터의 간격은 보통 1분으로 설정된 스크래핑 간격보다 최소두 배만큼 넓게 잡을 것을 권한다. 스크래핑 시점이 미묘하게 변화함에 따라 인접 데이터포인트의 거리가 스크래핑 간격보다 멀어질 가능성이 있다. 이때 벡터 간격이 지나치게 좁으면 시각화 결과에서 일부 데이터포인트가 누락될 위험이 있다. 또한 서비스가 재시작되어 데이터포인트가 누락되면 rate 함수는 중단 기간에 이어 최소 두 포인트가 쌓이기 전까지 비율을 계산할 수 없다. 이러한 문제를 방지하려면 계산 구간을 늘려야 한다. 또한 서비스를 시작할 때 걸리는 시간은 애플리케이션마다 다르며 간혹 스크래핑 간격보다 오래 걸리는 경우도 있다. 데이터포인트 누락 구간을 완전히 없애는 것이 목표라면 범위 벡터 간격을 2배보다 넓게 설정하는 것도 고려할 만하다. 이 경우 벡터 간격은 애플리케이션 시작 시간에 두 스크래핑 간격을 더한 값에 가까울 것이다.

범위 벡터는 프로메테우스에 특화된 개념이지만 다른 모니터링 시스템도 상황에 따라 동일한 개념을 적용할 수 있다. 경고 임계점을 설정할 때 사용하는 '최소 간격' 쿼리가 좋은 예다. 애플리케이션 재시작으로 발생하는 잠재적 시간 간격을 보정한다.

4.3 게이지

게이지 시계열을 나열하면 순간 게이지를 모니터링할 때보다 더 많은 정보를 얻는다. 그래프가 경고 임계점을 지나는 시점을 명확히 파악할 수 있을 뿐만 아니라 이제껏 기록된 게이지값을 통해 데이터 변화의 맥락을 파악할 수 있다. [그림 4-12]에서 아래쪽 차트를 더 선호하는 이유다.

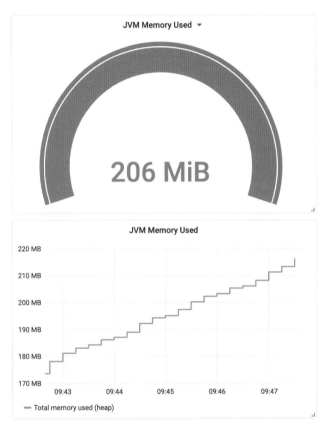

그림 4-12 순간 게이지와 선형 게이지 차트

게이지 그래프는 종종 튀어 오르곤 한다. 스레드 풀은 가끔 고갈되기 직전까지 갔다가 복구된다. 대기열의 상태는 가득 찼다가 비었다가를 반복한다. 자바 메모리 경고는 특히 제어하기 까다롭다. 단기적으로 막대한 할당 공간이 소모됐다가 가비지 수집기에 의해 복구되기 때문이다.

롤링 카운트 기능은 이런 상황에 경고가 남발되지 않도록 제어하는 효과적인 수단이다. [그림

4-13]은 지난 5번의 측정 간격 동안 임곗값을 초과하는 결과가 3번 이상 발견됐을 때 경고를 발생시키는 게이지다. 검사 간격과 초과 횟수는 다양하게 조합할 수 있다. 검사 기간이 길수록 최초 경고가 발생하는 시점이 지연되므로 중요한 지표를 모니터링할 때는 이 기간이 지나치게 길어지지 않도록 주의하기 바란다.

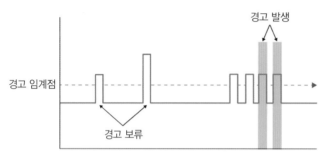

그림 4-13 경보 남발을 방지하는 롤링 카운트

게이지 데이터는 순간적인 값이며 모니터링 시스템은 그대로 그리기만 하면 된다. 반면 카운터 가 제공하는 정보는 뉘앙스가 미묘하게 다르다.

4.4 카운터

카운터는 주로 최대(가끔 최소) 임곗값과 비교하는 용도로 쓰인다. 이러한 사실은 카운터를 누적 통계가 아닌 비율로 관찰해야 한다는 주장을 뒷받침한다. 카운터 통계가 모니터링 시스템 에 어떻게 저장되는지는 중요치 않다.

[그림 4-14]에서 위쪽 노란색 실선은 HTTP 엔드포인트 요청 처리량 비율, 초록색 점들은 애 플리케이션 프로세스가 시작된 이후 누적된 모든 요청수를 나타낸다. 중간의 선과 하단 영역 은 이 엔드포인트의 처리량에 설정된 최소 경고 임계 영역을 나타낸다. 임계점은 초당 1,000개 처리량으로 고정된 값이다. 임계점과 처리량을 비교할 때 비율을 이용해야 하는 이유가 여기에 있다. 그림에서 처리 비율은 초당 1,500에서 2,000개 사이를 오간다. 그러나 누적 카운트는 임계점과 무관하게 프로세스가 작동하는 동안 지속적으로 늘어난다. 카운트는 처리 비율과 프 로세스의 수명을 모두 측정하는 도구지만 이 차트에서 발생시켜야 할 경고는 프로세스의 수명 과 관련이 없다.

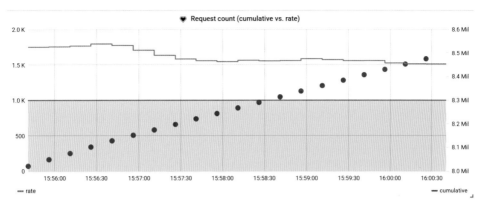

그림 4-14 카운터가 최소 경고 임계 비율, 누적 수치를 함께 나타내는 차트

임곗값은 때로 경험만으로 결정하기 어렵다. 또한 일부 이벤트의 발생 비율은 사람들의 주업무 시간에 따라 주기적으로 변화한다. [그림 4-15]는 주기적 특성을 보이는 초당 요청 처리량 차트다.

서비스가 요구하는 처리량을 달성하지 못하는 순간을 고정된 최소 임계점으로 설정한다면, 이 차트에서 보이는 최소 처리량인 40RPS 이하의 값을 임계점으로 설정해야 한다. 그렇게 30RPS 를 최소 임곗값으로 설정했다고 가정하자. 트래픽이 적은 시간은 기대치의 75% 미만, 트래픽 이 최고점에 달하는 순간은 기대치의 10% 미만까지 처리량이 떨어져야 경고가 발생한다. 결국 경고 임곗값의 가치는 시간에 따라 달라진다.

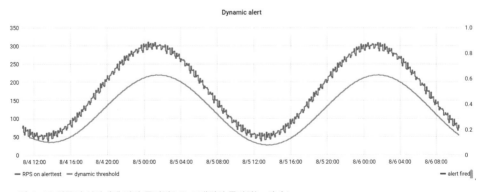

그림 4-15 하루의 시간대에 따라 주기적으로 트래픽이 증가하는 서비스

이렇게 처리량이 주기적으로 변동하는 서비스는 급격한 증가나 감소를 감지하는 방식으로 경고 체계를 설계하면 좋다. 일반적으로 [그림 4-16]처럼 카운터 비율에 평활smoothing 함수를 적용한 다음 적당한 백분율을 곱한다. 예시는 85%로 설정됐다. 평활 함수의 특성상 갑작스러운 비율 변화를 반영하기까지 약간 시간이 걸리기 때문에, 카운터 비율이 평활선 아래로 떨어지는 순간을 감지하면 처리량이 급격히 낮아지는 순간을 포착할 수 있다. 실제 처리량의 비율은 전혀 몰라도 상관없다. 평활화를 통해 동적 경고 체계를 세우는 방법은 4.8절에서 더 자세히 설명한다.

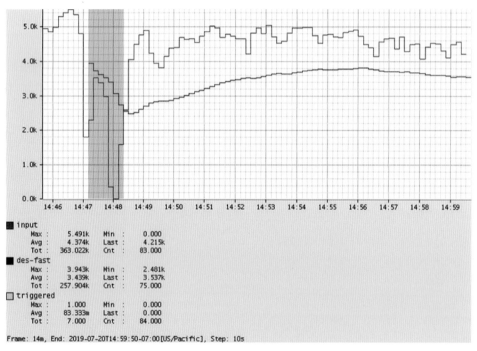

그림 4-16 이중 지수 평활 임곗값을 기준으로 설정된 동적 경고 임계점

카운터 데이터는 각 모니터링 시스템이 비율로 나타낼 수 있게끔 알맞은 형태로 전달해야 한다. 이 역할은 마이크로미터가 맡는다. 아틀라스로 카운터를 전달할 때는 미리 비율로 정규화시킨다. [예제 4-3]의 아틀라스 쿼리는 이미 비율을 반환하므로 즉시 그래프로 나타낼 수 있다.

```
name,cache.gets,:eq,
```

카운터를 누적값으로 수신하고 함수를 통해 쿼리 시점에 비율을 구하는 모니터링 시스템도 있다. [예제 4-4]는 범위 벡터([] 안의 기간)로 지정한 대상을 비율 그래프로 나타내는 프로메테우스 함수다. 아틀라스와 거의 흡사한 결과를 얻는다.

예제 4-4 프로메테우스 카운터는 누적되므로 명시적 비율로 변환

```
rate(cache_gets[2m])
```

프로메테우스의 비율 함수는 문제가 한 가지 있다. 차트의 시간 도메인에 신규 태그값이 빠르게 추가될 때 0 대신 NaN을 반환하는 경우가 있다. [그림 4-17]은 시간에 따른 그레이들 빌드 작업 처리량을 나타내는 차트다. 빌드 작업은 프로젝트와 태스크명으로 고유하게 구분하며 개별 태스크는 종료 이후 더 이상 처리량이 증가하지 않는다. 빌드가 진행될 때마다 프로젝트에 속한 모든 태스크가 차트에 새로운 시계열로 추가된다.

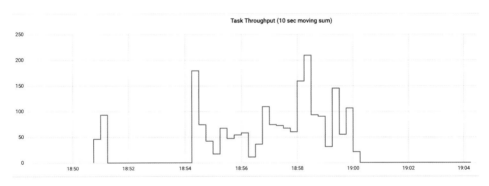

그림 4-17 특정 시간 도메인에 신규 태그값이 발생할 때 프로메테우스 카운터 비율을 0으로 채운 그래프

[예제 4-5]는 이러한 간격을 0으로 채우는 쿼리다.

```
sum(gradle_task_seconds_count) by (gradle_root_project_name) -
(
  sum(gradle_task_seconds_count offset 10s) by (gradle_root_project_name) > 0 or
  (
    (sum(gradle_task_seconds_count) by (gradle_root_project_name)) * 0
  )
)
```

카운터를 차트로 나타내는 방법은 모니터링 시스템마다 조금씩 다르다. 명시적으로 비율을 계산해야 할 때도 있고 사전에 비율로 저장되는 시스템도 있다. 타이머 시각화 기법은 더욱 다양하다.

4.5 타이머

마이크로미터의 Timer는 한번에 여러 시계열을 생성한다. `timer.record (()-> {...})`처럼 코드 블록을 감싸면 해당 블록의 처리량, 최대 레이턴시, 레이턴시 저하, 총 레이턴시 등의 정보를 얻는다. 더불어 히스토그램, 백분위, SLO 경계 같은 분포 통계도 선택적으로 수집할 수 있다.

대시보드에서 시각적으로 가장 중요한 요소는 레이턴시다. 사용자 경험과 가장 직접적으로 관련된 지표이기 때문이다. 결국 **사용자**에게 중요한 것은 개별 요청의 처리 성능이다. 시스템의 전체 처리량은 거의 사용자의 관심 밖에 있다고 봐도 좋다. 응답 시간에 간접적으로 영향을 미치는 일부 특수한 처리량은 예외다.

다음으로 중요한 요소는 처리량이다. 트래픽의 형태가 특정하게 예상되는 경우, 처리량을 시각화에 포함시킨다. 업무 시간, 고객 시간대 등에 따라 주기적으로 변하는 형태가 대표적이다. 가령 업무량이 가장 많은 시간대에 처리량이 급격히 감소하면 시스템의 문제를 나타내는 강력한 지표가 되는 셈이다. 마땅히 도달해야 할 트래픽 수준에 미치지 못하고 있기 때문이다.

타이머 시각화는 통상적으로 최대 레이턴시와 고백분위 근사를 연동해 경고를 발생시키면 가장 효과가 좋다. 이때 최대 레이턴시는 각 시간 간격마다 측정한 최댓값이며 백분위는 99번째 정도로 높게 설정한다. 고백분위 비교 분석은 5.8절에서 더 자세히 다룬다.

필자가 최대 레이턴시 측정의 중요성을 처음 깨달았던 시기는 넷플릭스를 떠난 뒤다. 길 테
네의 통찰력이 담긴 강연(*https://bit.ly/35nn04j*)을 접한 것이 결정적인 계기가 되었다.
그는 '최악의 경우'의 본질을 심박 조율기에 빗대어 강조했다. '여러분의 심장은 전체 시간 중
99.9% 동안 뛸 것이다'라는 말을 듣고 누가 안심할 수 있겠는가. 필자는 이처럼 핵심을 찌르는
논리에 쉽게 감화되는 사람이었기에, 즉시 코드를 열어 Timer와 DistributionSummary에 최
대 레이턴시를 핵심 통계로 추가했다. 마침 비슷한 시기에 개최된 2017년 SpringOne 콘퍼런
스에서 넷플릭스의 전 동료를 만난 필자는, 넷플릭스에서 최대 레이턴시를 모니터링하지 않고
있다는 사실에 대해 소심하게 우려를 표현했다. 당시 그는 가볍게 웃어넘긴 후 자리를 떠나버
려 필자를 위축시켰지만 얼마 지나지 않아 [그림 4-18]의 차트를 보냈다. 최대 레이턴시가 실
제로 P99보다 훨씬 성능이 떨어진다는 가설을 입증하는 자료였다. 필자 말이 맞는지 알아보기
위해 시험삼아 최댓값을 추가해봤다고 한다.

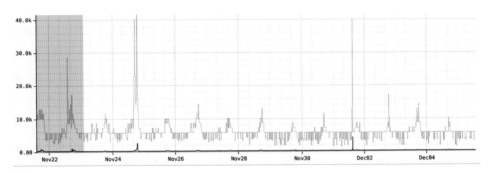

그림 4-18 넷플릭스 로깅 서비스에서 최대, P99 레이턴시(나노초 단위)

더 놀라운 사실은, 당시 넷플릭스의 아키텍처 변화로 인해 P99 수준이 개선되었지만 최대 레
이턴시는 오히려 상당히 나빠졌다는 것이다. 변화의 결과가 실제로 악화될 가능성에 대해 제기
할 수 있는 대목이다. 필자는 이때 경험했던 소통 과정을 소중히 기억하고 있다. 한 조직이 다른
조직으로부터 배움을 얻는 과정이 여실히 드러났던 일화이기 때문이다. 고도로 정교한 넷플릭스
의 모니터링 문화가 Azul System의 가르침을 받은 Domo로부터 기술을 전수받은 셈이다.

[그림 4-19]는 최대 레이턴시와 99번째 백분위의 엄청난 차이를 여실히 드러낸다. 응답 레이턴시는 99번째 백분위 부근에 밀집되는 경향이 있다. 가비지 수집, VM 중단 등을 나타내는 레이턴시 그룹이 최댓값 근처에 형성된다.

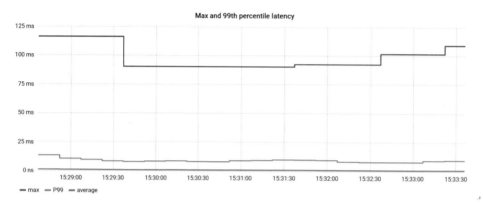

그림 4-19 최대 레이턴시와 P99 레이턴시

[그림 4-20]를 보면 실제 서비스에서 평균 레이턴시가 99번째 백분위를 넘는 상황이 발견된다. 실제 요청이 99번째 백분위 주위에 밀집되기 때문에 생기는 현상이다.

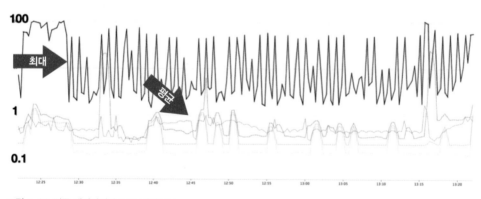

그림 4-20 평균 레이턴시와 P99 레이턴시

최상위 1%는 자칫 간과하기 쉽지만 이 영역의 레이턴시는 실제 사용자에게 영향을 미친다. 따라서 정확한 경계를 인식하고 필요에 따라 보완해야 한다. 헤지^{hedge} 요청(7.6절 참고)이라 불리는 클라이언트 사이드 로드 밸런싱 전략은 상위 1%의 영향력을 제한하는 공인된 기법 중 하나다.

최대 레이턴시 경고가 핵심적인 정보인 이유는 4.7.2절에서 더 자세히 설명한다. 그러나 엔지니어가 레이턴시 경고를 받고 대시보드에서 문제를 확인할 때 꼭 정확한 레이턴시를 알 필요는 없다. 레이턴시는 [그림 4-21]처럼 경고가 발생한 버킷이 포함된 히트맵 분포로 나타내는 편이 훨씬 더 쓸모가 많다. 경고 발생 당시의 통상적인 요청들에 비해 경고 유발 요청이 얼마나 심각한 수준에서 문제를 일으키는지 직관적으로 비교할 수 있기 때문이다. 히트맵 시각화에서 세로 열은 특정 시간 간격의 히스토그램을 나타낸다(2.10.9절 참고). 각 칸의 색상은 y축에 정의된 시간 범위에 있는 레이턴시의 빈도를 나타낸다. 결과적으로 최종 사용자 다수가 경험하는 통상적인 레이턴시는 '뜨거운' 색으로, 이상 레이턴시는 '차가운' 색으로 표현된다.

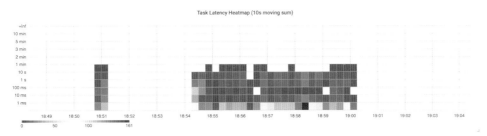

그림 4-21 타이머 히트맵

실패한 요청의 레이턴시 대부분이 최댓값에 가까운가? 아니면 일부만 가까운가? 이 질문의 대답이야 말로 경고를 수신한 엔지니어가 문제를 얼마나 신속하게 공론화시키고 도움을 요청할지를 결정짓는 요인이다. [그림 4-22]처럼 대시보드에 최대 레이턴시와 히트맵을 모두 표시할 필요가 없다. 히트맵만 있어도 충분하다.

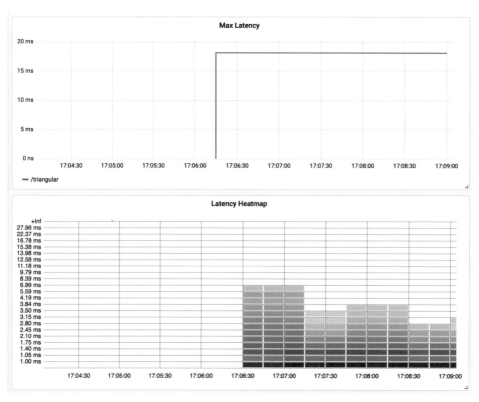

그림 4-22 최대 레이턴시 그래프와 레이턴시 분포 히트맵

레이턴시 히트맵은 차트의 시간 단위마다 잠재적으로 수십 또는 수백 버킷을 검색한다. 버킷은 모니터링 시스템의 개별 시계열에 대응하므로 결과적으로 수천 개의 시계열을 통계로 내는 셈이다. 따라서 비용이 많이 들 수밖에 없다. 벽에 걸린 모든 화면을 실시간으로 자동 갱신할 필요가 없는 이유가 여기에 있다. 경고 시스템이 제대로 작동한다면 경고가 발생한 순간에 대시보드를 열람하면 된다. 모니터링 시스템의 부하도 자연히 제한된다

유용한 표현 기법과 효과에 대해 살펴봤으니 이제 주의해야 할 사항을 알아보자.

4.6 대시보드 생성을 중지해야 할 때

2019년, 데이터독의 운영 부사장을 맡고 있던 지인을 만난 적이 있다. 한때 전직 동료였던 그는 최근 데이터독이 처한 상황에 대해 토로하기 시작했다. 고객이 생성한 대시보드를 적절히 제어하지 못해 용량 문제에 직면했다는 것이다. 듣고 보니 꽤 역설적이라는 생각이 들었다. 전 세계의 수많은 컴퓨터 화면과 TV 디스플레이가 저마다 멋진 차트를 출력하며 일정한 시간 간격에 맞춰 화면을 새로고침하는 광경을 떠올려보자. 데이터독 브랜드가 내세우는 향상된 지속적 시각화가 현실화되는 동시에, 다른 한편으로는 악몽 같은 SaaS 운영 지옥이 펼쳐졌다. 진정으로 흥미로운 비즈니스적 문제 상황이 아닐 수 없다.

필자는 항상 '미션 컨트롤' 대시보드에 흥미를 느꼈다. 문제를 시각적으로 가리키는 차트의 궁극적인 존재 이유는 무엇인가? 급격한 스파이크, 깊은 저점, 합리적인 기대치를 넘어선 모든 값은 허용 여부를 판단해야 한다. 용인할 수 없는 선에 경고 임계점을 설정하고, 메트릭을 통해 24시간 내내 자동으로 모니터링해야 한다.

엔지니어에게 시스템 경고를 보낼 때는 지표(또는 관련 링크)를 함께 제공하면 좋다. 지표는 시각적으로 즉각 인식할 수 있도록 가공해야 한다. 엔지니어의 목표는 경고가 발생한 문제의 근본적인 원인을 규명하는 것이다. 무시해도 좋은 경고인지 판단하는 경우도 가끔 있다. 이상적인 대시보드는 경고와 즉각적으로 연결되며 경고와 관련된 정보를 차원적으로 탐색할 수 있도록 구성해야 한다. 표현을 달리 해석하면 TV 디스플레이 대시보드가 바라보는 인간은 마치 주의력이 결핍된, 신뢰할 수 없는 경고 시스템과 같다.

경고 체계에 쓸모가 많은 시각화 기법이 대시보드에서 쓸모없는 경우가 있다. 반대로, 대시보드의 모든 차트에 경고를 설정할 수도 없다. 예를 들어 [그림 4-22]는 한 타이머로 최대 레이턴시 감소와 히트맵을 동시에 나타낸다. 경고 시스템은 최대 레이턴시를 감시하지만 엔지니어가 경고를 받고 문제의 심각성을 확인할 때는 레이턴시 분포가 더 쓸모 있다. 또한 최대 레이턴시가 포함된 버킷은 히스토그램에서 시각적으로 확인할 수 있다.

그러나 이러한 차트를 구성하는 쿼리는 주의 깊게 작성해야 한다. 히트맵을 자세히 살펴보면 15ms 부근에 레이턴시 정보가 없음을 알 수 있다. 프로메테우스에서 설정한 범위 벡터가 스크래핑 간격과 너무 가까워 15ms 근방의 레이턴시가 결과 데이터에서 누락됐을 가능성이 있다. 그러나 마이크로미터는 최댓값을 지속적으로 게시하므로 최대 레이턴시 차트에서는 해당 데이터를 확인할 수 있다.

히트맵은 단순히 선 그래프를 그릴 때보다 연산 비용이 훨씬 더 많이 든다. 차트가 하나라면 문제 없지만 대규모 조직에서 여러 비즈니스에 각기 다른 화면을 출력한다면 전제적인 모니터링 시스템 유지 비용이 부담스러운 수준까지 상승할 수 있다.

차트는 경고를 대체할 수 없다. 먼저 적절한 대상자에게 적절한 알림을 보내는 것에 주력하기 바란다. 화면을 구성하는 것은 그 다음이다.

> **TIP** 시종일관 모니터만 보고 있는 사람은 불필요한 수준으로 과하게 시각적 투자를 감행한 값비싼 경고 시스템에 불과하다.

비상 대기 인력에 경고가 전달되면 즉시 대시보드에서 메트릭을 차원적으로 검색하고 문제 원인을 추정할 수 있어야 한다.

SLO 위반 경고를 항상 세계 종말급 비상 사태로 취급할 필요는 없다.

4.7 모든 자바 마이크로서비스에 통용되는 서비스 수준 지표

서비스 수준 지표service level indicator(SLI)를 차트에 시각적으로 표현하는 감각을 익혔으니, 이제부터는 시각화에 추가할 지표에 초점을 맞출 것이다. 대략적인 순서는 각 지표의 중요도를 따른다. 차트와 경고를 점진적으로 구축할 때 이 순서를 따르기 바란다.

4.7.1 에러

코드 블록 측정 결과를 성공과 실패로 분류하면 두 가지 효과가 생긴다.

첫째, 전체 실행 중 실패한 실행의 비중이 곧 시스템에 발생한 에러의 빈도가 된다.

또한 성공과 실패는 실패 모드에 따라 응답 시간이 확연히 다르다. 가령 요청 핸들러는 입력값에 문제가 있다고 판단하면 초기에 `NullPointerException` 예외가 발생한다. 정상적인 요청은 데이터베이스 상호작용 등에 처리 시간을 주로 할애하지만 이런 예외가 발생하면 다운스트림 서비스를 호출하기 전에 요청이 끝난다. 사실 실패한 요청이지만 응답 시간이 짧아 시스템의 레이턴시 관측에 혼선을 야기한다. 한편, 다른 마이크로서비스에 다운스트림을 호출하려고 대기 중인 요청은 압박이 심해지면 결국 응답 시간이 초과되어 중단되고 만다. 이때 레이턴시는 HTTP 클라이언트 호출의 제한 시간과 비슷한 정도로 높아진다. 에러를 구분해서 관찰하지 않으면 시스템의 레이턴시를 지나치게 비관적으로 보게 될 것이다.

상태 태그(2.6절 참고)는 통상적으로 두 가지 계층에서 측정해야 한다.

status
자세한 에러 코드, 예외 종류, 실패 모드의 특정 지표 등을 제공하는 태그

outcome
성공, 사용자 에러, 서비스 에러 등 과정별로 세분화된 에러 범주 정보를 제공하는 태그

프로메테우스에서 상태 코드를 검색할 때는 셀렉터 문법을 쓸 수 있다. 가령 status !~"2.." 는 200번대가 아닌 상태 코드와 일치한다. 그러나 결과 태그는 outcome="SERVER_ERROR" 처럼 정확히 일치하는 값을 검색하는 것이 좋다. '2xx가 아닌' 결과를 선택하면 500 Internal Server Error, 400 Bad Request, 403 Forbidden 등이 모두 한 그룹으로 묶인다. 첫 번째는 서버 에러이며 나머지는 사용자측 에러다. 400번대 에러가 많이 발생하면 최근 릴리스한 코드가 API 하위 호환성을 준수하지 못하고 있지 않은지 의심해봐야 한다. 또는 새로운 최종 사용자(예: 다른 업스트림 마이크로서비스)가 기존 서비스에 접속하고 올바른 페이로드를 되돌려 받지 못하고 있을 가능성도 있다.

> **TIP 클라이언트를 서버 에러를 구별하지 않았던 파나레의 경고 남발 사례**
>
> 파네라 브레드Panera Bread는 모니터링 시스템 업체가 구현한 경고 시스템을 쓰고 있었다. 그런데 어느 날 갑자기 HTTP 에러 경고 메일이 쏟아지기 시작했다. 그 원인은 사용자가 비밀번호를 5번 이상 입력했기 때문이었고, 파네라의 엔지니어들은 업체가 구현한 이상 탐지 시스템이 클라이언트 에러와 서버 에러를 구분하지 않는다는 사실을 발견했다. 클라이언트 에러율은 침입 감지에 적합한 지표이지만, 서버 에러보다 임곗값이 훨씬 높다는 점을 유념해야 한다. 최소한 기간당 5번 보다는 높을 것이다.

HTTP 500 상태가 발생하는 원인은 기본적으로 서비스 소유자 쪽에 있으므로 항상 주의해야

한다. 500 오류는 좀 더 앞단계에서 문제를 발견하고 400 오류를 통해 사용자에게 더 유용한 정보를 줄 수 있었다는 고백에 지나지 않는다. 개인적으로 'HTTP 500 – 내부 서버 오류'라는 표현이 너무 피동적이라고 생각한다. 'HTTP 500 – 죄송합니다. 저희 잘못입니다' 정도가 적당하다.

타이머를 직접 작성할 때는 일반적으로 [예제 4-6]처럼 Timer 샘플을 사용한다. 타이머는 요청 결과가 성공이나 실패로 결정되기 전까지 태그 설정을 보류한다. 타이머 샘플은 작업이 시작됐을 당시의 상태를 보존한다.

예제 4-6 실행 결과에 따라 동적으로 결정되는 에러와 결과 태그

```
Timer.Sample sample = Timer.start();
try {
  // 실패 가능성이 있는 작업 수행부

  sample.stop(
    registry.timer(
      "my.operation",
      Tags.of(
        "exception", "none", // ❶
        "outcome", "success"
      )
    )
  );
} catch(Exception e) {
  sample.stop(
    registry.timer(
      "my.operation",
      Tags.of(
        "exception", e.getClass().getName(), // ❷
        "outcome", "failure"
      )
    )
  );
}
```

❶ 프로메테우스 등 일부 모니터링 시스템은 메트릭에 포함된 태그와 키 집합이 일관적으로 유지된다고 간주한다. 이곳은 예외가 발생하지 않지만 exception 태그를 두고 'none'으로 기본값을 지정한다.

❷ 이 지점에서 실패 상황을 더 명확히 분류하거나 자세한 태그를 추가로 지정해도 좋다. 그러나 지금처럼 예

외 클래스명만 추가해도 장애의 **종류**를 한층 더 쉽게 파악할 수 있다. 가령 NullPointerException은 클래스명 자체로 유용한 정보다. 다운스트림 서비스 호출의 접속 시간 초과 등과 비교하면 유형이 매우 특이한 예외이기 때문이다. 특정 에러의 비율이 치솟으면 예외 클래스명을 검색해 해당 에러를 간략하게 파악할 수 있다. 또한 로그 같은 디버그 가능성 관찰 데이터와 연계하는 방법도 있다. 경고가 발생한 무렵의 로그에서 예외 클래스명을 검색하면 에러 로그를 찾을 수 있다.

> **CAUTION_ Class.getSimpleName() 등을 태그값으로 설정할 때는 주의가 필요하다**
> 익명 클래스 인스턴스에 Class.getSimpleName()과 Class.getCanonicalName()을 실행하면 null 또는 빈 값을 반환한다. 이 두 메서드의 반환값을 태그값으로 쓰려면 null 또는 빈 값 검증을 수행하고 Class.getName()을 폴백fall back 조건으로 지정해야 한다.

스프링부트는 HTTP status 태그와 outcome 태그를 http.server.requests 메트릭에 자동으로 추가한다. 전자는 상태 코드를, 후자는 SUCCESS, CLIENT_ERROR, SERVER_ERROR 중 하나를 기록한다.

이러한 태그를 기반으로 시간 간격당 에러율을 그릴 수 있다. 그러나 에러율은 경고 임계점을 설정하는 기준으로 삼기 어렵다. 에러가 발생하는 요인이 동일해도 시스템에 유입되는 트래픽의 양에 따라 오르락내리락하기 때문이다.

아틀라스는 [예제 4-7]처럼 :and 연산자로 SERVER_ERROR 결과만 선택할 수 있다.

예제 4-7 아틀라스에서 HTTP 서버 요청의 에러율을 나타내는 쿼리

```
# 처리량에 따라 달라지므로 지양할 것!
name,http.server.requests,:eq,
outcome,SERVER_ERROR,:eq,
:and,
uri,$ENDPOINT,:eq,:cq
```

프로메테우스는 [예제 4-8]처럼 태그 셀렉터를 활용한다.

예제 4-8 프로메테우스에서 HTTP 서버 요청의 에러율을 나타내는 쿼리

```
# 처리량에 따라 달라지므로 지양할 것!
sum(
  rate(
```

```
    http_server_requests_seconds_count{outcome="SERVER_ERROR", uri="$ENDPOINT"}
  [2m]
    )
  )
```

10건당 한 건이 실패하고 초당 100건의 요청이 시스템에 유입된다면 에러 발생 속도는 10 요청/초다. 초당 1,000개 요청이 유입되면 에러율은 100건/초로 상승한다. 두 경우 모두 처리량에 상대적인 에러의 **비중**ratio은 10%다. 에러 비중은 정규화하기 쉽고 고정된 임계점을 선정하기도 쉽다. [그림 4-23]은 처리량과 에러율이 함께 급증해도 에러 비중은 10%에서 15% 사이에 머무르고 있음을 보여준다.

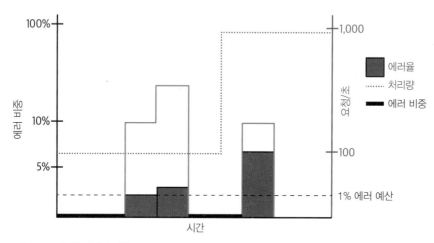

그림 4-23 에러율과 에러 비중

outcome 태그는 메트릭을 측정하고 있는 작업의 에러 비중을 나타내는 쿼리에 쓰인다. http.server.requests에서 에러 비중은 전체 요청 수 대비 SERVER_ERROR의 수다.

아틀라스는 [예제 4-9]처럼 :div 함수를 이용해 SERVER_ERROR 요청수를 총 요청수로 나눈다.

예제 4-9 아틀라스에서 HTTP 서버 요청의 에러 비중

```
name,http.server.requests,:eq,
:dup,
outcome,SERVER_ERROR,:eq,
:div,
uri,$ENDPOINT,:eq,:cq
```

프로메테우스는 [예제 4-10]처럼 / 연산자가 비슷한 역할을 한다.

예제 4-10 프로메테우에서 HTTP 서버 요청의 에러 비중

```
sum(
  rate(
    http_server_requests_seconds_count{outcome="SERVER_ERROR", uri="$ENDPOINT"}
[2m]
  )
) /
sum(
  rate(
    http_server_requests_seconds_count{uri="$ENDPOINT"}[2m]
  )
)
```

> **NOTE_ 처리량이 낮은 서비스는 에러율이 에러 비중보다 유용하다**
> 일반적으로 에러율보다 에러 비중을 우선적으로 모니터링한다. 에러에 따라 에러 비중이 상당히 큰 폭으로
> 변하기 때문에 엔드포인트 처리량이 매우 낮은 서비스는 예외다. 이때 임곗값은 에러율이 적합하다.

에러율과 에러 비중은 동일한 타이머를 다른 관점에서 바라본 지표다. 반면 레이턴시는 독립적인 핵심 지표다.

4.7.2 레이턴시

최대 레이턴시 경고와 고백분위 비교 분석 기법은 5.8절에서 자세히 설명한다. 대중적인 자바웹 프레임워크는 대부분 메트릭 자동 설정 방식으로 '화이트박스(2.1절)' 측정을 지원하며, 풍부한 태그 정보를 이용해 인/아웃 바운드 요청을 모니터할 수 있다. 이 책은 스프링부트를 기준으로 자동 측정 기법을 설명하지만 다른 자바 웹 프레임워크도 마이로미터와 비슷하게 메트릭을 측정할 수 있다.

서버 (인바운드) 요청

스프링부트는 `http.server.requests`라는 타이머 메트릭을 REST 엔드포인트에 자동으

로 설정한다. 블로킹형과 반응형 엔드포인트에 모두 적용된다. 특정 엔드포인트의 레이턴시가 애플리케이션 성능을 좌우하는 핵심 지표일 때는 비교 분석용 데이터도 함께 수집해야한다. application.properties에 management.metrics.distribution.percentiles-histogram.http.server.requests=true를 추가하면 백분위 히스토그램 데이터를 게시할수 있다. 스프링부트의 특정 API 엔드포인트 집합에 백분위 히스토그램을 설정하려면 [예제 4-11]처럼 @Timed 어노테이션을 설정한다.

예제 4-11 @Timed 어노테이션으로 단일 엔드포인트에 히스토그램 추가

```
@Timed(histogram = true)
@GetMapping("/api/something")
Something getSomething() {
  ...
}
```

[예제 4-12]처럼 MeterFilter로 태그를 판단해 히스토그램을 지정하는 방법도 있다.

예제 4-12 MeterFilter를 이용해 단일 엔드포인트에 백분위 히스토그램 추가

```
@Bean
MeterFilter histogramsForSomethingEndpoints() {
  return new MeterFilter() {
    @Override
    public DistributionStatisticConfig configure(Meter.Id id,
        DistributionStatisticConfig config) {
      if(id.getName().equals("http.server.requests") &&
          id.getTag("uri").startsWith("/api/something")) {
        return DistributionStatisticConfig.builder()
          .percentilesHistogram(true)
          .build()
          .merge(config);
      }
      return config;
    }
  };
}
```

아틀라스는 [예제 4-13]처럼 최대 레이턴시를 임곗값과 비교한다.

예제 4-13 아틀라스의 최대 API 레이턴시 측정

```
name,http.server.requests,:eq,
statistic,max,:eq,
:and,
$THRESHOLD,
:gt
```

[예제 4-14]는 프로메테우스의 최대 레이턴시 비교 쿼리다.

예제 4-14 프로메테우스의 최대 API 레이턴시 측정

```
http_server_requests_seconds_max > $THRESHOLD
```

http.server.requests에 추가된 태그는 사용자가 조작할 수 있다. 블로킹 방식으로 작동하는 스프링 WebMVC 모델은 WebMvcTagsProvider를 이용해 태그를 제어한다. 예를 들어 [예제 4-15]는 'User-Agent' 요청 헤더에서 브라우저 종류와 버전 정보를 추출한다. 헤더 추출 부분은 MIT 라이선스로 공개된 Browscap(*https://oreil.ly/mkLpG*) 라이브러리의 도움을 받았다

예제 4-15 스프링 WebMVC 메트릭에 브라우저 태그 추가

```
@Configuration
public class MetricsConfiguration {
  @Bean
  WebMvcTagsProvider customizeRestMetrics() throws IOException, ParseException {
    UserAgentParser userAgentParser = new UserAgentService().loadParser();

    rcturn new DefaultWebMvcTagsProvider() {
      @Override
      public Iterable<Tag> getTags(HttpServletRequest request,
        HttpServletResponse response, Object handler, Throwable exception) {

        Capabilities capabilities = userAgentParser.parse(request
          .getHeader("User-Agent"));

        return Tags
          .concat(
            super.getTags(request, response, handler, exception),
            "browser", capabilities.getBrowser(),
```

```
        "browser.version", capabilities.getBrowserMajorVersion()
      );
    }
  };
  }
}
```

스프링 WebFlux는 논블로킹 반응형 모델이다. [예제 4-16]은 `WebFluxTagsProvider`를 이용해 WebFlux에 태그를 추가한다.

예제 4-16 스프링 WebFlux 메트릭에 브라우저 태그 추가

```
@Configuration
public class MetricsConfiguration {
  @Bean
  WebFluxTagsProvider customizeRestMetrics() throws IOException, ParseException {
    UserAgentParser userAgentParser = new UserAgentService().loadParser();

    return new DefaultWebFluxTagsProvider() {
      @Override
      public Iterable<Tag> httpRequestTags(ServerWebExchange exchange,
          Throwable exception) {

        Capabilities capabilities = userAgentParser.parse(exchange.
getRequest()
            .getHeaders().getFirst("User-Agent"));

        return Tags
          .concat(
            super.httpRequestTags(exchange, exception),
            "browser", capabilities.getBrowser(),
            "browser.version", capabilities.getBrowserMajorVersion()
          );
      }
    };
  }
}
```

`http.server.requests` 타이머는 서비스가 요청을 처리하기 시작하는 순간부터 측정을 시작한다. 요청 스레드 풀 용량이 자주 포화되면 사용자 요청이 대기 상태에 머무르는 시간도 늘어난다. 이러한 대기 시간은 사용자가 응답을 기다리는 시간에 실제적으로 영향을 미친다.

http.server.requests에 포함하지 못한 대기 시간 정보는 2.15절에서 설명했던 조율된 누락을 나타내는 대표적인 사례다.

호출자(클라이언트) 관점에서 대기 시간을 모니터링하면 이러한 맹점을 보완할 수 있다. 여기서 말하는 클라이언트는 일반적으로 API 게이트웨이나 사용자 주체가 아닌 서비스간 호출 주체를 의미한다. 서비스의 시각에서 보면 네트워크 지연이나 스레드 풀 경합은 레이턴시에 영향을 미치지 않는다. 톰캣의 스레드 풀이나 엔진엑스의 프록시 풀 등이 여기 해당한다.

클라이언트(아웃바운드) 요청

스프링부트는 블로킹형, 반응형 **아웃바운드**outbound 호출에 모두 http.client.requests 타이머 메트릭을 자동으로 설정한다. 호출자는 모두 자신이 호출하는 서비스명을 인식할 수 있으며, 응답하는 쪽은 호출자의 관점에서 서비스 레이턴시를 모니터링 할 수 있다.

[그림 4-24]는 동일한 서비스를 호출하는 세 가지 서비스 인스턴스를 나타낸다.

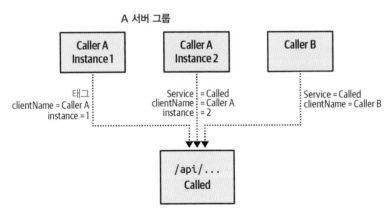

그림 4-24 다중 호출자의 HTTP 클라이언트 메트릭

이 시스템에서 수집된 uri와 serviceName 태그를 종류별로 선택하면 Called 서비스의 엔드포인트 성능을 파악할 수 있다. 태그를 전부 집계하면 모든 호출자의 엔드포인트 성능이 한번에 종합적으로 측정되며 clientName 태그를 기준으로 탐색하면 해당 클라이언트의 서비스 성능만 조회할 수 있다. Called 서비스가 모든 요청을 똑같은 시간동안 처리하더라도 클라이언트의 배포 존이나 리전이 서로 다르면 각각의 관점에 본 처리 시간도 서로 다르다. 이 경우 프로메테우스의 topk 쿼리를 사용해 클라이언트별로 임곗값을 비교할 수 있다. 결과적으로 모든

클라이언트의 종합적인 엔드포인트 성능과 별개로 특정 클라이언트의 이상 측정치가 보존된다. [예제 4-17]은 개별 클라이언트의 임곗값을 확인하는 프로메테우스 쿼리다.

예제 4-17 클라이언트명으로 구분한 최대 아웃바운드 요청 레이턴시

```
topk(
  1,
  sum(
    rate(
      http_client_requests_seconds_max{serviceName="CALLED", uri="/api/..."}[2m]
    )
  ) by (clientName)
) > $THRESHOLD
```

스프링의 **RestTemplate**(블로킹)과 **WebClient**(논블로킹) 인터페이스에 HTTP 클라이언트 측정을 자동으로 구성하려면 경로 변수와 요청 매개변수를 처리해야 한다. 이때 경로는 문자열을 직접 연결하거나 가공하는 방식이 아니라 [예제 4-18]처럼 변수 부분을 대체할 수 있는 방식으로 구성한다.

예제 4-18 RestTemplate의 경로 변수 대체

```
@RestController
public class CustomerController { // ❶
  private final RestTemplate client;

  public CustomerController(RestTemplate client) {
    this.client = client;
  }

  @GetMapping("/customers")
  public Customer findCustomer(@RequestParam String q) {
    String customerId;
    // ... 'q' 변수로 전달된 고객 ID 검색

    return client.getForEntity(
      "http://customerService/customer/{id}?detail={detail}",
      Customer.class,
      customerId,
      "no-address"
    );
```

```
    }
  }

  ...

@Configuration
public class RestTemplateConfiguration {
  @Bean
  RestTemplateBuilder restTemplateBuilder() { // ❷
    return new RestTemplateBuilder()
      .addAdditionalInterceptors(..)
      .build();
  }
}
```

❶ 어쩐지 악당 같은 느낌?

❷ 스프링부트에서 RestTemplate에 메트릭을 자동으로 설정하려면 RestTemplate가 아니라
RestTemplateBuilder를 생성하고 빈으로 지정해서 와이어링해야 한다. 또한 스프링 설정을 통해
RestTemplateBuilder에 자동으로 빈을 지정할 수 있다. 스프링부트가 이 빈을 발견하면 자동으로 추
가 메트릭 인터셉터를 연결한다. RestTemplate을 먼저 생성하면 메트릭을 지정할 수 없다.

핵심 개념은 경로 변수가 **지정되기 전**의 원본 uri를 태그로 지정하는 것이다. 결과적으로, 조
회하려는 변수와 관계없이 해당 엔드포인트로 유입되는 총 요청 수와 레이턴시를 추론할 수 있
다. 또한 이 개념은 http.client.requests 메트릭에 포함된 총 태그 수를 제어할 때 필수적
이다. 고유 태그가 무분별하게 늘어나면 결국 모니터링 시스템이 감당해야할 부담이 커진다.
또는 모니터링 시스템 공급 업체가 부과하는 시계열 단위 요금이 증가한다.

논블로킹 WebClient는 [예제 4-19]처럼 측정한다.

예제 4-19 WebClient 경로 변수 대체

```
@RestController
public class CustomerController { // ❶
  private final WebClient client;

  public CustomerController(WebClient client) {
    this.client = client;
  }
```

```
@GetMapping("/customers")
public Mono<Customer> findCustomer(@RequestParam String q) {
  Mono<String> customerId;
  // ... 'q' 변수로 전달된 고객 ID 검색, 논블로킹 방식

  return customerId
    .flatMap(id -> webClient
        .get()
        .uri(
          "http://customerService/customer/{id}?detail={detail}",
          id,
          "no-address"
         )
        .retrieve()
        .bodyToMono(Customer.class)
    );
  }
}

...

@Configuration
public class WebClientConfiguration {
  @Bean
  WebClient.Builder webClientBuilder() { // ❷
    return WebClient
      .builder();
  }
}
```

❶ 어쩐지 악당 같은 느낌?

❷ WebClient가 아니라 WebClient.Builder에 빈을 지정하고 와이어링 한다. 스프링부트는 이미 생성된
   WebClient 인스턴스가 아닌 WebClientCustomizer를 통해 메트릭을 빌더로 추가한다.

스프링부트가 클라이언트 메트릭에 추가하는 기본 태그는 이미 온전한 조합을 이루고 있다. 그
러나 사용자가 원한다면 임의의 태그를 추가할 수 있다. 통상적으로 요청 헤더나 응답 헤더의
정보를 추가로 지정하는 경우가 많다. 사용자 태그 정의를 추가할 때는 총 태그가 적절하게 제
한되어 있는지 확인해야 한다. 수천 개에 달하는 고유한 고객ID, 무작위로 생성되는 요청ID
등에 태그를 부여하면 안 된다. 메트릭 측정으로 얻어야 할 정보는 개별 요청의 성능이 아니라
전체적으로 집계된 성능이다.

앞서 `http.server.requests` 태그를 가공한 예시와 약간 다른 방식으로, 고객의 구독 등급을 태그로 추가할 수 있다. 구독 등급 정보는 응답 헤더에 포함된다. 이러한 방식으로 태그를 분류하면 우수 고객과 일반 고객의 레이턴시 및 에러율을 분리해서 차트로 구성할 수 있다. 비즈니스 면에서, 우수 고객의 요청은 신뢰성이나 성능의 기대치가 더 높은 수준에서 형성되는 경우가 많다. 사용자 지정 태그로 고객 등급을 분류하면 서비스 수준 협약도 더 세세하게 구성할 수 있다.

`RestTemplate` 태그를 가공하려면 [예제 4-20]처럼 `RestTemplateExchangeTagsProvider`를 @Bean으로 지정한다.

예제 **4-20** RestTemplate에 사용자 태그 추가

```
@Configuration
public class MetricsConfiguration {
  @Bean
  RestTemplateExchangeTagsProvider customizeRestTemplateMetrics() {
    return new DefaultRestTemplateExchangeTagsProvider() {
      @Override
      public Iterable<Tag> getTags(String urlTemplate,
        HttpRequest request, ClientHttpResponse response) {

        return Tags.concat(
          super.getTags(urlTemplate, request, response),
          "subscription.level",
          Optional
            .ofNullable(response.getHeaders().getFirst("subscription")) // ❶
            .orElse("basic")
        );
      }
    };
  }
}
```

❶ `response.getHeaders().get("subscription")`은 null을 반환하기도 한다. 따라서 `get`이나 `getFirst`를 사용하려면 먼저 null 검사를 거쳐야 한다.

WebClient에 사용자 태그를 지정하려면 [예제 4-21]처럼 @Bean `WebClientExchangeTagsProvider`를 추가한다.

```
@Configuration
public class MetricsConfiguration {
  @Bean
  WebClientExchangeTagsProvider webClientExchangeTagsProvider() {
    return new DefaultWebClientExchangeTagsProvider() {
      @Override
      public Iterable<Tag> tags(ClientRequest request,
        ClientResponse response, Throwable throwable) {

        return Tags.concat(
          super.tags(request, response, throwable),
          "subscription.level",
          response.headers().header("subscription").stream()
            .findFirst()
            .orElse("basic")
        );
      }
    };
  }
}
```

지금까지 레이턴시와 에러를 집중적으로 분석했다. 다음은 메모리 소비에 관련된 일반적인 포화도 측정을 알아볼 차례다.

4.7.3 가비지 수집 다운타임

가비지 수집garbage collection (GC)이 중단되면 사용자 요청 응답 과정이 지연된다. 'out of memory' 에러가 임박했음을 알리는 전조 증상이다. 이러한 전조는 몇 가지 지표를 통해 관찰할 수 있다.

최대 다운타임

최대 GC 다운타임에 적당한 허용 범위를 결정하고 고정된 경고 임곗값을 설정할 때는 주요major GC와 보조minor GC를 나눠서 생각해야 한다. GC 다운타임은 최종 사용자의 응답 시간에 직접적으로 영향을 미친다는 점을 잊지 말자. [그림 4-25]는 `jvm.gc.pause` 타이머로 최대 다운타임을 나타낸 그래프다. 애플리케이션이 자주 중단될 때는 히트맵도 중요한 단서가 된다.

통상적인 작업이 시간의 흐름에 따라 어떻게 진행되는지 확인할 수 있다.

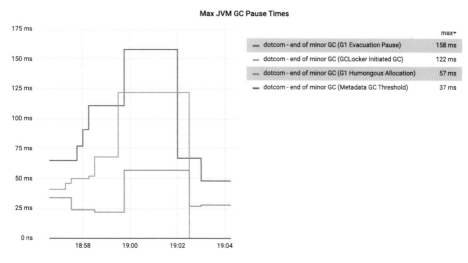

그림 4-25 가비지 수집 최대 다운타임

가비지 수집에 소요된 시간 비중

`jvm.gc.pause` 타이머는 합계 정보를 독립적으로 제공한다. 합계의 변화량을 시간 간격으로 나누면 CPU가 가비지 수집 시간의 비중을 구할 수 있다. 자바 프로세스는 GC가 시간을 소비하는 동안 다른 작업을 수행하지 않는다. 따라서 이러한 시간 비중이 급격히 증가할 때는 경고를 발생시켜야 시점임을 확신할 수 있다. [예제 4-22]는 이 기법을 구현하는 프로메테우스 쿼리다.

예제 4-22 원인별 가비지 수집 시간을 측정하는 프로메테우스 쿼리

```
sum(     ❶
  sum_over_time(    ❷
    sum(increase(jvm_gc_pause_seconds_sum[2m]))[1m:]   ❸
  )
) / 60   ❹
```

❶ '보조 GC 종료' 등 개별적인 GC 시간의 합계

❷ 지난 1분간 개별 GC에 소요된 총 시간

❸ 프로메테우스 서브쿼리(*https://oreil.ly/34AJs*)가 처음으로 등장하는 대목이다. 두 지표를 범위 벡터로 제한해 sum_over_time 연산에 입력한다.

❹ jvm_gc_pause_seconds_sum은 초단위 데이터다. 합산한 값도 자연히 초단위다. 합산 기간이 1분이므로 이 값을 60으로 나누면 GC가 소모한 시간이 [0, 1] 범위에서 계산된다.

이 기법은 유연하게 응용할 수 있다. 태그로 특정 GC를 선택할 수 있기 때문에 주요 GC 이벤트에 소요된 시간만 관찰할 수 있다. 또는 앞선 예시처럼 모든 GC 소요 시간을 합산해서 계산할 수도 있다. 종류별로 GC 시간을 합산하면 보조 GC가 전체 시간에 크게 영향을 미치지 않는다는 사실을 알게 된다. [그림 4-26]에서 모니터링하고 있는 애플리케이션은 매분 보조 가비지 수집 작업을 수행하지만 전체 GC 활동에서 차지하는 시간적인 비중은 0.0182%에 불과하다.

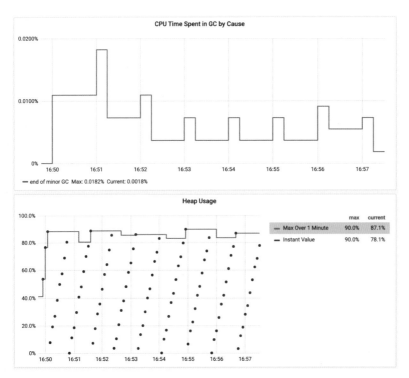

그림 4-26 보조 GC 이벤트에 소요된 시간의 비중

모니터링 시스템이 sum_over_time처럼 집계 함수를 제공하지 않으면 마이크로미터가 제공하

는 JvmHeapPressureMetrics 미터 바인더를 쓰면 된다. [예제 4-23]을 참고하기 바란다. 이 미터는 GC 오버헤드를 미리 계산하고 [0, 1] 범위의 수치로 변환한 다음 jvm.gc.overhead라는 게이지로 게시한다. 이 게이지를 임계점으로 삼아 경고를 설정할 수 있다. 스프링부트에서 JvmHeapPressureMetrics 인스턴스를 @Bean으로 지정하면 자동으로 미터 레지스트리에 바인딩된다.

예제 4-23 JvmHeapPressureMetrics 미터 바인더

```
MeterRegistry registry = ...

new JvmHeapPressureMetrics(
  Tags.empty(),
  Duration.ofMinutes(1), // ❶
  Duration.ofSeconds(30)
).register(meterRegistry);
```

❶ 취합 기간을 설정한다.

대규모 할당 경고

앞선 절은 GC가 소비하는 시간을 모니터링하는 기법을 설명했다. 한편 G1 수집기가 엄청나게 많은 메모리를 할당하는 현상도 중요한 관측 대상이다. 코드 어딘가에서 이든^{Eden} 공간의 50% 이상을 할당하고 있다는 의미이기 때문이다. 이러한 대규모 할당을 방지하기 위해 데이터를 청크^{chunk}로 분할하거나 스트리밍하도록 애플리케이션을 리팩토링하기도 한다. 데이터나 입력값을 가져와 가공할 때 대규모 할당이 발생하는 경우도 있다. 이론적으로는 커보이지 않는 데이터도 가공 과정이나 원천에 따라 메모리를 크게 소비하기도 한다. 대형 데이터 오브젝트는 애플리케이션을 다운시키는 주요한 원인이다.

G1 수집기의 대규모 할당을 감지하려면 jvm.gc.pause 메트릭에서 cause 태그를 관찰한다. 태그값이 G1 Humongous Allocation인 항목이 발견되면 대규모 할당이 발생했음을 의미한다.

1.2.1절에서 언급했듯이 메모리 소비량를 관찰할 때는 사용률보다 포화도 메트릭을 우선적으로 쓰는 편이다. 그러나 가비지 수집을 메모리 소비가 아닌 시간 소모 관점에서 바라본다면 사용률도 의미가 있다. 사용률 메트릭을 제대로 활용한다면 흥미로운 정보를 추가로 얻을 수 있다.

4.7.4 힙 사용률

자바 힙은 크기가 정의된 여러 풀로 구성되고 자바 객체 인스턴스는 힙 공간에 생성된다. 힙에서 가장 중요한 구성 요소들은 다음과 같다.

이든 공간(young generation)

신규 객체는 모두 이곳에 할당된다. 이 공간이 가득 차면 **보조**minor 가비지 수집 이벤트가 발생한다.

생존자 공간(survivor space)

보조 가비지 수집이 발생하면 모든 생존 객체가 생존자 공간에 복사된다. 생존 객체는 참조가 남아 있으므로 수집 대상이 아니다. 생존자 공간에 도착한 객체는 생존 기간이 임계점에 도달하면 지난 세대로 승격된다. 생존자 공간이 어린 세대의 모든 개체를 담을 수 없는 상황일 때는 생존자 공간을 건너뛰고 바로 승격되기도 한다. 할당 압력의 위험 수준을 측정하는 핵심 요소가 바로 이러한 이른 승격이다.

지난 세대(old generation)

오래 살아남은 객체가 저장되는 공간이다. 객체가 이든 공간에 저장되는 순간 생존 기간이 설정되고 일정한 시기에 다다르면 지난 세대로 옮겨간다.

기본적으로 우리가 파악해야 할 상황은 이들 공간 중 한 곳 이상이 지나치게 '가득 차' **있는지**다. 공간이 가득차는 순간은 모니터링하기 까다롭다. JVM 가비지 수집은 공간이 채워지자 마자 비워버리도록 설계됐기 때문이다. 따라서 공간이 가득차는 현상 자체는 문제가 아니다. 가득 찬 상태가 유지되고 있을 때가 진정한 문제 상황이다.

마이크로미터의 `JvmMemoryMetrics` 미터 바인더는 최대 힙 크기와 JVM 메모리 풀 사용량을 실시간으로 자동 수집한다. 둘은 모두 런타임 시점에 증가하거나 감소하는 수치다. 자바 웹 프레임워크 대부분은 이 바인더를 자동으로 설정한다.

[그림 4-27]은 여러 메트릭을 나타내는 차트다. 힙 압력을 모니터링하는 가장 직관적인 방법은 힙 소비량을 백분율 수치로 나타내고 고정된 임계점을 설정하는 것이다. 그러나 차트에 나타나듯 고정 임곗값 경고는 너무 자주 발생한다. 최초로 경고가 발생한 11시 44분은 아직 애플

리케이션에 메모리 누수가 있다고 확신하기 어려운 시점이다. 힙이 일시적으로 백분율 임곗값을 초과하더라도 가비지 수집기가 정기적으로 힙을 청소해 할당량을 임계점 이하로 복구시킨다.

[그림 4-27]을 통해 다음과 같은 사실을 알 수 있다.

- 세로 막대는 공간당 메모리 사용량을 나타내는 누적 그래프다.
- 30.0M 위주로 형성된 실선은 최대 힙 공간 허용치다. JVM이 프로세스 초기 힙 크기(-Xms)와 최대 힙 크기(-Xmx) 사이에서 적절한 값을 찾아가는 과정이 한눈에 보인다.
- 24.0M 주변의 굵은 선은 최대 허용 메모리의 고정 백분위를 나타낸다. 이 신이 임곗값이다. 최댓값에 대한 비율이 고정값이지만 최댓값 자체가 변화한다는 점에서 동적 임계점이라 할 수 있다.
- 밝은색 막대는 실제 힙 사용률(누적 막대 그래프의 꼭대기)이 임곗값을 초과하는 지점을 나타낸다. 이 부분이 '경고 조건'에 해당한다.

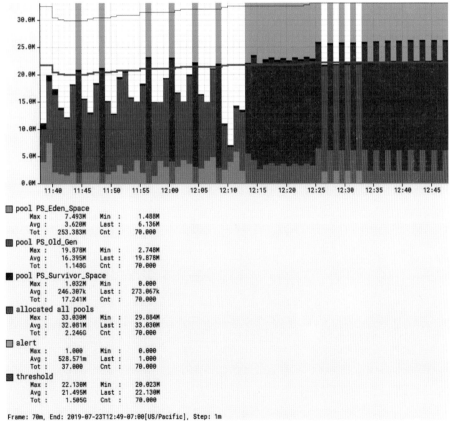

그림 4-27 고정된 임곗값을 기준으로 발생하는 사용률 경고

결국 고정된 임곗값은 제 구실을 하지 못한다. 모니터링 시스템의 기능이 뒷받침하는 한에서 다른 방안을 강구해야 한다.

힙 공간 롤링 카운트

아틀라스가 제공하는 롤링 카운트 기능을 이용하면 힙이 특정 임곗값을 초과할 때만 경고를 발생시킬 수 있다. [그림 4-28]은 이전 5개 간격 중 3곳에서 임곗값이 초과됐을 때 경고가 발생한다. 가비지 수집기가 최선을 다해 노력했지만 힙 소비량이 계속 증가하고 있음을 의미한다.

그러나 아틀라스처럼 롤링 카운트를 제공하는 모니터링 시스템은 많지 않다. 프로메테우스의 count_over_time 함수로 비슷한 결과를 얻을 수 있지만 아틀라스처럼 완전한 '3/5' 알림 체계를 구축하기는 다소 까다롭다.

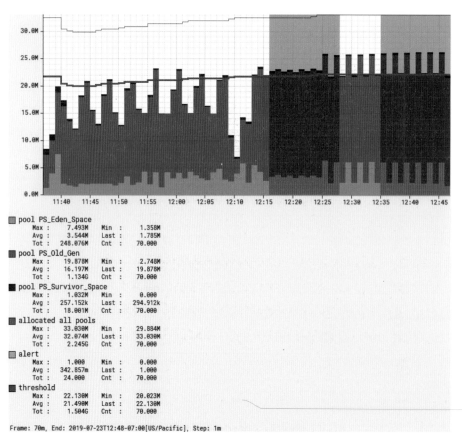

그림 4-28 롤링 카운트를 통한 경고 남발 방지

이 외에도 쓸만한 대안이 있다.

수집 후 풀 메모리 저하

마이크로미터의 `JvmHeapPressureMetrics`는 마지막 가비지 수집 후 '이전 세대'의 힙 사용량을 `jvm.memory.usage.after.gc` 게이지로 추가한다.

`jvm.memory.usage.after.gc`는 [0, 1] 범위의 비율이다. 이 수치가 높으면 수집기가 가비지를 충분히 청소하지 못했다는 의미다. 따라서 90% 정도를 임계점으로 설정하면 적당하다. 이전 세대 공간이 정리되는 나운타임이 길어진다는 것은 앞으로 장기적인 중단 기간이 점점 더 자주 발생한다는 것을 의미한다. 애플리케이션 성능은 점점 저하되고 결과적으로 `OutOf MemoryException`이 발생해 치명적인 결과로 이어진다.

가비지 수집 후 풀 메모리 측정하는 기법은 약간의 변주를 가미해 다양하게 활용할 수 있다.

총 메모리 저하

힙 사용율과 가비지 컬렉션 활동 지표를 혼합적으로 측정하는 방법이다. 다음 두 측정 기준이 **모두** 임계치를 초과할 때 문제가 발생했다고 판단한다.

jvm.gc.overhead 〉50%

4.7.3절에서 제안했던 90%보다 낮은 임계점이다. 독자적으로 사용하는 것이 아니라 사용률 지표와 연동할 것이기 때문에 좀 더 공격적인 기준을 세운다.

jvm.memory.used/jvm.memory.max 〉90%, 최근 5분간 한 번 이상

GC 오버헤드가 50%를 넘는 상황에서 하나 이상의 풀이 가득 찼다면 GC 오버헤드가 비율이 상승세에 있다고 간주할 수 있다. 지난 세대의 메모리만 단독으로 측정하면 정상적인 상황에서 단기 가비지가 대량으로 생성되는 경우도 함께 감지된다.

경고 범위는 GC 오버헤드 지표의 게이지값을 기준으로 설정한다. 총 메모리 사용량을 측정하는 쿼리는 생각만큼 단순하지 않다. [예제 4-24]는 프로메테우스의 쿼리다.

```
max_over_time(
  (
    jvm_memory_used_bytes{id="G1 Old Gen"} /
    jvm_memory_committed_bytes{id="G1 Old Gen"}
  )[5m:]
)
```

max_over_time의 역할을 이해하려면 [그림 4-29]를 잘 살펴봐야 한다. 각 점은 해당 시점의 총 이든 공간 소비량을 나타낸다. 쿼리에서 jvm.memory.used{id="G1 Eden Space"}이 나타내는 부분이다. 실선은 이 쿼리에 max_over_time 함수를 1분 범위로 적용한 그래프다. 지난 1분 간의 최댓값이 유지되는 것을 확인할 수 있다.

max_over_time은 힙 사용량이 증가한 이후 기준 시간 내에 감소하지 않는 상태를 정확하게 추적한다. 가비지 수집 이벤트가 발생하면 현재 사용량은 낮아지지만 max_over_time은 지난 기간 발생한 최댓값에 '고정'된다.

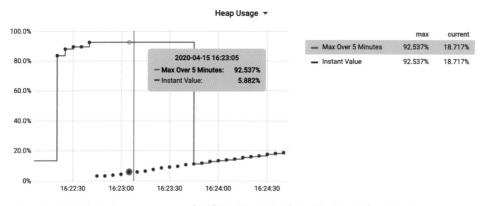

그림 4-29 프로메테우스의 max_over_time을 이용해 지난 1분간 사용된 최대 이든 공간을 나타낸 차트

경고 조건에 두 지표를 함께 반영하는 것은 이번이 처음이다. 경고 시스템에 조건을 설정할 때는 일반적으로 여러 조건을 참/거짓으로 판단해 조합한다. [그림 4-30]은 그라파나의 경고 조건 설정 화면이다. 쿼리 A 부분에 jvm.gc.overhead 지표를, 쿼리 B 부분에 사용율 지표를 설정해 조건을 조합한다.

그림 4-30 두 가지 지표를 기반으로 총 메모리 부족을 측정하는 그라파나 경고 설정 화면

메모리 외에 CPU도 일반적으로 사용률을 측정하는 자원이다. CPU는 포화도로 측정하기 어렵다.

4.7.5 CPU 사용률

CPU 사용량은 보편적인 모니터링 대상이지만 불행히도 CPU의 정상 상태를 규정하는 일반적인 조건은 수립하기 어렵다. 애플리케이션의 특성에 따라 프로그래밍 모델이 다르기 때문이다.

톰캣에서 실행되며 블로킹 서블릿 모델 방식으로 요청에 응답하는 전형적인 마이크로서비스는, 톰캣 스레드 풀을 최대한 우선적으로 소비하며 CPU에 과중한 부담을 지우지 않는다. 이러한 애플리케이션은 메모리 포화도 측면에 더 자주 문제가 생긴다. 다양한 형태의 요청/응답을 처리하는 도중에 과도하게 가비지가 발생하는 형태가 주로 많다.

네티^{Netty}에서 실행되고 반응형 프로그래밍 모델을 도입한 자바 마이크로서비스는 인스턴스당 처리량이 훨씬 크다. 그에 따라 CPU 사용률도 함께 증가하는 경향이 있다. 실제로, CPU 리소스 활용성 증대는 통상적으로 반응형 프로그래밍 모델의 장점으로 언급되곤 한다.

[표 4-1]은 마이크로미터가 제공하는 CPU 모니터링 메트릭이다. 이 두 데이터는 자바의 운영 시스템 정보가 담긴 MXBean(`ManagementFactory.getOperatingSystemMXBean()`)을 제공한다.

표 **4-1** 마이크로미터의 프로세서 메트릭

메트릭	타입	설명
system.cpu.usage	게이지	전체 시스템의 최근 CPU 사용도
process.cpu.usage	게이지	자바 가상 머신 프로세스의 CPU 사용도

블로킹 서블릿 모델로 개발된 애플리케이션은 일반적으로 80%로 임계 수준을 고정하면 적당하다. 반응형 애플리케이션에서 적정 포화도 수준을 결정하려면 경험에 의존해야 한다.

아틀라스는 [예제 4-25]처럼 :gt 함수로 설정한다.

예제 **4-25** 아틀라스의 CPU 경고 임계 설정

```
name,process.cpu.usage,:eq,
0.8,
:gt
```

프로메테우스는 [예제 4-26]처럼 비교 표현으로 나타낸다.

```
process_cpu_usage > 0.8
```

프로세스 CPU 사용량은 모니터링 시스템의 y축에 백분율로 나타낸다. 실제로는 0부터 1사이의 값을 제공해야 한다. [그림 4-31]의 y축을 눈여겨보기 바란다.

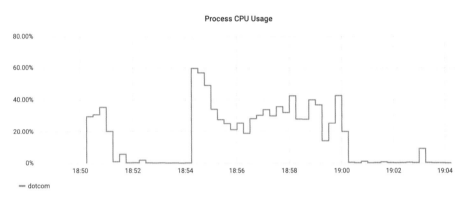

그림 4-31 프로세스 CPU 사용량 백분율

그라파나의 'Visualization' 탭에서 퍼센트를 단위로 설정할 수 있다. [그림 4-32]처럼 'Unit'에 'percent(0.0-1.0)'를 지정하면 된다.

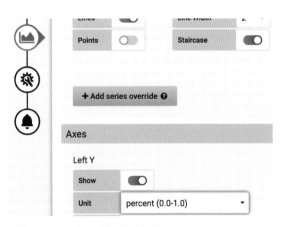

그림 4-32 그라파나 퍼센트 단위 설정

다음에 설명할 파일 설명자는 모든 애플리케이션이 측정해야 할 자원 기반 지표다.

4.7.6 파일 설명자

유닉스에서 ulimit 명령은 동시 열람 파일 설명자를 포함해 단일 사용자가 사용하는 여러 리소스를 제한하는 기능을 한다. 파일 설명자는 실제 파일뿐만 아니라 네트워크 접속, 데이터베이스 연결 등에 쓰인다.

ulimit -a 명령어는 현재 셸의 ulimit 설정들을 보여준다. 출력 결과는 [예제 4-27]과 비슷하다. 많은 운영체제가 파일 설명자의 기본 제한값을 1,024로 설정한다. 요청마다 각 파일을 읽거나 쓰고 동시 스레드로 처리하는 서비스는 이런 운영체제에 적합하지 않다. 현대의 마이크로서비스, 특히 논블로킹 서비스는 수천 개 이상의 동시 요청을 처리할 수 있어야 한다.

예제 4-27 유닉스 셸의 ulimit -a 명령 실행 결과

```
$ ulimit -a
...
open files (-n) 1024      ❶
...
cpu time (seconds, -t) unlimited
max user processes (-u) 63796
virtual memory (kbytes, -v) unlimited
```

❶ 현재 열려 있는 파일 수가 아니라 동시에 열 수 있는 **전체** 파일 수를 나타낸다.

자주 발생하는 상황은 아니지만 파일 설명자 개수가 제한선에 도달하면 치명적인 문제가 발생한다. 파일 설명자 사용 방식에 따라 애플리케이션이 완전히 응답하지 않게 되는 경우도 있다. 메모리 부족이나 치명적인 예외는 애플리케이션을 종료하는 반면, 실제로는 멈췄지만 여전히 실행되고 있는 것처럼 보이기에 더욱 위험하다. 파일 설명자 사용율은 매우 저렴한 비용으로 모니터링할 수 있으므로 모든 애플리케이션에 적용하고 장애를 경고해야 한다. 일반적인 기술로 제작된 애플리케이션이나 웹 프레임워크는 파일 설명자 사용율이 5%를 넘지 않는다. 때로는 훨씬 더 낮다. 그러나 문제는 항상 은밀하게 침투하는 것이다.

필자는 파일 설명자 모니터링에 대해 알고 있었지만 실제로 문제를 경험한 적이 없었다. 그러나 우연히 집필 기간 중 그라파나 소스를 빌드하다가 파일 설명자로 인한 난관을 맞닥뜨렸다. 내부적으로 Go 빌드가 계속해서 중단되어 전체 빌드를 완료할 수 없었던 것이다. Go 언어의 종속성 해소 메커니즘은 열려 있는 파일 설명자를 신중하게 관리하지 않고 있음이 분명하다.

애플리케이션이 수많은 호출에 응답하며 개방하는 소켓들은 파일 설명자를 한계까지 늘리는 원인이다. 다운스트림 서비스의 HTTP 연결, 데이터베이스 접속 등도 마찬가지다. 파일 설명자가 부족하면 프로세스가 정상적으로 종료되지 않는 현상이 나타난다. [예제 4-28]와 [예제 4-29]는 이런 상황에 발생하는 에러 로그다.

예제 4-28 HTTP 접속으로 파일 설명자가 고갈됐을 때 톰캣의 로그

```
java.net.SocketException: Too many open files
  at java.net.PlainSocketImpl.socketAccept(Native Method)
  at java.net.AbstractPlainSocketImpl.accept(AbstractPlainSocketImpl.java:398)
```

예제 4-29 파일 설명자가 고갈되어 파일을 열지 못하는 에러 로그

```
java.io.FileNotFoundException: /myfile (Too many open files)
  at java.io.FileInputStream.open(Native Method)
```

마이크로미터는 애플리케이션에 파일 설명자 문제가 발생했을 때 [표 4-2]의 두 가지 메트릭을 보고한다.

표 4-2 마이크로미터의 파일 설명자 메트릭

메트릭	타입	설명
process.max.fds	게이지	최대 열람 가능 파일 설명자. ulimit -a 조회 결과와 동일
process.open.fds	게이지	열려 있는 파일 설명자

일반적으로, 열려 있는 파일 설명자 개수는 최댓값 미만으로 유지되어야 하므로 80% 정도로 고정된 임곗값과 대조하면 적절히 문제를 식별할 수 있다. 이 경고는 **모든 애플리케이션**에 적용

해야 한다.

파일 제한은 공통적인 제약 사항이며 위반 시 애플리케이션이 서비스 중단 상태에 처한다.

아틀라스는 [예제 4-30]처럼 :div와 :gt 함수로 설정한다.

예제 4-30 아틀라스의 파일 설명자 경고 범위

```
name,process.open.fds,:eq,
name,process.max.fds,:eq,
:div,
0.8,
:gt
```

프로메테우스는 [예제 4-31]처럼 간단하게 표현한다.

예제 4-31 프로메테우스의 파일 설명자 경고 범위

```
process_open_fds / process_max_fds > 0.8
```

지금까지 모든 자바 마이크로서비스에 적용된 신호를 다뤘다. 다음에 다룰 주제는 다소 한정적인 상황에 쓰이는 기법이다.

4.7.7 비정상 트래픽

http.server.requests 메트릭의 특정 지표를 활용하면 비정상적인 상태 코드를 감시할 수 있다. 가령 HTTP 상태 코드 중 '403 Forbidden' 부류 또는 '404 Not Found'가 짧은 시간 동안 다수 발생하면 침입 시도로 간주한다.

에러와 달리 상태 코드는 처리량이 아닌 요청 건수 대비 발생 **비율**rate로 모니터링한다. HTTP 403 요청이 초당 10,000건 발생했다면, 시스템이 평상시 처리하는 요청이 초당 15,000개든 1,500만 개든 상관없이 일단 의심해볼만하다. 전체 처리량 때문에 이러한 이상 상태가 묻히는 일이 없도록 해야 한다.

[예제 4-32]는 이전에 설명한 에러율 쿼리와 비슷한 아틀라스 쿼리다. 그러나 status 태그를 이용해 outcome 태그보다 더 세분화된 정보를 나타낸다.

```
name,http.server.requests,:eq,
status,403,:eq,
:and,
uri,$ENDPOINT,:eq,:cq
```

[예제 4-33]은 rate 함수로 상태 코드를 모니터링하는 프로메테우스 쿼리다.

예제 4-33 HTTP 서버 요청에서 403 상태를 모니터링하는 프로메테우스 쿼리

```
sum(
  rate(
    http_server_requests_seconds_count{status="403", uri="$ENDPOINT"}[2m]
  )
)
```

다음 주제는 특정 애플리케이션 유형에 특화된 지표다. 나름 범용성을 갖추고 있다.

4.7.8 배치 및 장기 실행 작업

장기 실행 작업 중 발생하는 가장 위험한 상황은 예정보다 수행 시간이 길어지는 경우다. 신입 시절 필자가 담당했던 프로덕션 정기 배포는 야간에 수행되는 일련의 배치 작업이 끝난 후 진행됐다. 정상적인 상황에서 배치 작업은 오전 1시쯤 완료되며 배포 일정도 이 시간을 기준으로 수립된다. 배포용 아티팩트는 네트워크 관리자가 수동으로 업로드했다(배포와 전달은 5장에서 다룬다). 따라서 관리자는 오전 1시 전까지 준비를 마치고 컴퓨터 앞에 대기한다. 필자는 프로덕트 엔지니어링팀을 대표하는 위치에 있었으므로 1시 15분 무렵이면 간단한 테스트를 수행할 준비를 마치고 배포 과정에 발생할지 모를 긴급 상황에 대비해야 했다. 그때 당시 필자가 살던 곳은 인터넷이 안 되는 시골이라서 VPN에 접속할 수 있을 만큼 안정적인 휴대폰 신호를 확보하기 위해 매번 배포 시간에 맞춰 고속도로를 따라 인근 거주 구역까지 이동해야 했다. 가끔 배치 작업이 예정된 시간 안에 완료되지 않을 때면 길가에 차를 대고 앉아 몇 시간이고 기다리곤 했다. 프로덕션 배포를 하지 않는 날 배치 작업이 실패한다면 아마 다음 영업일쯤 되어야 사람들이 알아차릴 수 있었을 것이다.

장기 실행 작업을 마이크로미터 Timer로 관측하는 도중 SLO가 초과되면 작업이 실제로 완료

된 다음 결과를 알 수 있다. 1시간 내로 끝났어야 할 작업이 16시간 동안 실행된다면 그동안 모니터링 차트에는 아무런 데이터가 나타나지 않는다. 16시간 **이후** 첫 게시 시점에 가서야 데이터가 수집된다.

장기 실행 작업을 모니터링하려면 인플라이트 또는 활성 작업의 실행 시간을 측정해야 한다. 이런 역할을 하는 타이머가 **LongTaskTimer**다. [예제 4-34]는 장기적으로 실행될 가능성이 있는 작업의 수행 시간을 측정한다.

예제 4-34 예약 작업을 측정하는 어노테이션 기반 장기 작업 타이머

```
@Timed(name = "policy.renewal.batch", longTask = true)
@Scheduled(fixedRateString = "P1D")
void renewPolicies() {
    // 오늘부터 적용되는 보험 약관 갱신
}
```

장기 작업 타이머는 활성 작업 수, 최대 인플라이트 요청 기간, 모든 인플라이트 요청 기간 합계, 선택적 백분위 및 히스토그램 등 여러 가지 배포 통계를 제공한다.

[예제 4-35]는 작업 시간이 1시간이 넘는지 확인하는 아틀라스 쿼리다. 단위는 나노초다.

예제 4-35 장기 작업 타이머의 최대 경고 범위를 설정하는 아틀라스 설정

```
name,policy.renewal.batch.max,:eq,
3.6e12,  ❶
:gt
```

❶ 1시간을 나노초로 환산한 수치

프로메테우스는 [예제 4-36]처럼 설정한다.

예제 4-36 장기 작업 타이머의 최대 경고 범위를 설정하는 프로메테우스 설정

```
policy_renewal_batch_max_seconds > 3600
```

지금까지 효과적인 관측 기법들과 예시들을 살펴보았다. 지금쯤이면 독자 여러분도 모니터링 대시보드에 그래프를 추가하고 시각적 경로를 통해 의미 있는 정보와 통찰력을 얻을 것이라 예

상한다. 다음으로 이러한 지표들이 문제를 일으킬 때 자동으로 경고를 보내는 방법을 알아볼
것이다. 문제 상황을 감지하기 위해 항상 대시보드를 들여다볼 필요는 없다.

4.8 예측 경고 체계

고정된 경고 임곗값은 경험을 토대로 결정하기 어렵다. 시스템 성능은 시간의 영향을 받으므로
임곗값도 지속적으로 조율해야 한다. 시스템의 성능이 점점 감소하지만 용납할만한 수준으로
유지되고 있다면, 고정된 임곗값으로 인해 경고가 점점 더 많이 발생할 것이다. 반대로 시스템
성능이 향상됨에 따라 임곗값을 조정하지 않으면 성능 예상치의 신뢰성이 점점 하락할 것이다.

머신러닝을 이용해 모니터링 시스템에 자동으로 임계 범위를 설정할 수 있다는 주장은 꽤 과장
된 감이 있다. 아직 제대로 된 결과를 내놓는 수준은 아니다. 시계열 데이터 분석은 여전히 단
순한 고전적 통계가 강력한 위력을 발휘하는 분야다. 「통계적 머신러닝 예측 기법: 현황과 나아
갈 길(Statistical and Machine Learning Forecasting Methods: Concerns and Ways
Forward)」(*https://oreil.ly/J43UW*)에 따르면, 기존 통계 기법이 머신러닝 기법보다 예측
오류율이 낮다. [그림 4-33]은 이러한 결과를 입증하는 자료다.

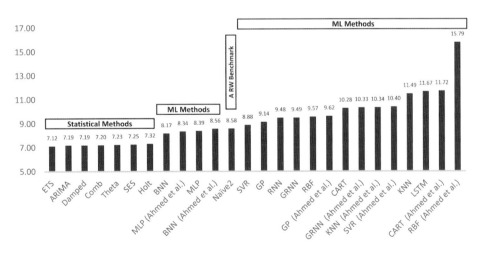

그림 4-33 통계와 머신러닝 기법의 1단계 예측 오류 비교

앞으로 몇 가지 통계적 기법을 살펴볼 것이다. 먼저 모든 모니터링 시스템에 적용할 수 있는 단순한naive 예측 기법부터 시작한다. 이후에 나올 내용은 모니터링 시스템에 따라 적용 여부가 다르다. 복잡한 수학 계산을 구현해야 하므로 시스템 내장 쿼리가 뒷받침되어야 한다.

4.8.1 단순한 방법

단순한 방법은 마지막 관찰 값을 기반으로 다음 값을 예측하는 간단한 휴리스틱heuristic이다.

$$\hat{y}_{T+1|T} = \alpha y_T$$

동적 경고 임곗값은 시계열에 특정한 배수를 곱하는 단순한 방법으로 구한다. 임곗값을 이용해 예측선을 그리고 실제선true line이 예측선 아래로 떨어지는지 관찰한다. 배수가 1보다 크면 반대로 예측선을 넘어가는지 확인하면 된다. 예를 들어 실제선이 시스템의 처리량 지표일 때 갑작스러운 처리량 저하는 서비스 중단을 예고하는 전조일 수 있다.

아틀라스는 경고 구간은 [예제 4-37]의 쿼리가 1을 반환하는 매순간이다. 이 쿼리는 아틀라스의 테스트 데이터용으로 설계됐다. 원하는 대로 테스트하고 배수를 바꿔 결과를 관찰하자.

예제 4-37 아틀라스에서 단순한 예측 기법으로 계산한 경고 구간

```
name,requestsPerSecond,:eq,
:dup,
0.5,:mul,    ❶
1m,:offset,   ❷
:rot,
:lt
```

❶ 임곗값의 조임tightness 정도를 설정하는 부분

❷ 예측의 기반이 될 과거 기간

[그림 4-34]는 단순한 방법으로 예측 임곗값을 구해 그래프로 나타낸 결과다. 곱셈 계수([예제 4-37] 쿼리에서 0.5)를 조절하며 임곗값이 실제값과 얼마나 비슷한지, 뾰족한 정도는 얼마나 감소하는지 확인해보자. 임곗값을 느슨하게 설정할수록 예측값도 덜 튄다는 것을 알 수 있

을 것이다. 즉 평활도는 합치도의 느슨함에 비례한다. '정상' 범주에서 50%까지 변동하도록 허용했음에도 불구하고 4번이나 겹치는 결과가 발생한다. [그림 4-34]에서 수직선이 그어진 위치다.

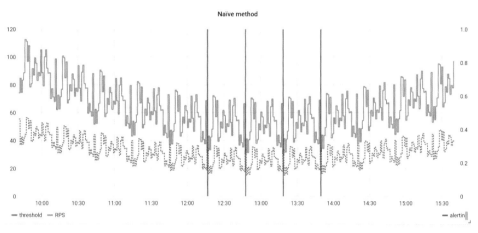

그림 4-34 단순한 예측

경고를 남발하지 않으려면 지표 예측 영역의 조임 정도를 낮춰야 한다. 예시에서 배율을 0.45 정도로 설정하면 경고가 발생하지 않는다. 물론 이렇게 하면 '정상' 범주에서 더욱 멀어져야 경고가 발생한다.

4.8.2 단일 지수 평활

원본 지표에 인수를 곱하기 전에 평활화시키면 임곗값이 원본 지표와 더 가까워지도록 조절할 수 있다. 단일 지수 평활은 [수식 4-1]로 정의한다.

수식 4-1 $0 \leq \alpha \leq 1$ 일 때

$$\hat{y}_{T+1|T} = \alpha y_T + \alpha(1-\alpha)y_{T-1} + \alpha(1-\alpha)^2 y_{T-2} + \cdots = \alpha \sum_{n=0}^{k} (1-a)^n y_{T-n}$$

α은 평활 매개변수다. $\alpha=1$일 때 모든 항은 0이 되고 단순한 방법의 계산식이 남는다. 1보다 작은 값일 때는 샘플의 중요도를 반영한다.

[예제 4-38]은 아틀라스 쿼리다. 단순한 방법과 마찬가지로 쿼리가 1을 반환하는 매순간이 경고 지점이다.

예제 4-38 아틀라스에서 단일 지수 평활 기법으로 계산한 경고 구간

```
alpha,0.2,:set,
coefficient,(,alpha,:get,1,alpha,:get,:sub,),:set,
name,requestsPerSecond,:eq,
:dup,:dup,:dup,:dup,:dup,:dup,
0,:roll,1m,:offset,coefficient,:fcall,0,:pow,:mul,:mul,
1,:roll,2m,:offset,coefficient,:fcall,1,:pow,:mul,:mul,
2,:roll,3m,:offset,coefficient,:fcall,2,:pow,:mul,:mul,
3,:roll,4m,:offset,coefficient,:fcall,3,:pow,:mul,:mul,
4,:roll,5m,:offset,coefficient,:fcall,4,:pow,:mul,:mul,
5,:roll,6m,:offset,coefficient,:fcall,5,:pow,:mul,:mul,
:add,:add,:add,:add,:add,
0.83,:mul,   ❶
:lt,
```

❶ 임계 구간의 조임 정도를 설정하는 부분

$\alpha \sum_{n=0}^{k} (1-a)^n$ 은 1로 수렴하는 기하 급수다. [표 4-3]은 $\alpha = 0.5$일 때 T에 따른 급수 변화를 나타낸다.

표 4-3 $\alpha = 0.5$일 때 1로 수렴하는 기하 급수의 변화

T	$(1-\alpha)^T$	$\alpha \sum_{n=0}^{k} (1-a)^n$
0	0.5	0.5
1	0.25	0.75
2	0.125	0.88
3	0.063	0.938
4	0.031	0.969
5	0.016	0.984

모든 T가 필요하지는 않으므로 선택한 일부 T에 대해 기하 급수의 합을 미리 구하고 평활 함수

에 곱한다. [그림 4-35]에서 각 선은 아래부터 순서대로 T가 1, T가 2일 때 계산된 예측값이며 제일 위는 실제 값을 나타낸다.

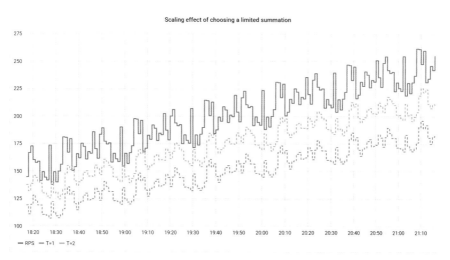

그림 4-35 선택적 합산의 규모 변화

[그림 4-36]은 α와 T가 동적 임곗값에 미치는 영향을 보여준다. 평활화 수준과 확장 정도를 확인할 수 있다.

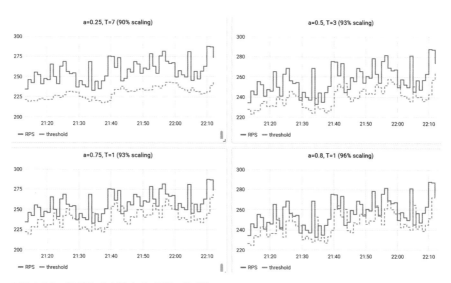

그림 4-36 α와 T에 따라 달라지는 평활도와 배율

4.8.3 범용 확장성 법칙

이번 절은 **과거**past 데이터를 평활화(동적 임곗값 산출)하는 기법에서 **미래**future 성능 예측으로 사고방식을 완전히 전환하는 분기점이다. 동시성/처리량이 현재 수준보다 증가할 때 기존 동시성 수준에서 관찰했던 성능의 일부 샘플만 이용해 향후 성능을 예측한다. 서비스 수준 목표 경계가 초과되고 나서 문제에 대응하면 이미 늦다. 현재 성능이 경계에 근접하는 순간을 미리 **예측**하고 경고를 발생시키면 사전에 문제 발생 가능성을 차단할 수 있다. 다시 말해 이 기술은 경험하지 못한 처리량에 설정된 SLO와, **예측**을 기반으로 설정된 서비스 수준 지표를 비교하는 도구다.

이 기술의 근간은 리틀의 법칙Little's Law과 USLUniversal Scalability Law이라는 두 가지 수학 이론이다. 수학적 설명은 최소한으로 줄일 것이다. 그나마 간간이 나오는 설명은 건너뛰어도 좋다. 더 자세한 내용은 VividCortex의 창립자인 바론 슈워츠의 『Practical Scalability Analysis with the Universal Scalability Law』을 참고하기 바란다. 인터넷에서 pdf 버전을 무료로 내려받을 수 있다.

> **TIP** **전달 파이프라인과 범용 확장성 법칙**
>
> 시스템에 발생할 SLA 위반을 예측하는 것 외에, 소프트웨어에 예상 트래픽을 발생시키는 용도로 텔레메트리를 활용할 수 있다. 최대 트래픽이 프로덕션보다 한참 낮은 소프트웨어가 있을 때 전송 파이프라인을 통해 프로덕션 수준 트래픽을 보내고 SLA를 만족하는지 예측한다. 이러한 방식으로 소프트웨어 신규 버전을 프로덕션에 배포하기 전에 먼저 트래픽 감당 여부를 테스트할 수 있다.

[수식 4-2]는 리틀의 법칙이다. 대기열 크기(N), 레이턴시(R), 처리량(X) 변수 사이의 관계로 대기열이 작동하는 원리를 설명한다. 대기열 이론을 SLI 예측에 적용하는 시도에 충격을 받은 독자들이 있을 것이다. 충격적인 게 당연하지만 걱정할 필요는 없다. 이 법칙을 SLI 예측에 대입하면 N은 시스템을 향한 요청의 동시성 수준, X는 처리량, R은 평균 또는 고백분위 레이턴시를 나타낸다. 세 변수로 이루어진 공식이므로 두 변수만 있으면 세 번째 변수를 유도할 수 있다. 우리의 관심사는 레이턴시(R) 예측이므로 동시성(N)과 처리량(X)에서 레이턴시를 유도해야 한다.

$$N \;=\; XR$$
$$X \;=\; N\,/\,R$$
$$R \;=\; N\,/\,X$$

[수식 4–3]은 범용 확장성 법칙이다. 이 법칙은 처리량 또는 동시성이라는 단일 변수로 레이턴시를 예측할 수 있다. 수식의 세 가지 계수는 마이크로미터가 제공하며 지속적으로 갱신된다. 마이크로미터는 현재까지 관찰한 시스템 성능을 바탕으로 계수를 유지하고 관리한다. USL은 κ를 혼선 비용, ϕ를 경합 비용, λ를 무부하 상태의 시스템 작동 속도로 정의한다. 계수는 고정된 값이며 셋 중 한 값에 의존해 레이턴시, 처리량, 동시성을 예측할 수 있다. 이 계수는 마이크로미터가 실시간으로 게시하므로 시간의 변화에 따라 시스템의 주요 성능이 어떤 형태로 변화하는지 비교할 수 있다.

수식 4-3 범용 확장성 법칙

$$X\left(N\right) = \frac{\lambda N}{1 + \phi\left(N-1\right) + \kappa N\left(N-1\right)}$$

변수들을 적절히 치환하면 [수식 4–4]처럼 R을 X 또는 N에 대한 방정식으로 유도할 있다. 다시 한번 강조하지만 실제 계산은 마이크로미터가 수행하므로 이 수식에 대해 너무 깊게 생각하지 않기 바란다.

수식 4-4 처리량 또는 동시성의 함수로 표현한 예측 레이턴시

$$R\left(N\right) = \frac{1 + \phi\left(N-1\right) + \kappa N\left(N-1\right)}{\lambda}$$

$$R\left(X\right) = \frac{-\sqrt{X^2\left(\kappa^2 + 2\kappa\left(\phi-2\right) + \phi^2\right) + 2\lambda X\left(\kappa-\phi\right) + \lambda^2} + \kappa X + \lambda - \phi X}{2\kappa X^2}$$

그래프로 나타내면 [그림 4–37]처럼 근사한 2차원 투사도가 된다.

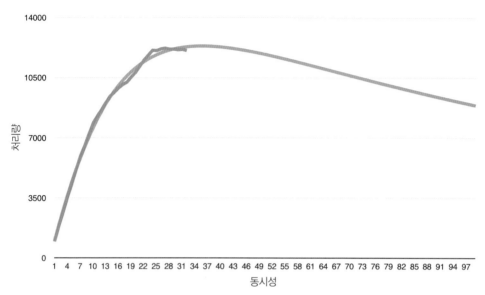

그림 4-37 다양한 처리량 수준에 따른 USL 기반 레이턴시 예측

USL 예측은 마이크로미터가 '유도한' Meter의 일종이다. [예제 4-39]는 USL 미터를 활성화시키는 예시 코드다. 마이크로미터는 다양한 처리량/동시성 수준에서 예측 데이터를 생성하고 간격마다 Gauge 미터로 게시한다. 처리량과 동시성은 상호 연관된 측정 지표이므로 서로 자리를 교체할 수 있다고 간주한다. 예측 타이머 그룹을 선택하면 마이크로미터는 다음과 같은 접두어로 시작하는 메트릭들을 추가로 함께 게시한다. 타이머 그룹의 이름은 항상 동일하다.[1]

timer.name.forecast

예측치를 나타내는 일련의 Guage 미터. 선택한 독립 변수 유형에 따라 throughput 또는 concurrency 태그를 담는다. 특정 시간 간격에 이 게이지를 그리면 [그림 4-37]처럼 시각화된다.

timer.name.crosstalk

시스템의 누화crosstalk에 대한 직접적인 측정값. 분산 시스템의 팬아웃fan-out과 비슷하다. 「물레:

---

1 옮긴이_본문에서 제시하는 USL 메트릭과 클래스는 현재 마이크로미터에서 지원하지 않는다. 그러나 USL 이론은 매우 유용한 개념이니 본문과 예시를 참고해 직접 구현해보기 바란다.

확장 가능한 분산 데이터 저장소의 팬아웃 제어(Moolle: Fan-out Control for Scalable Distributed Data Stores)」(*https://oreil.ly/y6q09*)를 참고하기 바란다.

timer.name.contention

시스템의 경합[contention]에 대한 직접적인 측정값. 관계형 데이터베이스의 테이블 락[locking]을 비롯해 일반적인 락 동기화가 여기 해당한다.

timer.name.unloaded.performance

언로드 성능 측정값. 정상[ideal] 언로드 성능이 향상(예: 프레임워크 성능 향상)되면 로드 상태에서도 향상된다고 예상할 수 있다.

예제 4-39 마이크로미터의 범용 확장성 법칙 예측 설정

```
UniversalScalabilityLawForecast
    .builder(
      registry
        .find("http.server.requests") // ❶
        .tag("uri", "/myendpoint") // ❷
        .tag("status", s -> s.startsWith("2")) // ❸
    )
    .independentVariable(UniversalScalabilityLawForecast.Variable.THROUGHPUT) // ❹
    // 최대 1,000 요청/초(처리량)까지 예측한다.
    .maximumForecast(1000)
    .register(registry);
```

❶ 이름이 http.server.requests인 타이머 미터의 결과를 검색한다. 태그값은 달라도 이름이 같은 미터는 여러 개 존재할 수 있다.

❷ 특정 카-값 태그 쌍이 있는 타이머만 검색해 예측 데이터를 제한한다.

❸ 태그값도 람다로 제한할 수 있다. 예를 들면 예측 데이터를 HTTP '2xx' 상태만으로 제한한다.

❹ Gauge 히스토그램의 도메인은 UniversalScalabilityLawForecast.Variable.CONCURRENCY 또는 UniversalScalabilityLawForecast.Variable.THROUGHPUT이며 기본값은 THROUGHPUT이다.

애플리케이션이 현재 처리량에서 경험하는 레이턴시는 '예측된' 레이턴시에 거의 근접한다. 현재 처리량보다 확장된 값을 기반으로 경고를 설정하면 확장된 처리량의 예측 레이턴시가 SLO

보다 여전히 낮은지 사전에 검증할 수 있다.

모델링으로 예상한 처리량은 SLI를 예측할 수 있는 지표다. 또한 누화, 경합, 언로드 성능을 모델링한 값은 애플리케이션에 성능 향상 여지가 있는 지점을 가리키는 강력한 지표다. 결과적으로 누화, 경합의 감소와 언로드 성능 증가는 시스템의 예측 레이턴시와 실제 레이턴시에 모두 직접적으로 영향을 미친다.

4.9 마치며

이번 장은 모든 자바 마이크로서비스에서 모니터링해야 할 가용성 신호와 관찰 도구를 살펴봤다. 스프링부트 같은 자바 프레임워크는 유용한 가용성 신호들을 내장한다. 또한 카운터나 타이머 등의 메트릭을 시각화하고 경고 체계를 구축하는 일반적인 기법을 논의했다.

비즈니스용 메트릭을 위주로 마이크로서비스의 가용성을 탐구하는 것도 중요하지만, 기본적인 신호들을 다루면서 자신의 서비스가 어떤 식으로 작동하는지 이해하는 과정에 더 큰 의미가 있다.

조직은 대시보드를 구축하고 경고 체계를 수립하기 위해 노력해야 한다. 이번 장에서 배운 그라파나는 특정 업체에 종속되지 않는 오픈 소스이며, 다양한 모니터링 시스템의 데이터를 수용할 수 있는 보증된 선택지다.

다음 장의 주제는 전달 자동화다. 가용성 신호가 신규 마이크로서비스 릴리스의 적합성을 결정짓는 데 어떤 역할을 하는지 배울 수 있다. 효과적인 전달의 의의는 배포 작업 자체가 아닌, 모니터링을 행동으로 전환하는 동력에 있다.

멀티 클라우드와 지속적 전달의 안전성

텔레메트리는 효과적인 전달 체계를 수립하는 과정에 매우 중요한 역할을 한다. 이번 장을 후반부에 넣은 이유가 바로 이 점 때문이다. 흥미롭게도, 소프트웨어 배포의 안전성을 담보하는 가장 큰 요인으로 테스트에 방점을 찍는 조직이 많다. 그러나 이들 대부분은 사용자 경험과 직접적, 실제적으로 관련된 지표를 측정하고 있지 않다.

이번 장은 지속적 배포continuous distribution 도구인 스피나커를 중점적으로 설명한다. 그러나 앞선 장들과 마찬가지로 스피나커가 아닌 다른 도구를 써도 소기의 목적을 달성할 수 있다. 시중에서 인정받은 CD 도구에 모두 통용되는 최소한의 지식 기반을 제공하고자 한다.

스피나커는 2014년 넷플릭스에서 처음 개발한 지속적 전달 솔루션이다. 스피나커의 전신은 아스가르드Asgard라는 도구로, 처음에는 AWS에 올라간 마이크로서비스를 관리하기 위한 용도로 제작됐다. 아스가르드는 넷플릭스가 감당해야 했던, 전례가 없는 AWS 소비 규모에 대응하기 위해 제작된 AWS 콘솔 대체물이었다. 또한 애플리케이션 개발자용으로 만들어졌다. 언젠가 필자가 AWS 콘솔에서 보안 그룹을 선택하던 때가 문득 떠오른다. 당시 AWS의 그룹 선택 UI는 일반적인 HTML select 메뉴로 제공됐으며 기본적으로 노출된 항목은 4개였다. 이 UI를 통해 수천 개(전례가 없는 규모)에 달하는 전체 보안 그룹 중 특정 항목을 선택해야 했다. 설상가상으로 각 그룹의 가용 여부도 표시되지 않았다. 이렇듯 낮은 사용성이야 말로 아스가르드를 제작하게 된 직접적인 원동력이었으며 훗날 스피나커를 탄생시킨 일등 공신인 셈이다. 아스가르드는 AWS 콘솔의 애플리케이션 인벤토리에 일부 기능을 더한 형태에 가까웠다. 현재 스피나커는 여기에 파이프라인 기능이 **추가**됐다고 생각하면 쉽다.

스피나커는 2015년 오픈 소스로 공개됐고 초기부터 IaaS 구현이 탑재됐다. 구글, 피보탈Pivotal, 아마존, 마이크로소프트 같은 클라우드 제공 업체를 비롯해 타깃target 같은 최종 사용 주체에 이르기까지 폭넓은 개발 집단이 스피나커에 기여하고 있다. 또한 이들 중 다수가 지식을 모아 스피나커 전문 서적(*https://bit.ly/3e1xkDD*)을 간행하기도 했다.

이번 장에서 설명하는 기법들은 모두 다양한 플랫폼에 적용할 수 있다.

5.1 플랫폼 유형

플랫폼의 유형은 매우 다양하지만 애플리케이션 운영이라는 측면에서 보면 놀라울 정도로 공통적인 부분이 많다. 이번 장에서 소개하는 개념은 대부분 플랫폼에 대해 중립적이다. 크게 봤을 때 플랫폼은 다음 범주 중 하나에 속한다.

서비스형 인프라

서비스형 인프라infrastructure as a service(IaaS)는 가상화 컴퓨팅 자원을 서비스로 제공한다. IaaS 공급자는 전통적으로 서버, 스토리지, 네트워킹 하드웨어, 하이퍼바이저hypervisor 계층을 책임지며, 이 리소스들을 관리하는 API와 사용자 인터페이스를 제공한다. IaaS를 사용한다는 말은 물리적 하드웨어를 IaaS로 대체한다는 뜻이었다. IaaS에서 리소스를 프로비저닝하려면 가상 머신 이미지를 구축해야 하며, 배포 과정에서 전달 파이프라인 특정 지점에서 VM 이미지를 빌드한다.

서비스형 컨테이너

서비스형 컨테이너container as a service(CaaS)는 VM이 아닌 컨테이너에 특화된 IaaS다. 컨테이터 형태로 앱을 배포하므로 추상화 수준도 더 높다. 쿠버네티스는 클라우드 공급 업체와 온프레미스 환경을 아우르며 CaaS 생태계에서 사실상 표준 기술 스택으로 자리매김했다. 또한 이 책에서 다루지 않는 다양한 서비스를 제공한다. CaaS에 애플리케이션을 배포하려면 전달 파이프라인에 컨테이너 빌드 단계를 추가로 구성해야 한다. 앱 빌드 시점에 컨테이너를 빌드하는 경우도 더러 있다.

서비스형 플랫폼

서비스형 플랫폼platform as a service (PaaS)은 세부적인 인프라를 근본적인 수준에서 한층 더 추상화한다. JAR 또는 WAR 등의 애플리케이션 바이너리를 PaaS API를 통해 직접 업로드하면 PasS가 이미지를 빌드하고 프로비저닝까지 직접 수행한다. 'as a service'의 본령을 넘어, 고객 데이터센터에 구축된 가상 인프라를 기반으로 PaaS를 계층화시키는 클라우드 파운드리 같은 업체도 있다. 더 나아가 IaaS 상위에 계층화시켜 IaaS 리소스 모델을 완전히 추상화시키는 서비스도 제공한다. 업체별 클라우드 중립성을 일정 정도 유지하고 싶거나 사설 및 공용 클라우드 혼성 환경에서 전달 및 관리 워크플로를 비슷하게 일치하고 싶을 때 이러한 서비스를 이용한다.

이처럼 플랫폼을 추상화시킨 시스템은 전문 업체를 통하지 않고 직접 구축할 수도 있다. 실제로 많은 대기업이 직접 클라우드 네이티브 인프라를 구축하고 운영한다. 탄력적이고, 자가 제공self-serve 가능하며 API에 기반한 플랫폼이라면 핵심 요건을 이미 갖췄다고 볼 수 있다.

이 장 전체를 관통하는 중요한 전제는 우리가 구축할 인프라가 불변immutable의 존재라는 것이다. VM 이미지를 빌드하고, 인스턴스를 구동하고, 애플리케이션을 탑재하는 모든 과정에 IaaS가 제약을 거는 부분은 없다. 그러나 이러한 방식으로 새 인스턴스가 프로비저닝되고 애플리케이션과 각종 지원 소프트웨어가 탑재되는 순간, VM 이미지가 '굳혀졌다baked'고 간주할 것이다.

또한 이렇게 배포된 애플리케이션이 모두 클라우드 네이티브라고 간주한다. 클라우드 네이티브의 정의는 출처마다 조금씩 다르다. 이번 장에서 다루는 배포 전략과 애플리케이션은 12 팩터 방법론(*https://12factor.net*) 중 스테이트리스stateless라는 최소한의 원칙에 부합한다. 이를 클라우드 네이티브의 요건으로 간주하며 그 외는 부차적인 요소로 본다.

필자가 넷플릭스에서 관리했던 모 서비스는 시작 시간만 보통 40분이 넘게 걸리곤 했다. 서비스 가처분 용이성 면에서 납득하기 어려운 수준이었지만 달리 방도가 없었다. 같은 서비스를 AWS에서 운영하려면 메모리 공간이 매우 큰 인스턴스를 써야 했다. 그러나 예약 풀이 넉넉치 않아 최대 4개 인스턴스만 실행할 수 있었다. 바로 이 점이 이 필자의 선택을 제약하는 요인이었다. 블루/그린 배포(5.7절 참고)를 진행하려면 비활성 클러스터를 일정 수준 이상 확보해야 하기 때문이다.

논의를 진행하기에 앞서 앞으로 사용할 몇 가지 용어의 개념을 통일해야 한다. 모든 플랫폼에 공통적인 리소스 블록들을 먼저 살펴보자.

5.2 자원 유형

플랫폼 중립적인 전달 체계를 논의하려면 먼저 추상화 요소들을 개념적으로 정립해야 한다. 다음은 스피나커에서 정의한 추상화 요소들이며 매우 보편적이므로 다양한 플랫폼 유형에 적용할 수 있다.

인스턴스

인스턴스는 마이크로서비스의 실행 복사본이다. 개발자 머신의 로컬 복사본은 예외다. 프로덕션 트래픽이 개발 환경 안에서 길을 잃는 일이 없길 진심으로 바란다. AWS EC2와 클라우드 파운드리 플랫폼은 '인스턴스'라는 용어를 그대로 사용한다. 쿠버네티스는 인스턴스를 파드pod라 지칭한다.

서버 그룹

서버 그룹은 한 묶음으로 관리되는 인스턴스 집합을 가리킨다. 인스턴스 집합을 관리하는 방식은 플랫폼마다 다르지만 현재 실행 중인 인스턴스 수는 대부분 확실하게 제어하는 편이다. 서버 그룹에 속한 모든 인스턴스는 동일한 코드와 설정을 탑재한다고 가정한다. 애플리케이션이 불변하다고 간주하기 때문이다. 인스턴스가 하나도 소속되지 않은 서버 그룹도 논리적으로 존재할 수 있으며 언제든지 인스턴스가 추가될 잠재적 가능성이 있다. AWS EC2에서 서버 그룹은 오토 스케일링 그룹Auto Scaling group이라 불린다. 쿠버네티스는 배포deployment와 레플리카셋ReplicaSet(롤아웃rollout을 배포에서 관리할 때)을 조합하면 대략적으로 서버 그룹과 비슷한 위치에 놓인다. 클라우드 파운드리에서 서버 그룹은 애플리케이션이라 표현한다. 곧이어 설명할 애플리케이션 항목과 혼동하지 않기를 바란다. 이번 장에서 통용되는 애플리케이션은 후자를 가리킨다.

클러스터

클러스터는 여러 리전에 걸친 서버 그룹 집합이다. 리전이 같아도 서버 그룹마다 마이크로서비스 버전이 다를 때도 있다. 클러스터는 서로 다른 클라우드 제공 업체에 걸쳐 구성되지 **않는다**. 매우 유사한 두 클러스터를 각기 다른 클라우드 업체에서 운영하는 경우는 있지만 이 둘은 서로 다른 고유한 클러스터로 간주한다. 클러스터는 클라우드 제공 업체의 실제 리소스 타입과는 무관한 논리적인 개념이다. 더 엄밀하게 말하자면 특정 플랫폼에 다중 설치된 리소스도 클러스터 구성 요소로 보지 않는다. 따라서 클라우드 파운드리와 쿠버네티스 클러스터로 다중 운영되는 리소스는 한 클러스터가 될 수 없다. AWS EC2의 오토 스케일링 그룹이나 쿠버네티스의 배포 집합이 클러스터 단위에서 최상위 추상화 계층이다. 플랫폼에서 리소스를 생성하면 스피나커는 적절하게 이름을 지정하고 메타데이터를 부여하는 방식으로 클러스터 각각을 관리한다.

애플리케이션

애플리케이션은 하나의 특정 리소스가 아니라 논리적 비즈니스 기능을 의미한다. 실행 중인 모든 애플리케이션 인스턴스가 애플리케이션에 속하며 여러 리전, 여러 클러스터에 걸쳐 존재할 수 있다. 클라우드 공급자를 전환하는 과정에 있거나 한 공급자에 얽매일 수 없는 특수한 비즈니스 상황에 처했거나, 혹은 여타의 사유로 다양한 클라우드 공급 업체에 걸쳐 애플리케이션을 구성하기도 한다. 비즈니스 기능을 수행하는 프로세스는 모두 애플리케이션이라는 큰 개념의 일부다.

로드 밸런서

로드 밸런서는 하나 이상의 그룹에 속한 인스턴스들에 개별 요청을 할당하는 컴포넌트다. 로드 밸런서 대부분은 특정 전략 또는 알고리즘에 따라 트래픽을 할당한다. 또한 대상 마이크로서비스 인스턴스가 트래픽을 감당할 수 있는 상태인지 확인하는 기능이 있다. AWS EC2의 로드 밸런서는 애플리케이션 로드 밸런서Application Load Balancer(또는 구형 엘라스틱 로드 밸런서Elastic Load Balancer)다. 쿠버네티스는 서비스service 리소스, 클라우드 파운드리는 라우터router가 로드 밸런서 역할을 한다.

방화벽

방화벽은 서버 그룹의 수신 및 송신을 제어하는 규칙을 제공한다. AWS EC2에서 방화벽은 시큐리티 그룹Security Group이라 불린다.

스피나커의 쿠버네티스 구현 방식은 다소 독특하다. 스피나커는 내부적으로 `kubectl apply`

명령을 실행해 매니페스트manifest를 쿠버네티스 클러스터에 전달하기 때문에 실제로 어떠한 쿠버네티스 리소스라도 배포할 수 있다. 또한 스피나커를 사용하면 매니페스트를 템플릿 형식으로 제공해 내부 요소를 변수로 처리할 수 있다. ReplicaSets/Deployments/StatefulSets 등의 Kubernetes 개체를 서버 그룹에 매핑하고 서비스를 로드 밸런서에 매핑하면 각각의 변수가 알맞게 대체된다.

[그림 5-1]은 쿠버네티스 ReplicaSet을 조회하는 스피나커 화면이다. 이 화면은 리소스 편집, 확장, 비활성화, 삭제 기능도 제공한다. 화면에서 replicaSet helloworldapp-frontend는 쿠버네티스 리소스명과 유형을 조합해 명명한 '클러스터' 자원이며, 하나 이상의 쿠버네티스 네임스페이스에 속한 ReplicaSet 집합으로 구성된다. HELLOWORLDWEBAPP-STAGING은 쿠버네티스 네임스페이스를 나타내며 '리전'에 해당한다. helloworldapp-frontend-v004는 서버 그룹(ReplicationSet)이다. 각 블록은 쿠버네티스 파드를 가리키며 '인스턴스'에 해당한다.

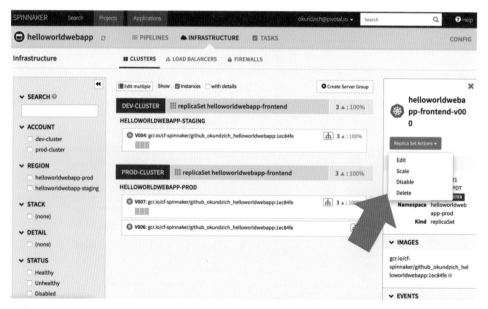

그림 5-1 3개의 쿠버네티스 ReplicaSet을 조회하는 스피나커 화면과 주요 기능

5.3 전달 파이프라인

스피나커 파이프라인은 시중의 여러 솔루션 중 하나일 뿐이다. 파이프라인 솔루션은 오픈 소스 뿐만 아니라 상용 솔루션도 많다. 저수준 도구인 스프링 클라우드 파이프라인, 빌딩 블록까지 다루는 지속적 전달 파이프라인 도구인 JenkinsX 등 다양한 선택지가 있다. 이번 장은 스피나커 파이프라인을 위주로 설명하지만 타 솔루션을 염두에 두고 있다면 다음과 같은 핵심 기능들을 고려하기 바란다.

플랫폼 중립성

전달 솔루션이 반드시 모든 플랫폼을 지원할 필요는 없다. 그러나 쿠버네티스의 커스텀 리소스 정의처럼 특정 플랫폼에 명시적으로 고정되는 기술도 있다는 점을 유념해야 한다. 전달 솔루션이 플랫폼에 고정되면 전달 도구도 플랫폼에 맞게 각각 구축해야 한다. 일반적으로 기업의 규모가 일정 수준을 넘어서면 플랫폼을 혼성으로 구성하는 경우가 매우 많다. 필연적이라고 여겨도 좋다.

자동 트리거

파이프라인은 이벤트를 기반으로 구동된다. 그중에서 특히 아티팩트 입력으로 발생하는 변경 사항은 자동으로 트리거를 발동시켜야 한다. 아티팩트 트리거를 이용해 인프라를 안전하고 능숙하게 복구하는 방법은 5.4절에서 자세히 설명한다.

확장성

우수한 파이프라인 솔루션은 각 파이프라인의 연산적 특성과 차이를 드러낸다. '배포^{deploy}' 스테이지는 새로운 리소스를 프로비저닝하기 위해 플랫폼 API 엔드포인트를 실행하는 단계다. 이 단계에서 소모하는 연산 자원은 매우 적으며 수 분에 걸쳐 실행되더라도 크게 증가하지 않는다. 파이프라인 서비스 인스턴스 하나만으로 수천 개의 배포 스테이지를 병렬로 진행할 수 있다. '스크립트 실행'은 그레이들 작업 등을 실행하는 단계다. 이 부분이야 말로 자원적 부담이 과중되는 구간이다. 리소스 사용률이 파이프라인의 성능에 영향을 주지 않도록 컨테이너 스케줄러 등의 전담 도구에 역할을 위임하는 것이 좋다.

지속적 통합 도구로 배포를 진행하면 상당히 비효율적으로 자원을 소모하기 쉽다. 일전에 방문했던 어느 금융 기관은 CI 시스템으로 컨코스Concourse를 사용하고 있었는데 배포 작업에만 연간 수백만 달러를 지출하고 있었다. 아마존 클라우드에 스피나커를 설치하고 운영한 뒤로 이 비용은 15,000달러 남짓으로 감소했다. 전체 규모는 EC2의 m4.large 인스턴스 30대 정도에 불과했다. 리소스 비효율성이 영향을 미치는 방향은 비교적 쉽게 전환시킬 수 있다. 연산 복잡도가 임의로 폭증할 수 있는 단계는 호스트에서 실행하면 안 된다. 또한 스피나커 Orca 서비스 파이프라인에 포함시켜서도 안 된다.

클라우드 제공 업체는 저마다 자신만의 **색깔**을 내비친다. 배포 리소스 유형마다 추상화 수준도 제각각이다.

스피나커 파이프라인을 구성하는 스테이지는 클라우드 중립 원칙을 거의 준수한다. 기본 블록은 모든 클라우드 공급자가 동일하지만 '배포' 등 일부 단계는 플랫폼마다 다르다.

[그림 5-2]는 쿠버네티스 배포용 스피나커 파이프라인 정의를 나타낸다. 파이프라인의 복잡도는 임의적arbitarily이며 설정에 따라 스테이지를 병렬로 구성하거나 트리거를 다중으로 걸 수 있다.

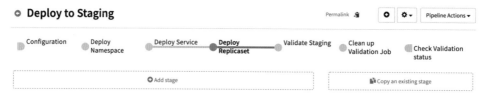

그림 5-2 스피나커 파이프라인 스테이지 상세 구조

스피나커는 다양한 트리거 유형을 지원한다. 앞선 파이프라인은 [그림 5-3]처럼 도커 레지스트리에 새 컨테이너 이미지를 게시하면 발동된다.

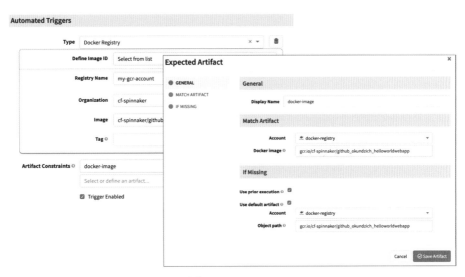

그림 5-3 스피나커의 Expected Artifact 정의

[그림 5-4]는 앞선 두 스피나커 파이프라인의 실행 기록을 보여주는 화면이다. 최근 Staging 파이프라인은 도커 레지스트리에 신규 컨테이너가 게시될 때 트리거가 발동되어 자동으로 실행되었다. 그 외 환경의 파이프라인은 수동으로 작동된다.

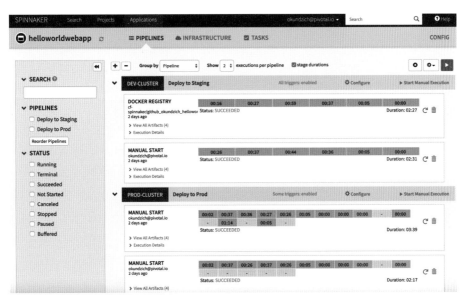

그림 5-4 스피나커의 두 전달 파이프라인

모든 전달 파이프라인은 애플리케이션 패키징 작업으로 시작된다. 이 패키지는 더 이상 변경할 수 없는 불변 배포 단위이며 서버 그룹에서 인스턴스로 복제된다.

5.4 클라우드용 패키징

클라우드 플랫폼들이 제공하는 추상화 유형은 저마다 시작 시간, 리소스 효율성, 비용 등을 절충해 결정된다. 그러나 마이크로서비스를 패키징하는 데 드는 수고는 플랫폼이 달라도 큰 차이가 없어야 한다.

start.spring.io(*https://start.spring.io*)에서 애플리케이션을 생성하면 독립 실행용 JAR을 생성하는 그레이들 또는 메이븐 빌드 설정이 포함된다. JAR은 클라우드 파운드리나 헤로쿠 같은 PaaS 플랫폼의 배포 입력 단위다. 독립 실행 JAR을 컨테이너로 변환하거나 패키징하고 리소스에 프로비저닝하는 것은 모두 클라우드 공급자의 몫이다.

PaaS 이외의 클라우드 플랫폼을 채택한 애플리케이션팀도 작업량은 별반 다르지 않다. 이번장의 예제들은 그레이들로 구현하며 IaaS 및 CaaS를 모두 지원한다. 물론 메이븐을 이용해도 동일한 기능을 활용할 수 있다.

PaaS 제공 업체는 일반적으로 사용자가 애플리케이션 바이너리만 제공하면 나머지는 시스템이 처리한다고 강조한다. 모든 배포 과정은 물론 운영체제와 패키지 패치까지 모두 PaaS가 투명하게 관리한다는 뜻이다. 그러나 실제로는 이렇게 깔끔하게 진행되지 않는다. 클라우드 파운드리는 롤링 패치를 진행할 때 서버 그룹(클라우드 파운드리의 'application')의 인스턴스를 하나씩 업데이트 한다. 그러나 이러한 방식도 완벽히 안전한 것은 아니다. 가령 운영체제 업데이트 자체가 현재 실행 중인 애플리케이션에 악영향을 미칠 가능성이 있다. 따라서 플랫폼이 사용자 대신 자동으로 적용하는 시스템 변경 유형은 위험과 보상을 신중하게 절충해 선정해야한다. 이 '유형'에 해당하지 않는 패치나 업데이트는 애플리케이션 계층에서 수행한다. 클라우드 파운드리는 이를 빌드팩^{buildpack}이라 부른다. 가령 자바 버전을 업그레이드하려면 빌드팩을 업데이트해야 한다. 해당 자바 빌드팩을 사용하는 모든 애플리케이션이 업데이트 대상이며, 플랫폼은 이를 자동으로 수행하지 않는다. 빌드팩을 업데이트하고 재배포하는 역할은 온전히 조직에서 담당한다.

PaaS 이외의 플랫폼 환경은 JAR 이외의 아티팩트를 빌드하는 과정이 추가되어 손이 조금 더 가는 편이다. 또한 서비스 인프라 전체에 패치를 진행할 때는 배포 파이프라인에 추가적인 스테이지를 두어 제어의 용이성과 유연성을 확보해야 한다. IaaS는 가상 머신, CaaS는 컨테이너 이미지를 다루지만 기본 이미지 위에 애플리케이션을 '굽힌다'는 원칙은 동일하다. 따라서 애플리케이션 바이너리와 기본 이미지를 각각 정의한 다음 마이크로서비스 전달 파이프라인에 별도로 입력해야 한다. [그림 5-5]는 마이크로서비스 애플리케이션이 프로덕션에 배포되는 과정을 나타낸 파이프라인 구성도다. 먼저 테스트 환경에 배포하고 테스트를 진행한 다음 감사Audit를 거쳐 최종적으로 프로덕션에 배포한다. 이 과정에서 스피나커가 지원하는 트리거 유형들을 눈여겨보기 바란다. 하나는 애플리케이션 바이너리, 다른 하나는 기본 이미지를 대상으로 한다.

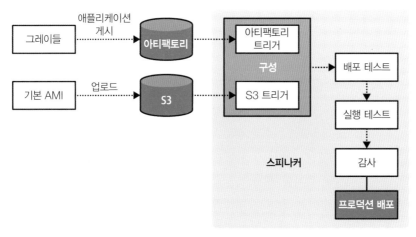

그림 5-5 기본 이미지가 변경되면 발동되는 파이프라인 트리거

같은 조직에서 운영하는 마이크로서비스라도 프로덕션에 이르는 배포 단계는 제각각이며 앞선 예시보다 많거나 적을 수 있다. 이를 결정짓는 조건은 애플리케이션 아티팩트와 기본 이미지 사이의 조합 적합도다. 기본 이미지가 변경될 때 파이프라인 **트리거**trigger를 기동시키는 방식은 안전성과 속도 사이에서 이상적인 균형을 이룬다. 모든 배포 단계가 완전히 자동화된 마이크로서비스는 수 분 안에 기본 이미지를 교체할 수 있는 반면, 더 엄격한 승인 단계를 거쳐 수동으로 배포되는 서비스는 이 과정에 며칠이 걸리기도 한다. 어떤 방식을 선택할지는 결국 담당팀의 고유한 문화와 요구 조건에 달려 있다.

5.4.1 IaaS 플랫폼용 패키징

IaaS 플랫폼에서 배포 불변 단위는 가상 머신 이미지다. AWS EC2에서는 이 이미지를 아마존 머신 이미지라고 부른다. 가상 머신 이미지 생성 과정은 기본 이미지 인스턴스를 프로비저닝하고 애플리케이션 바이너리에 필요한 시스템 의존성을 설치하는 과정을 동반한다. 또한 기본 이미지는 자바 버전, 공통 의존성, 모니터링 및 디버깅 에이전트 등의 보편적 설정이 동시에 적용되는 자원이다. 애플리케이션 바이너리가 담길 이미지에 시스템 의존성을 설치한 다음 스냅샷을 생성한다. 이 이미지는 마이크로서비스 인스턴스를 프로비저닝하고 서버 그룹을 구성할 때 템플릿으로 사용된다.

인스턴스 프로비저닝, 시스템 의존성 설치, 스냅샷 생성 프로세스를 묶어 **베이킹**baking이라 부른다. 베이킹 작업을 진행할 때 반드시 기본 이미지를 실제로 구동시킬 필요는 없다. 해시코프 패커Packer (*https://www.packer.io*) 서비스는 다양한 IaaS 공급자에 맞는 오픈 소스 베이킹 솔루션을 제공한다.

[그림 5-6]은 빌드 도구, 베이커리, 클라우드 서버 그룹의 담당 영역을 나타낸다. 베이킹 프로세스는 스피나커 파이프라인 스테이지에서 시작된다. 여기서 만들어진 이미지로 서버 그룹을 생성한다. 마이크로서비스를 빌드하는 부분을 보면 프로덕션 시스템 의존성이라는 추가적인 요구 사항이 있다. 프로덕션의 기본 이미지가 우분투Ubuntu, 데비안Debian, 레드햇Red Hat 등으로 나뉘면 의존성도 데비안 패키지, 레드햇 RPM 등으로 각각에 맞게 구성된다. 애플리케이션 바이너리를 기본 이미지에 입히려면 결국 베이킹 과정에서 어떤 식으로든 운영체제 수준의 패키지 인스톨러를 호출(예: `apt-get install <system-package>`)하게 된다.

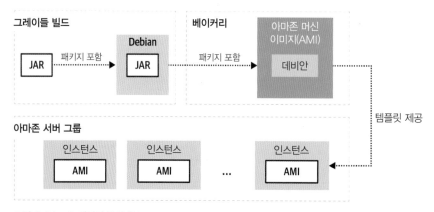

그림 5-6 IaaS 패키징 구성 요소

넷플릭스의 네뷸라 플러그인을 이용하면 데비안이나 RPM 의존성을 손쉽게 생성할 수 있다. [예제 5-1]처럼 네뷸라 플러그인을 추가하면 buildDeb이라는 그레이들 태스크가 추가된다. 스프링부트용 데비안 패키지를 생성하는 모든 과정이 buildDeb 태스크 하나로 완료된다. 설정 파일에 단 한 줄만 추가했을 뿐이다.

예제 5-1 네뷸라 플러그인으로 데비안 패키지를 생성하는 그레이들 설정

```
plugins {
  id("org.springframework.boot") version "LATEST"
  id("io.spring.dependency-management") version "LATEST"
  id("nebula.ospackage-application-spring-boot") version "LATEST" // ❶
}

...
```

❶ LATEST는 실제로 사용할 수 없는 버전 명세다. 그레이들 플러그인 포털(*https://oreil.ly/xPGaq*)에 게시된 최신 버전으로 LATEST 부분을 교체하자.

ospackage 플러그인은 시작 스크립트를 통해 설정 파일 위치나 아티팩트 출력 위치를 지정할 수 있다. 그러나 이러한 설정들은 최대한 캡슐화시키고 마이크로서비스 사이에서 공통성을 유지해야 한다. 넷플릭스는 nebula.ospackage-application-spring-boot을 통해 빌드 도구 플러그인을 구축하고 배포하는 방식으로 이러한 공통성을 확보했다.

5.4.2 컨테이너 스케줄러용 패키징

쿠버네티스처럼 컨테이터 스케줄러를 지원하는 환경은 마이크로서비스 배포 준비 과정도 대체로 비슷하다. 일부 프레임워크는 전용 패키징 도구가 이미 오픈 소스로 개발되어 있다. [예제 5-2]는 스프링부트용 패키징 설정이다. 이처럼 특정 플러그인에 약간의 설정을 가미하면 도커 레지스트리에 이미지를 게시할 수 있다. 더 나아가 조직 전체에서 사용할 공통 빌드 도구로 쉽게 캡슐화시킬 수 있다.

```
plugins {
  id("org.springframework.boot") version "LATEST"
  id("io.spring.dependency-management") version "LATEST"
  id("com.bmuschko.docker-spring-boot-application") version "LATEST"
}

if (hasProperty("dockerUser") && hasProperty("dockerPassword")) {
  docker {
    registryCredentials {
      username = dockerUser
      password = dockerPassword
      email = "bot@myorg.com"
    }

    springBootApplication {
      tag = "$dockerUser/${project.name}:${project.version}"
      baseImage = "openjdk:8"
    }
  }
}
```

> **CAUTION_ 오픈 소스 빌드 도구를 사용할 때는 기본 이미지의 유효성을 고려해야 한다**
>
> 벤 무시코의 그레이들 도커 플러그인(*https://git.io/JcPx3*)을 사용하면 손쉽게 애플리케이션을 기본 이미지에 탑재시킬 수 있다. 그러나 기본 이미지 자체는 신중하게 선정해야 한다. 자신이 아니라도 최소한 조직 내 누군가가 이미지의 유효성, 성능, 결함, 보안 취약점 등을 검수하고 승인하는 절차가 필요하다. VM 및 컨테이너 이미지 모두 해당하는 주의 사항이다.

이러한 패키징 방식의 단점은 애플리케이션 컨테이너 이미지로 쓰일 기본 도커 이미지에 운영체제와 시스템 패키지 업데이트가 함께 담긴다는 것이다. 기본 이미지를 변경하고 조직 전체에 전파하려면 애플리케이션 바이너리 자체를 다시 빌드해야 한다. 이러한 제약 조건은 매우 번거로운 상황을 야기한다. 애플리케이션 코드는 프로덕션에 올라간 마지막 빌드 이후 변경되었을 가능성이 있다. 따라서 코드를 제외한 기본 **이미지만** 업데이트한다면 먼저 프로덕션 코드의 버전을 확인한 뒤 해당 버전으로 신규 이미지를 생성해야 한다. 또한 이 과정에서 어쨌든 다시 빌드가 수행되므로 애플리케이션 바이너리가 재생하지 못할nonreproducibility 위험을 감수해야 한다. 단지 기본 이미지를 업데이트하려 했을 뿐인데 말이다.

컨테이너 방식 워크로드에 베이크 단계를 추가하면 컨테이너 이미지를 게시할 필요성이 사라져 빌드 과정이 간소해진다. 그저 JAR을 메이븐 아티팩트 저장소에 게시하기만 하면 된다. 또한 기본 이미지를 대량으로 업데이트하는 반복 과정에 안정성이 보장된다. Iaas 기반 워크로드처럼 아티팩트 트리거를 통해 업데이트가 진행되기 때문이다. 스피나커는 카니코^{Kaniko}(`https://oreil.ly/JpW3V`)라는 컨테이너 이미지 베이킹 도구를 지원한다. 카니코는 전체 빌드 워크플로에서 이미지 빌드/게시 과정을 분리한다. 기본 이미지에 보안 패치 등을 적용해 최신 버전으로 갱신하더라도 애플리케이션 사본은 불변 상태로 유지할 수 있다.

기본 이미지 업데이트의 안정성은 IaaS, CaaS, PaaS 모두의 열망이다. 그 결과 셋 모두 놀라울 정도로 비슷한 워크플로와 개발자 경험을 제공한다. 사실상 배포의 편의성은 플랫폼의 추상화 수준을 기준으로 저울질할 필요가 없다. 시작 시간, 업체 종속성, 비용, 보안 등의 요소가 더 우선적인 고려 사항이다.

이제까지 알아본 패키징 지식을 바탕으로 지금부터는 패키지 배포 전략을 살펴본다.

5.5 delete + none 배포

delete + none이라는 번잡스런 이름이 붙은 이 기법은 매우 특수하고 한정된 상황에 쓰인다. 한편으로 다른 배포 전략을 세우는 배경 지식의 역할도 한다.

이 배포의 기본 개념은 단순히 기존 배포를 삭제하고 새로운 배포를 진행하는 것이다. 다운타임^{downtime}이 발생할 것이 자명하지만 그 기간은 매우 짧게 줄일 수 있다. 다운타임을 허용한다는 것은 마이크로서비스의 API가 버전별 호환성을 엄밀하게 유지할 필요가 없음을 의미한다. 또한 API를 호출하는 서비스 입장에서도 배포를 조율할 필요가 없다는 뜻이다.

이번 절 이후에 설명하는 모든 배포 전략은 다운타임이 없다.

delete + none 전략의 개념은 상시 운영 중인 가상 머신에 신규 애플리케이션을 설치하고 재시작하는 상황을 떠올리면 쉽게 이해할 수 있다. 이러한 배포 방식은 단순히 이전 버전을 대체하는 작업일 뿐 **불변 배포가 아니다.** 다시 말하지만 이번 장은 배포 불변성에 정확히 초점을 맞추고 있으며 앞으로 다룰 배포 전략들은 명시적인 가변 배포 대체재가 없다.

클라우드 파운드리의 `cf push` 명령은 기본적으로 delete + none 전략을 따른다. AWS EC2

에서 아마존 머신 이미지를 변경하고 오토 스케일링 그룹을 재설정할 때도 이 전략이 쓰인다. 요점은, CLI 또는 콘솔 기반 배포 도구는 종종 이 전략을 채택하며 다운타임을 용인한다는 것이다.

다음에 설명할 전략은 이번 절의 전략과 비슷하지만 다운타임이 없다.

5.6 하이랜더

하이랜더 전략은 현재 가장 대중적인 무중단 전략 중 하나다. 다소 특이한 이 명칭은 동명의 영화 〈하이랜더〉의 유명한 대사, '오직 한 명만 살아남는다'에서 유래했다. 신규 서비스 버전을 배포하면 이전 버전이 대체된다. 배포가 끝났을 때 실행되고 있는 서비스는 신규 버전뿐이다. 오직 새 버전만 살아 남는 것이다.

하이랜더 전략은 다운타임이 없다. 실제로 이 전략은 신규 버전을 배포하며 동시에 로드 밸런서에 추가한다. 이전 버전이 자동으로 삭제되는 짧은 시간 동안 양쪽 모두에 트래픽이 제공된다. 따라서 이 배포 전략은 '대체로 하나만 살아남는다'는 표현이 더 알맞다. 이 짧은 중복 기간 동안 API 호환성이 필수적으로 요구되기 때문이다.

하이랜더 모델은 특유의 단순함으로 많은 서비스가 매력을 느끼는 전략이다. 비정상적인 '다른' 버전이 서비스에 존재하면 버전 사이에 간섭 작용이 생길 위험이 있다. 그러나 하이랜더 전략은 어느 시점이든 하나의 서버 그룹만 존재하므로 이러한 간섭을 조율할 필요가 없다.

하이랜더 전략에서 코드를 이전 버전으로 되돌리려면 마이크로서비스를 다시 설치해야 한다. 서버 그룹 버전도 새로 지정된다. 따라서 이러한 유사 롤백 작업에 걸리는 시간은 애플리케이션을 설치하고 프로세스를 초기화하는 데 걸리는 시간과 같다.

다음 전략은 조율과 복잡성을 대가로 신속한 롤백을 보장한다.

5.7 블루/그린 배포

블루/그린 배포 전략을 수립하려면 최소 두 개의 마이크로서비스 복사본을 프로비저닝해야 한다. 두 서버 그룹은 각각 이전 버전과 새 버전을 실행하며 각 그룹의 활성화 여부는 상황에 따라 다르다. 통상적인 기간 동안 프로덕션 트래픽은 이 버전들 중 하나에 제공된다. 이때 롤백 작업이란 어느 복사본을 업 라이브로 지정할 것인가에 대한 문제다. 최신 버전으로 롤링 업데이트하는 작업도 같은 연장선상에 있다. 이러한 교체 로직은 클라우드 플랫폼마다 구현 방식이 다르지만 스피나커를 통해 제어할 수 있다. 공통적으로 로드 밸런서가 각 버전의 트래픽을 전환한다는 측면에서 보면 매우 높은 수준의 추상화 개념이 관여된 전략이다.

> **NOTE_ kubectl 작업은 기본적으로 블루/그린 전략의 일종이다**
> `kubectl apply` 명령은 스피나커를 통하지 않고 CLI를 이용해 쿠버네티스 배포를 업데이트하는 도구다. 이 명령은 기본적으로 블루/그린 롤링 배포를 수행하므로 배포 이후에는 이전 버전이 담긴 ReplicaSet으로 롤백할 수 있다. 배포는 컨테이너 단위로 이루어지므로 롤백 작업을 수행할 때 이미지를 추출하는 과정이 포함된다. 쿠버네티스 배포 리소스는 ReplicaSet 기반 컨트롤러로 구현되며 컨트롤러는 블루/그린 롤링 배포와 롤백을 관리한다. 스피나커를 이용하면 더 다양한 방식으로 쿠버네티스 ReplicaSets을 제어할 수 있으며 N개 비활성 버전, 카나리 배포 등이 포함된 블루/그린 전략 기능을 사용할 수 있다. 따라서 쿠버네티스 배포는 제한적이며 독자적인 블루/그린 배포 전략의 일종이라고 여기기 바란다.

로드 밸런서가 트래픽을 전환하면 배포 자산 구조도 변경된다. 쿠버네티스에서 블루/그린 전략은 기본적으로 ReplicaSet 추상화를 전제로 작동하며 **실행 중**^{running}인 리소스에 변화를 주는 방식으로 트래픽을 제어한다. 쿠버네티스는 레이블을 조작함으로써 리소스 변화를 알릴 수 있으며, 스피나커도 같은 방법으로 쿠버네티스에 블루/그린 전략을 구현한다. 만일 쿠버네티스 배포 객체를 직접 수정한다면 롤아웃이 발동된다. 스피나커는 특정 레이블을 자동으로 ReplicaSets에 추가하며 서비스에 레이블 선택기를 추가한다. 선택기를 통해 ReplicaSet의 활성 여부를 간접적으로 확인하고 활성 쪽으로 트래픽을 일임할 수 있다. 스피나커를 사용하지 않는다면 ReplicaSets에서 레이블을 변경하는 프로세스를 직접 생성하고 서비스가 레이블을 인식하도록 구성해야 한다.

블루/그린 전략이라는 용어의 의미는 청색 또는 녹색으로 지정된 두 서버 그룹이 각각 트래픽을 처리한다는 뜻이다. 그러나 이 전략이 항상 두 그룹으로 진행되지는 않는다. 또한 색상 지정 자체에 의미를 부여하면 안 된다. 특정 서버 그룹이 계속 유지되다가 새로운 서비스 버전으로 전환된다는 뜻이 아니다.

블루/그린 배포 전략은 일반적으로 클러스터에서 1:N 관계로 형성된다. 활성 서버 그룹 하나와 N개의 비활성 서버 그룹의 관계다. [그림 5-7]은 1:N 관계로 구성된 블루/그린 클러스터를 시각적으로 나타낸다.

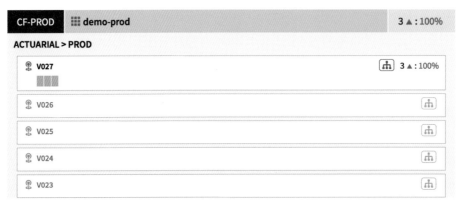

그림 5-7 스피나커의 블루/그린 클러스터 상태

[그림 5-8]은 Server Group Action 메뉴 화면이다. Rollback을 진행하면 현재 비활성 서버 그룹 V023 – V026 중 하나를 선택할 수 있다. 롤백이 완료되어도 현재 라이브 버전인 V027은 여전히 유지되지만 비활성화 상태로 바뀐다.

그림 5-8 스피나커의 서버 그룹 롤백

비활성화된 클러스터는 트래픽을 수신하지 않은 채로 인스턴스를 유지하거나 롤백에 대비한 예비 인스턴스로 전환할 수 있다. 구체적인 활용 방식은 클라우드 플랫폼이 지원하는 기능 여부에 따라 다르다. 가장 신속하게 롤백을 완료하려면 비활성 클러스터를 액티브 인스턴스로 남겨야 한다. 물론 운영 비용은 증가한다. 라이브 프로덕션 인스턴스뿐만 아니라 롤백에 대비한

이전 버전 인스턴스도 유지해야 하기 때문이다.

결국 서버 그룹의 규모는 롤백 속도와 비용 사이에서 절충점을 가늠해야 한다. [그림 5-9]는 두 가치를 펼쳐 놓은 스펙트럼이다. 양자 사이의 적절한 지점은 조직적 관점이 아닌 각 마이크로서비스의 특성에 입각해 선정해야 한다. 비활성 서버 그룹의 규모가 커질수록 운영 비용도 늘어난다. 수백 개의 라이브 인스턴스로 구성된 마이크로서비스의 운영 비용은 소수의 인스턴스로 구성된 서비스와 동등하게 책정되지 않는다.

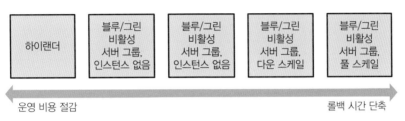

그림 5-9 배포 전략에 따른 운영 비용과 롤백 속도 트레이드오프

마이크로서비스의 형태가 순수한 레스트풀이 아닐 경우 블루/그린 배포 전략을 도입할 때 주의할 점이 있다. 비활성 클러스터를 완전히 없애지 않고 일부만 유지하려면 애플리케이션 코드에 특정한 조치를 취해야 한다.

카프카 토픽^{topic}이나 RabbitMQ 대기열 메시지 이벤트를 기반으로 작동하는 마이크로서비스를 떠올려보자. 로드 밸런서가 서버 그룹 사이에서 트래픽을 옮겨도 서비스와 토픽/대기열 간 연결은 영향을 받지 않는다. 따라서 이 애플리케이션들은 외부 프로세스로 인한 서비스 중단 상황에 응답하는 기재가 별도로 있어야 한다. 블루/그린 배포가 바로 이러한 외부 프로세스에 해당한다.

스피나커에서 서버 그룹을 롤백할 때도 비슷한 상황이 생긴다. 비활성 그룹에 있던 인스턴스의 애플리케이션이 **서비스**에 복귀하려면 큐에 재접속해 작업을 개시해야 한다. 이때도 마찬가지로 애플리케이션은 외부 롤백 프로세스에 응답해야 한다. 스피나커는 이러한 문제를 인식하고 방안을 마련해두었다. AWS 환경에서 블루/그린 배포를 구현할 때는 유레카^{Eureka} (*https://oreil.ly/ODfkK*) 서비스를 통해 서비스 가용성을 제어할 수 있다. [표 5-1]은 인스턴스를 서비스에 추가하거나 제거하는 유레카 API 엔드포인트다.

API는 인스턴스 단위로 실행한다는 점에 주목하자. 스피나커는 배포 환경의 상태를 정기적으로 수집하며 인스턴스의 존재 유무를 인식한다. 인스턴스 현황을 정확히 파악할수록 배포 자동화도 효과적으로 구축할 수 있다.

표 5-1 서비스 외부에서 가용성을 제어하는 유레카 API 엔드포인트

작업	API	비고
서비스 인스턴스 제거	PUT /eureka/v2/apps/appID/instanceID/ status?value=OUT_OF_SERVICE	
서비스 인스턴스 추가 (오버라드 제거)	DELETE /eureka/v2/apps/appID/instanceID/ status?value=UP	value=UP 부분은 오버라이드 제거에 대비한 선택적 폴백 조건이다.

유레카 서비스 API로 인스턴스 정보를 제어할 수 있다는 것은 애플리케이션 역시 유레카 클라이언트로 설정되어 있음을 의미한다. 그렇다면 [예제 5-3]처럼 유레카 상태 변경 이벤트 리스너를 애플리케이션에 추가할 수 있다.

예제 5-3 유레카 상태 변경 이벤트 리스너

```
// 다음 라이브러리를 애플리케이션 의존성에 추가한다.
// 'org.springframework.cloud:spring-cloud-starter-netflix-eureka-client'
@Bean
ApplicationInfoManager.StatusChangeListener statusChangeListener() {
  return new ApplicationInfoManager.StatusChangeListener() {
    @Override
    public String getId() {
      return "blue.green.listener";
    }

    @Override
    public void notify(StatusChangeEvent statusChangeEvent) {
      switch(statusChangeEvent.getStatus()) {
        case OUT_OF_SERVICE:
          // 큐 접속 종료
          break;
        case UP:
          // 큐 재접속
          break;
      }
```

```
    }
  };
}
```

서버 그룹명이나 클러스터를 지정할 수 있는 동적 설정 서버가 있으면 이와 비슷한 워크플로를 구현할 수 있다. 컨설(*https://www.consul.io*)이 대표적이다. 또한 다음과 같은 전제 조건을 충족시키는 데이터 원천은 모두 비슷하게 활용 가능하다.

- 애플리케이션 코드가 이벤트 리스너를 통해 거의 실시간으로 응답할 수 있다.

- 최소한 서버 그룹, 클러스터, 애플리케이션별로 데이터를 그룹지을 수 있으며, 애플리케이션이 속한 서버 그룹, 클러스터가 무엇인지 코드에서 식별할 수 있다.

RSocket(*https://rsocket.io*)이나 스트리밍/양방향 GRPC(*https://oreil.ly/tNORN*)처럼 영속성 RPC로 연결되는 마이크로서비스도 같은 맥락에서 고려해야 할 대상이다. 즉 외부 요인에 의해 서비스 가용성이 변경될 때 애플리케이션이 응답할 수 있어야 한다. 이 서비스에서 비활성된 서버 그룹은 아웃바운드 및 인바운드에서 접속된 영속싱 RPC를 종료시켜야 하기 때문이다.

앞서 예시 코드에서 활용했던 리스너는 인스턴스의 검색 상태나 서비스 가용성이 변경되는 이벤트를 수신한다. 이러한 구현 뒤에는 서비스 디스커버리 포함 여부를 애플리케이션이 스스로 인식해야 한다는 매우 중대한 시사점이 숨어있다. 7.7.7절에서 논의하게 될 서비스 메시는 이러한 애플리케이션의 책임을 사이드카 프로세스 또는 컨테이너를 통해 외재화^{externalization}시키는 역할을 한다. 일반적으로 서비스 메시를 사용하는 목적은 다중 언어 환경에서 특정 구현 패턴을 전반적으로 신속하게 반영하기 위해서다. 메시지 기반 애플리케이션에 블루/그린 배포 전략을 도입하고 비활성 그룹에 라이브 인스턴스를 보존하려면 애플리케이션의 언어에 맞게 바인딩을 구현해야 한다. 다중 언어 지원이 필요한 대표적인 사례다. 이러한 문제 상황들은 나중에 좀 더 자세히 알아볼 것이다.

> **TIP 이름이 무슨 대수야?**
> 블루/그린 배포와 레드/블랙 배포는 똑같은 용어다. 단지 색상 조합만 다를 뿐 기술적으로는 정확히 같은 의미를 나타낸다.

카나리 분석 자동화처럼 더 복잡한 전략을 도입한다면 먼저 모든 팀이 블루/그린 배포 전략에 익숙해지는 것이 좋다.

5.8 카나리 분석 자동화

블루/그린 배포는 보통 매우 저렴한 비용으로 상당한 안정성을 보장하는 기법이다. 대부분의 서비스는 이 정도 수준에 머물러도 좋다. 그러나 어떤 서비스는 더욱 확고한 안전성을 추구해야 한다.

블루/그린 배포 전략은 장애를 유발한 코드나 설정 변경 사항을 신속하게 롤백하는 방식으로 문제를 해결한다. 카나리 릴리스는 여기에 추가적인 안전 장치를 제공한다. 기존 버전과 신규 버전 서비스를 함께 실행하며 일부 사용자만 신규 버전에 노출시키는 것이다.

카나리 전략이 모든 서비스에 적합하지는 않다. 그러나 처리량이 높은 서비스만 카나리 전략을 도입할 수 있는 것은 아니다. 다만 카나리 서버 그룹에 보내는 트래픽의 비율이 낮을수록 카나리 적합성 판단 기간도 길어질 것이다. 적합성을 충분히 판단하는 데 얼마나 많은 시간을 들일지는 정해진 규칙이 없다. 처리량이 비교적 낮은 서비스는 며칠에 걸쳐 카나리 테스트를 실행하고 결정을 내리기도 한다.

엔지니어링팀은 서비스가 실제로 수신하는 트래픽의 양을 과소 평가하는 경향이 있다. 그 결과 카나리 분석 기법이 자신들의 환경에 적합하지 않다고 판단하곤 한다. 1.2.3절에서 언급했던 회사를 떠올려보자. 분당 1,000번 이상이라는 요청 건수는 이 회사 엔지니어 대부분의 예측을 훨씬 상회하는 수치였다. 이는 프로덕션 텔레메트리가 무엇보다 우선적인 과제임을 알 수 있는 또 다른 사례다. 배포 전략 등의 기술을 선정하려면 프로덕션에서 벌어지는 일에 대한 정확한 정보가 필요하다. 설령 아주 짧은 기간 동안 측정한 기록이라도 추후 큰 도움이 될 것이다.

> **TIP** **너무나 중요한 서비스라 절대로 장애가 생기면 안 된다?**
>
> 서비스의 중요도가 너무 높아 엄격하게 자동화된 카나리 분석 전략을 도입할 수 없다는 논리에 매몰되지 않도록 주의해야 한다. 장애 발생 가능성을 넘어 비즈니스 중요도에 관계없이 모든 서비스에서 필연적으로 장애가 발생한다는 사고방식을 받아들이고 그에 맞추어 행동해야 한다.

카나리 배포 적합성은 구버전과 신버전의 서비스 수준 지표를 비교해 결정된다. SLI 중 한 가지 이상에 심각한 저하가 나타날 경우 모든 트래픽이 안정적인 버전으로 라우팅되고 카나리가 중단된다.

[그림 5-10]은 이상적인 카나리 배포를 구성하는 세 서버 그룹을 보여준다.

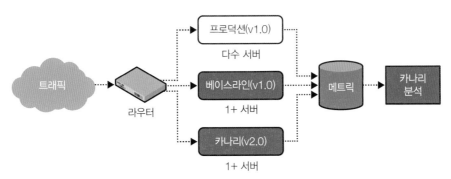

그림 5-10 카나리 릴리스 구성 요소

카나리 배포는 다음과 같이 구성된다.

프로덕션

카나리 배포 이전에 존재하던 기존 서버 그룹이다. 하나 이상의 인스턴스를 포함한다.

베이스라인

프로덕션 서버 그룹과 동일한 코드 버전을 실행하며 설정도 같다. 구 버전의 코드 복사본을 새로운 그룹으로 실행하는 이유가 직관적으로 잘 와닿지 않는다면 프로덕션 서버 그룹이 이미 실행되고 있었다는 점을 상기하기 바란다. 카나리 서버의 현황을 정확히 파악하려면 비교 대상 서버도 카나리와 거의 비슷한 시간 동안 실행되어야 한다. 실행 시간에 따라 힙 소비량 또는 캐시 내용 등의 특성이 변화하기 때문이다. 핵심은 구코드와 신코드의 실행 결과를 정확히 비교하는 것이다. 이를 실현하는 가장 좋은 방법은 최대한 동시에 두 사본을 실행하는 것이다.

카나리

신규 코드와 설정으로 구성한 서버 그룹이다.

카나리 적합성은 전적으로 베이스라인 메트릭 지표와의 비교 결과를 토대로 결정된다. 프로덕션 클러스터와 비교하지 않는다는 점을 유념하자. 카나리와 베이스라인의 애플리케이션은 각각 cluster 태그를 공통적으로 지닌 메트릭을 게시한다. 카나리 분석 시스템은 두 클러스터에 속한 인스턴스에서 지표를 집계한 다음 상대적으로 비교한다.

상대적 비교 방식은 고정 임곗값 테스트에 비해 유리한 점이 있다. 고정된 임곗값을 설정하면 테스트 시간 동안 측정한 시스템 처리량을 단편적으로 판단해버리는 우를 범하기 쉽다. [그림 5-11]가 좋은 예다. 으레 그렇듯 이 애플리케이션도 트래픽 대부분이 일과 시간에 발생하며 응답 시간도 길다. 주업무 시간대의 응답 시간을 기준으로 10% 초과된 지점에 임곗값을 설정했다고 가정하자. 업무량이 가장 많은 시간대에서 카나리의 응답 속도는 베이스라인보다 10% 이상 느리며 카나리 테스트를 통과하지 못할 것이다. 몇 시간 후 다시 테스트를 진행하면 베이스라인 대비 응답 시간 초과 비율은 10%를 아득히 넘어선다. 그러나 앞서 설정했던 10% 고정 임계점보다는 낮은 수치이므로 결국 **운영 조건**operating condition 따라 테스트 통과 여부가 달라진다. 고정 임계점이 아닌 상대적인 기준으로 둘을 비교하면 테스트 시점이나 주업무 시간대에 관계없이 성능 저하를 포착할 가능성을 높일 수 있다.

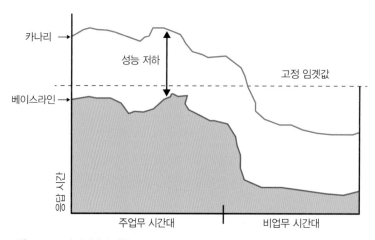

그림 5-11 고정 임곗값에 대한 카나리 테스트

배포 자동화를 주제로 업체들과 만나다보면 카나리 배포 이야기부터 꺼내는 경우가 종종 있다. 대부분은 이 기술을 건너 들은 누군가로부터 대화가 시작된다. 카나리 배포의 개념은 설득력이 높아 누구에게나 흥미를 자아낼 만하다. 그러나 이런 조직들은 대부분 차원형 메트릭을 측정하

지 않을 뿐만 아니라 블루/그린 배포처럼 자동화된 릴리스 프로세스도 보유하고 있지 않았다. 일부 플랫폼은 단순히 안정성에 매력을 느껴 카나리 배포 기능을 도입하고 베이스라인 기능과 비교 측정 기능은 누락시키곤 한다. 따라서 이러한 플랫폼에서 카나리 도입을 고려할 때는 둘 중 한 기능 또는 두 기능 모두를 포기해도 괜찮을지 판단해야 한다. 이런 경우가 많지는 않을 것이다.

프로덕션, 베이스라인, 카나리 클러스터를 구성하면 트래픽 대부분을 프로덕션 클러스터로 보낸다. 베이스라인과 카나리에 보내는 트래픽은 소량이다. 카나리 배포는 플랫폼을 통해 트래픽을 분산한다 로드 밸런서, 서비스 메시 설정, 혹은 기타 트래픽 비율 배분 기능이 필요하다.

[그림 5-12]는 스피나커 인프라 조회 화면이다. 카나리 테스트를 구성하는 세 클러스터가 있으며 'PROD-CLUSTER'라는 하나의 클러스터에서 실행된다. 방금 말한 '클러스터'는 이번 장 도입부에서 정의한 용어가 아닌 쿠버네티스 클러스터를 가리킨다.

스피나커는 카나리 분석 자동화 서비스와 자연스럽게 통합된다. 다음 절에 설명할 오픈 소스는 베이스라인과 카나리 클러스터 간 메트릭 평가 기능을 캡슐화한다.

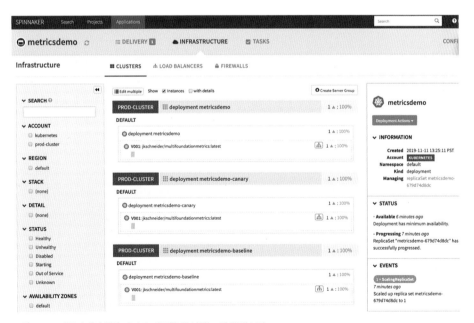

그림 5-12 애플리케이션의 카나리 배포를 구성하는 세 클러스터

5.8.1 케이엔타와 스피나커

케이엔타^{Kayenta}(*https://oreil.ly/f4KZW*)는 카나리 분석 자동화 서비스를 제공하는 독립형 오픈 소스이며 파이프라인 스테이지 설정을 통해 스피나커와 밀접하게 통합된다.

케이엔타는 카나리와 베이스라인을 여러 메트릭에 걸쳐 비교하며 각각의 결과를 **pass**, **high**, **row**로 분류한다. 이때 **high**와 **low**는 테스트 실패를 의미한다. 비교 방식은 맨–휘트니 U 검정$^{Mann–Whitney\ U\ test}$(*https://oreil.ly/qLYOS*)이다. 이러한 통계적 검증 구현은 케이엔타에서 저지^{judge}라 지칭하며 원하는대로 교체할 수 있다. 저지는 대부분 단일 쿼리로 메트릭 시스템을 조회하고 비교하는 기능을 제공한다.

[그림 5–13]은 케이엔타가 여러 메트릭을 비교하고 결과를 분류하는 화면이다. 스크린샷은 넷플릭스 블로그(*https://oreil.ly/ik79d*)에서 가져왔으며 레이턴시 테스트에 실패한 사례를 보여준다.

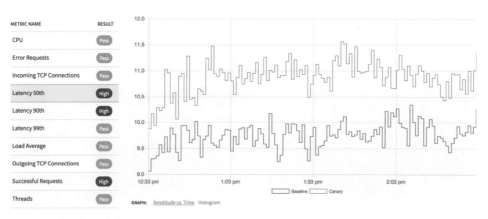

그림 5-13 카나리 메트릭 비교

스피나커에서 카나리 메트릭 항목은 애플리케이션 인프라 조회 화면의 'Canary Configs' 탭에서 정의한다. [그림 5–14]에 보이듯 여러 서비스 수준 지표를 정의할 수 있다. 이러한 지표가 일정 정도 이상 실패하면 카나리 테스트가 실패했다고 판단한다.

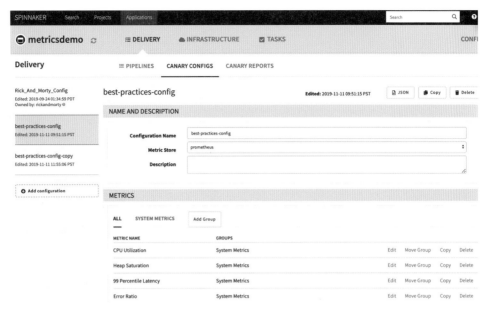

그림 5-14 스피나커의 카나리 설정

[그림 5-15]는 프로세서 사용률 메트릭 설정 화면이고 프로메테우스 메트릭 쿼리를 설정한다. 쿼리는 모니터링 시스템에 따라 다르다. 케이엔타는 이 쿼리를 이용해 모니터링 시스템에서 필요한 정보를 얻는다. 지표의 값이나 편차가 광범위하게 증가하거나 감소하면 나쁜 징조로 간주한다. 프로세서 사용률의 경우는 확연히 상승했을 때 문제가 있다고 볼 수 있다.

반면, 일정한 속도를 유지하며 지속적으로 요청을 처리하던 애플리케이션이 갑자기 눈에 띄게 **감소**한 서비스 처리량을 보인다면 좋지 않은 징조다. 이 지표 하나만 실패해도 카나리 전체를 실패로 판단할 수 있을 만큼 중요한 지표다.

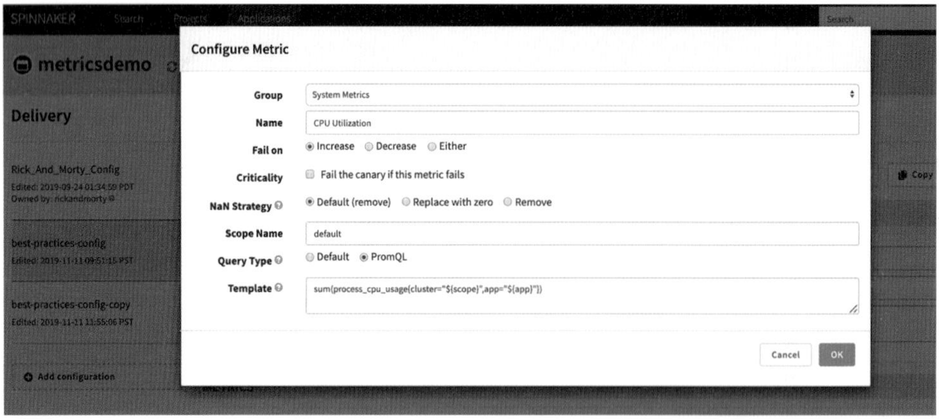

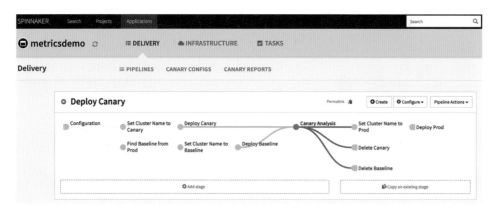

그림 5-15 카나리 프로세서 사용률 설정

카나리 구성을 실제로 적용하는 부분은 파이프라인이다. [그림 5-16]은 특정 카나리 배포의 파이프라인 구성 화면이다. 'Configuration' 스테이지는 카나리 저지 프로세스를 발동시킬 트리거를 정의한다. 'Set Cluster Name to Canary'는 클러스터명을 지정한다. 이 이름은 다음 단계인 'Deploy Canary'에서 변수로 사용된다. [그림 5-12]에 보이는 카나리 클러스터명은 이런 식으로 결정된다.

그림 5-16 스피나커의 카나리 배포 파이프라인

이와 동시에 스피나커는 현재 프로덕션 버전의 아티팩트를 가져와 베이스라인 클러스터를 생성한다. 'Canary Analysis' 스테이지 실행 기간은 설정에 따라 다르다. 몇 시간 또는 며칠이

걸리는 경우도 있다. 이 단계를 통과하면 카나리를 생성할 때 썼던 아티팩트를 담아 prod 클러스터를 배포한다. 이때 아트팩트는 현재 저장소에 존재하는 최신 버전이 아닐 수도 있다. prod 클러스터 배포와 동시에 더 이상 필요하지 않은 베이스라인 및 카나리 클러스터를 폐기한다. 여러 파이프라인이 있더라도 순차적으로 실행되도록 설정할 수 있어서 어느 시점이든 단 하나의 카나리 평가만 진행하도록 제한할 수 있다.

카나리 실행 결과는 다양한 방식으로 조회할 수 있다. 스피나커의 'Canary Reports' 탭은 카나리 스테이지 검증 결과를 보여주는 메뉴다. 서비스 수준 지표를 분류하고 검증 결과를 개별적으로 표시한다. [그림 5-17]은 카나리 실행 기간 동안 변화하는 지표를 시계열 그래프로 열람하는 화면이다.

그림 5-17 베이스라인과 카나리의 CPU 사용률 시계열 시각화

[그림 5-18]은 히스토그램 막대 그래프로 지표를 비교하는 화면이다.

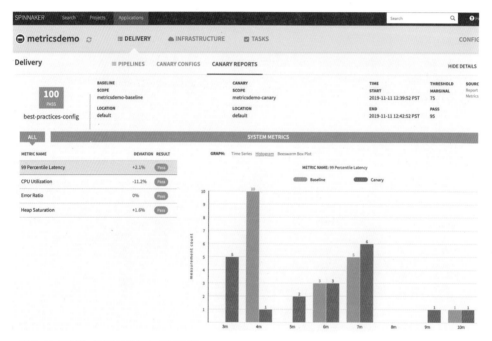

그림 5-18 99분위 레이턴시 히스토그램 시각화

마지막으로 다룰 비교 분석 시각화 기법은 [그림 5-19]에 보이는 비스웜beeswarm 플롯이다. 아마 활용도가 가장 높을 것이다. 케이엔타는 모니터링 시스템을 통해 카나리와 베이스라인의 정보를 규칙적으로 가져오며, 이 정보를 바탕으로 카나리를 시간의 흐름에 따라 검증한다. 비스웜 플롯의 각 점은 측정 샘플값을 나타난다. 또한 기본적인 분위 통계를 나타내는 상자 수염box-and-whisker 플롯이 함께 표시된다. 예시 화면은 25, 75분위와 더불어 중위, 최대 백분위를

그리고 있으며, 전체적으로 봤을 때 중윗값이 확연히 증가했음을 알 수 있다. 그러나 2장에서 살펴봤듯이 평균이나 중윗값은 서비스 적합성 판단 지표로 쓰기에는 그다지 적절치 않다. 이러한 명제를 이번 예시가 여실히 증명하고 있다. 중윗값이 증가했지만 최대분위와 75분위 레이턴시는 크게 달라지지 않았다. 따라서 중간 영역에 다소 변화가 있을 뿐 전반적으로 성능이 퇴보했다고 보기는 어렵다.

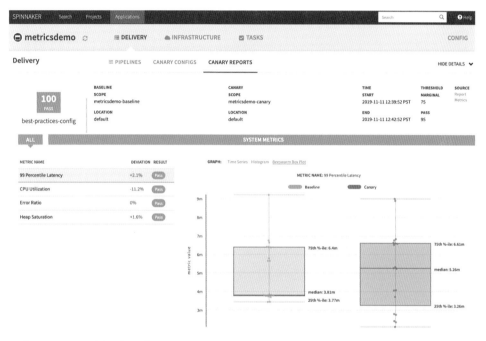

그림 5-19 99분위 레이턴시 비스웜 시각화

카나리 분석의 주요 지표들은 두 클러스터를 비교 분석하는 용도로 설계됐다. 따라서 경고를 설정할 때 쓰는 절댓값 지표와 기준이 다르다. 신규 버전 애플리케이션의 성능이 기존 버전의 서비스 수준 목표를 달성하지 못한다 해도 코드에 반드시 문제가 있다고는 볼 수 없다. 신규 코드가 그리는 궤적이 퇴행을 향해 나아가지 않는다면 여전히 성공적인 배포를 향한 가능성을 점쳐볼 수 있다.

5.8.2 전 마이크로서비스 대상 범용 카나리 지표

카나리 메트릭을 설계할 때는 L-USE로 밑그림을 그리면 좋다. 마이크로서비스에 통용되는 SLI를 약간만 응용하면 카나리에서 훌륭하게 제 구실을 한다.

레이턴시를 시작으로 범용적인 카나리 메트릭들을 차근차근 알아볼 것이다. 사실 4장에서 설명한 모든 신호는 카나리 분석에 쓰기 좋은 후보들이다.

레이턴시

레이턴시 측정은 일부 선도적인 API 엔드포인트에서 시작하는 것이 좋다. 측정 대상은 전체 요청 중 성공한 요청의 레이턴시로 제한한다. 실패한 요청의 레이턴시와 전반적인 특성이 다르기 때문이다. API 엔드포인트에 발생한 버그를 수정하고 배포하는 상황을 가정해보자. 버그가 완전히 고쳐지지 않았다면 API 엔드포인트는 즉시 응답 실패를 반환할 것이다. 카나리가 지표를 검증할 때 이렇게 빠른 레이턴시는 버그 수정으로 인한 결과라고 판단할 위험이 있다.

4장은 **최대**maximum 레이턴시 변화를 고정된 서비스 수준 목표와 비교하는 방식으로 경고 임계점을 설정했다. 서비스 수준 목표의 경계는 비즈니스 관계자와 엔지니어 사이의 서비스 수준 합의에 의해 보수적으로 결정된다. 그러나 최대 레이턴시는 스파이크가 발생하곤 한다. 하이퍼바이저 중단, 가비지 수집, 커넥션 풀 포화는 대부분 일시적으로 발생한다. 또한 직접적으로 제어할 수 없는 경우가 대부분이다. 서비스 수준 목표를 기준으로 애플리케이션의 적합도를 측정하면 이러한 특수한 상황까지 포함해서 성능이 안정적이기를 기대하는 셈이다. 가끔 인스턴스가 일시적으로 휘청거릴 때마다 측정 데이터는 스파이크를 일으키며 **비교**comparative 측정 결과에 악영향을 미친다.

카나리를 비교 분석하는 가장 좋은 지표는 99분위 레이턴시 분포 통계다. 이러한 통계는 일시적으로 발생하는 상위 1% 데이터를 깎아낸다. 통상적으로 99 이상의 백분위는 코드의 성능 **잠재력**potential에서 일시적인 환경 요인을 열외시킨 결과를 나타낸다. 비교 측정에 사용하기에 적합하다.

특정 엔드포인트의 응답 성공 레이턴시 중 고백분위 통계를 산출하는 방법은 2.10.9절에서 이미 설명했다. 이때 사용한 기법은 히스토그램 데이터에 기반한 백분위 근사였다. API 엔드포인트에서 성공적인 응답 결과를 추려 다양한 태그를 조합한 다음 클러스터 인스턴스 전반에 걸쳐 측정하고 합산한다. 모든 모니터링 시스템이 이러한 백분위 근사를 지원하지는 않지만 그렇다고 인스턴스 쪽에서 백분위를 집계하면 안 된다. 그 이유는 2.10.8절에서 수학적으로 설명했다. 또한 평균을 위시한 일부 쓸모없는 측정값을 사용하려는 유혹을 이겨내기 바란다. 중윗값이나 평균 같은 중심성 척도는 [그림 5-19]에 보이듯 실제 성능 변화와 무관하게 분포하는 경향이 있다. 심지어 똑같은 버전의 애플리케이션도 시간에 따라 달라지곤 한다.

> 평균은 최댓값과 1/2 중윗값 사이에 있는 임의의 수를 의미한다. 주로 현실을 무시하는 용도로 사용된다.
>
> – 길 테네

아틀라스는 [예제 5-4]처럼 :percentiles 함수를 사용해 백분위 근사를 계산한다.

예제 5-4 아틀라스의 카나리 레이턴시 백분위 계산

```
name,http.server.requests,:eq,
uri,$ENDPOINT,:eq,
:and,
outcome,SUCCESS,:eq,
:and,
(,99,),:percentiles
```

프로메테우스는 [예제 5-5]처럼 histogram_quantile 함수를 사용한다.

예제 5-5 프로메테우스의 카나리 레이턴시 백분위 계산

```
histogram_quantile(
  0.99,
  rate(
    http_server_requests_seconds_bucket{
      uri="$ENDPOINT",
      outcome="SUCCESS"
    }[2m]
  )
)
```

핵심적인 다운스트림 리소스도 주요한 레이턴시 측정 대상이다. 관계형 데이터베이스의 상호작용을 예로 들어보자. 신규 코드에서 실수로 데이터베이스 인덱스 반영을 누락하면 레이턴시와 부하가 크게 증가한다. 또한 인덱스를 새로 만들었으나 막상 프로덕션 환경에서 제대로 작

동하지 않는 경우도 종종 있다. 저수준 환경에서 이러한 상호작용을 얼마나 잘 재현하고 테스트했는지는 상관없다. 프로덕션과 똑같은 환경은 애초에 존재하지 않는다.

에러 비중

유력 API 또는 전체 API의 에러 비중은 아주 유용한 지표다. 아틀라스와 프로메테우스의 에러 비중 계산법은 각각 [예제 5-6], [예제 5-7]에 있다. 에러 비중의 증가는 코드에 유의미한 퇴행이 발생했음을 의미한다. 테스트 당시 발견되지 않았지만 프로덕션에서 문제를 일으키는 코드가 있다는 뜻이다.

예제 5-6 아틀라스의 HTTP 요청 에러 비중 측정

```
name,http.server.requests,:eq,
:dup,
outcome,SERVER_ERROR,:eq,
:div,
uri,$ENDPOINT,:eq,:cq
```

예제 5-7 프로메테우스의 HTTP 요청 에러 비중 측정

```
sum(
  rate(
    http_server_requests_seconds_count{outcome="SERVER_ERROR", uri="$ENDPOINT"}[2m]
  )
) /
sum(
  rate(
    http_server_requests_seconds_count{uri="$ENDPOINT"}[2m]
  )
)
```

단일 카나리에 둘 이상의 API 엔드포인트를 포함시킬 때는 신중하게 판단해야 한다. 처리량이 매우 다른 두 API 엔드포인트가 있다고 가정하자. 하나는 초당 1,000개, 다른 하나는 10개 요청을 수신한다. 이 서비스는 모종의 이유로 처리 능력이 불안정한데, 1,000개짜리 엔드포인트는 초당 3개 요청을 실패하고 다른 엔드포인트는 모든 요청을 성공적으로 처리한다. 신규 버전을 올리자 이번에는 10개짜리 엔드포인트가 3개 요청을 실패하기 시작했다. 1,000개짜리 엔드포인트의 성공률은 변함이 없다. 카나리에서 이 두 엔드포인트를 동시에 측정할 경우, 전체

오류 비중은 0.3%에서 0.6%로 미미하게 증가했다고 판단한다. 따라서 퇴행 테스트를 통과할 가능성이 높다. 그러나 각각을 따로 보면 10개짜리 엔드포인트의 에러 비중은 0%에서 33%로 크게 높아져 테스트를 통과하지 못할 것이다.

힙 포화도

힙 사용률은 두 가지 지표를 이용해 비교할 수 있다. 한 가지는 전체 소비량 대비 최대 힙, 다른 하나는 할당 성능이다.

전체 소비량은 [예제 5-8]과 [예제 5-9]처럼 used를 max로 나누어 구한다.

예제 5-8 아틀라스의 힙 소비 카나리 메트릭

```
name,jvm.memory.used,:eq,
name,jvm.memory.max,:eq,
:div
```

예제 5-9 프로메테우스의 힙 소비 카나리 메트릭

```
jvm_memory_used / jvm_memory_max
```

할당 성능은 [예제 5-10]과 [예제 5-11]처럼 allocated를 promoted로 나누어 구한다.

예제 5-10 아틀라스의 할당 성능 카나리 메트릭

```
name,jvm.gc.memory.allocated,:eq,
name,jvm.gc.memory.promoted,:eq,
:div
```

예제 5-11 프로메테우스의 할당 성능 카나리 메트릭

```
jvm_gc_memory_allocated / jvm_gc_memory_promoted
```

CPU 사용률

CPU 사용률은 [예제 5-12]와 [예제 5-13]처럼 간단하게 비교한다.

예제 5-12 아틀라스의 CPU 사용률 카나리 메트릭

```
name,process.cpu.usage,:eq
```

예제 5-13 프로메테우스의 CPU 사용률 카나리 메트릭

```
process_cpu_usage
```

카나리 메트릭은 점진적으로 늘려가는 것이 좋다. 카나리 테스트가 실패할 때마다 프로덕션 배포가 중단되며 그 여파로 버그 수정 작업이 불필요하게 지연될 가능성이 있기 때문이다. 카나리 테스트는 심각한 퇴행만 차단하도록 잘 조율해야 한다.

5.9 마치며

이번 장은 지속적 전달의 개념을 높은 수준에서 설명하고 이 과정에서 스피나커 시스템을 시연 도구로 활용했다. 반드시 스피나커를 써야만 지속적 전달을 실현할 수 있는 것은 아니다. 다음 두 허들만 넘는다면 어느 기업이든 릴리스 체계를 개선할 수 있다.

블루/그린 배포 역량

블루/그린 배포 전략을 수립할 수 있는 제반 요건을 의미한다. 신속한 롤백을 담보하는 N개의 비활성 클러스터, 이벤트 기반 애플리케이션의 고유한 역할에 대한 고려 등이 여기 해당된다. 로드 밸런서를 전환하는 것만으로는 이벤트 기반 애플리케이션을 서비스에서 제대로 제외시킬 수 없다.

배포 자산 인벤토리

배포된 자산의 현상태를 조회할 수 있는 역량을 의미한다. 배포 자산을 주기적으로 조회하면 쉽고 정확하게 시스템의 현상태를 파악할 수 있다. 그러지 못한다면 CI 서버 등의 중앙 시스템이 변경 사항을 반영하는 모든 과정에서 개별적으로 시스템의 상태를 재구축해야 한다.

더 나아가, 전달 시스템의 접근 권한과 품질 제어 기능을 다음 목표로 삼기 바란다. 서로 다른 팀이 각자의 배포 전략을 세울 수 있게 하기 위해서다. 다시 말하지만, 스피나커가 아니어도 좋다. 정적 자산이나 내부 도구를 배포할 때는 블루/그린 전략의 이점을 크게 누리지 못한다. 여러 비활성 서버 그룹이 필요할만큼 릴리스가 잦은 팀이 있는 반면, 비활성 클러스터에 액티브 인스턴스를 두면 비용 효율성이 낮아질 정도로 시작 속도가 빠른 서비스도 있다. 플랫폼 엔지니어링팀은 '관문이 아닌 가드 레일' 관점에서 생각해야 한다. 조직의 일관성을 추구하기보다 파이프라인의 다양성을 허용하면 팀마다 안전/비용 효율을 고유하게 극대화할 수 있다.

다음 장은 배포 자산 인벤토리를 아티팩트 프로버넌스 체인artifact provenance chain으로 활용한다. 배포 자산이 각 환경의 소스 코드와 어떻게 연결되는지 확인할 수 있다.

소스 코드 관찰 가능성

파이프라인을 위시한 반복 프로세스를 통해 안전한 전달 시스템을 확립했다면 이미 큰 진전을 이룬 셈이다. 그러나 한 걸음 더 나아갈 수 있다. 이러한 진전을 발판으로, 배포 자산에서 시작해 시스템 현황까지 아우르는 종합적인 관찰 역량을 확립해야 한다. 파이프라인 자체에 너무 치중한 나머지 배포 자산 명세를 구축할 여력까지 낭비하는 우를 범하지 않기 바란다.

소스 코드는 라이브 프로세스만큼이나 중요한 모니터링 대상이다. 조직 내부 컴포넌트와 타사 라이브러리 간 의존성은 소스 코드에서 지정된다. 의존성을 조금만 변경해도 애플리케이션은 불능 상태에 빠지곤 한다. 개발자는 기존에 정립된 작업 패턴을 그대로 따르는 경향이 있으며 이러한 패턴은 조직 전체에 퍼진다. 공격 지점을 노출하는 보안 취약 패턴도 예외는 아니다. 위험성이 발견되기 전까지는 계속 늘어날 것이다. 이러한 패턴들이 방대한 규모의 코드베이스에 퍼져 있다면 아주 사소한 API 변경조차 요원한 작업으로 느껴지게 될 것이다.

한때 넷플릭스 코드베이스는 의존성 트리 깊숙이 표류하던 구아바Guava 라이브러리 버전으로 인해 가끔 마비 상태에 빠지곤 했다. 전체 코드베이스에 정착된 로깅 라이브러리를 다른 라이브러리로 전환하려는 시도는 무려 수년간 답보 상태에 머물렀다가 전사적 리팩터링 솔루션이 개발되고 나서야 비로소 목표를 달성했다.

수많은 환경에 배포된 실제 코드를 식별하는 것도 중대한 과제다. 지속적 전달이 정착되고 발전하면 롤백도 안정적으로 진행할 수 있다. 그러나 롤백은 저장소의 최신 릴리스 버전과 프로덕션 버전이 서로 어긋나게 되는 상황을 초래한다. 카나리 테스트 전략이나 여러 활성 클러스터로 구성된 블루/그린 배포 전략을 따른다면 프로덕션용 실행 버전을 독점적으로 유지하는 것조차 불가능하다.

배포 자산과 소스 코드 사이의 연결 고리는 대부분 조직에서 중요한 정보다. 단일 저장소만 운영하는 조직은 예외지만 그런 조직이 많지는 않을 것이다. 내부 의존성을 추가하지 못하도록 제약을 두는 조직은 결국 **지속적 통합**continuously integrate을 구현할 때도 한계에 부딪힐 수밖에 없다.

이번 장은 순전히 빌드 도구만 다룬다. 주로 그레이들(*https://gradle.org*)을 이용해 예시를 들 것이다. 앞으로 설명할 패턴들은 메이븐을 비롯한 다른 빌드 도구로 구현할 수 있지만 가장 손쉽고 상세한 예제를 제공하는 것은 그레이들 생태계다. 특히 바이너리 의존성 관리와 네뷸라 플러그인 기술에 주목할 만하다. 네뷸라는 대규모 마이크로서비스에 능숙한 조직을 대상으로 개발됐다. 또한 이번 장은 마이크로서비스 바이너리 아티팩트와 핵심 플랫폼 의존성을 메이븐 스타일 저장소에 게시한다고 간주한다. 대표적으로 JFrog 아티팩토리(*https://oreil.ly/3l06u*)와 소나타입Sonatype의 넥서스Nexus(*https://oreil.ly/R7w0r*) 저장소가 있다.

소프트웨어 전달 라이프 사이클에서 빌드 도구는 5장에서 다뤘던 지속적 전달보다 훨씬 앞선 단계에 등장한다. 이제 와서 빌드 도구에 초점을 맞추는 것이 이상하게 느껴질지 모른다. 그러나 프로덕션 자산 인벤토리 구성 과정에서 지속적 전달 도구가 담당하는 역할은 버전 관리 전략을 수립할 때 중요한 전제 조건으로 작용한다. 또한 마이크로서비스 아티팩트를 생성할 때 포함시킬 메타데이터에도 관여한다. 올바른 데이터를 얻으려면 전달 솔루션이 생성한 프로덕션 자산 인벤토리가 출처provenance 체인의 첫머리에 놓여야 한다. 그러기 위해 우선 통상적인 소프트웨어 전달 단계 사이에 주입해야 할 요소들을 알아볼 것이다. [그림 6-1]에 보이는 주입 요소들은 배포 자산과 그 안에서 실행되는 소스 코드를 궁극적으로 결부시키는 역할을 한다. 출처 체인은 최소한 불변 아티팩트 버전과 커밋 해시까지 연결된다. 최대한 연결하면 소스 코드 메서드 참조 수준까지 내려간다.

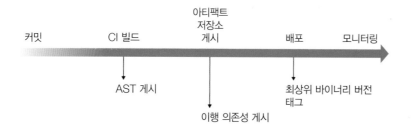

그림 6-1 코드 변경부터 프로덕션까지 연결되는 출처 체인

5장에서 소개한 스피나커처럼 지속적 배포^{continuous distribution} 도구를 사용한다고 가정하자. 애플리케이션은 마이크로서비스로 구성되며 멀티 클라우드 플랫폼과 여러 클러스터에 걸쳐 운영된다. 물론 실행 버전도 여럿이다. 지속적 배포 도구를 통해 아티팩트 정보를 태그로 지정할 수 있으니 이제 이 정보를 활용할 방법을 고민할 차례다. 마이크로서비스 코드 기록에서 아티팩트 정보가 가리키는 위치를 고유하게 식별할 수 있어야 한다.

그러려면 우선 전달 시스템의 특성을 파악할 필요가 있다.

NOTE_ **이번 장에서 사용되는 용어 정의**

5.2절에서 정의한 **인스턴스**^{instance}, **서버 그룹**^{server group}, **클러스터**^{cluster} 등의 용어를 그대로 통용한다.

6.1 스테이트풀 자산 인벤토리

배포된 모든 자산의 코드를 스테이트풀^{stateful} 자산 인벤토리로 구성하고 원하는 방식으로 조회할 수 있다면, 시스템의 현재 상태에 대한 다양한 질문에 정확한 해답을 제시할 수 있다.

자산 인벤토리를 구축하는 첫 번째 단계는 배포 자원을 항목별로 조회할 수 있는 기록 시스템을 갖추는 것이다. 이 시스템은 프로덕션 및 하위 수준 테스트 환경에 모두 필요하며 코드를 배포하는 위치와 유형이 다양할수록 구축 난이도도 올라간다. 데이터센터에서 가상 머신을 운영하는 업체는 머신마다 이름을 지정한다. 고정된 명칭 뒤에 번호를 덧붙이는 형태가 일반적이며 규모에 따라 10단위에서 100단위까지 번호를 매긴다. 머신명은 한번 정해지면 보통 잘 바뀌지 않는다. 또한 각 머신은 저마다 애플리케이션을 구동한다. 이러한 업체는 애플리케이션명과 가상 머신명의 목록을 정적으로 수집하고 합리적으로 관리할 수 있다. IaaS와 CaaS는 이보다 더 탄력적으로 자원을 프로비저닝하므로 배포 자산 명세가 더더욱 중요한 환경이다. 클라우드 공급자로부터 자산을 조회할 수 있는 기능이 절실히 요구된다.

CAUTION_ **깃옵스는 배포 자산 인벤토리를 취합하지 않는다**

깃옵스^{GitOps}는 깃에서 발생한 일만 기록한다. 대상 환경 내부에서 구체화된 결과는 매우 다를 가능성이 크다. 쿠버네티스는 이 차이를 가장 쉽게 경험할 수 있는 도구다. 깃에서 매니페스트를 커밋하고 배포 작업이 발동되면 해당 매니페스트는 대상 클러스터의 쿠버네티스 컨트롤러에 의해 잠재적으로 변형된다. 이러한 변이

스피나커 시스템의 핵심 가치는 라이브 환경을 파악하는 방식에 있다. 스피나커가 지원하는 모든 클라우드 공급자는 배포 인프라의 상태를 실시간으로 조회할 수 있다. 구체적으로 말하면 다양한 클라우드 플랫폼에 걸친 배포 인프라를 일관된 형태(애플리케이션/클러스터/서버 그룹/인스턴스)로 나타내고 한 번의 API 호출을 통해 원하는 정보를 얻는다. 자산 인벤토리 영역에 단일 창single-pane-of-glass 경험을 제공한다고 표현한다. 이로 인해 얻는 이득은 두 가지다.

중앙 제어 시스템 배제

상태를 일일이 저장할 중앙 시스템이 필요 없다. 또한 시스템을 통해 배포 환경의 상태 변화를 중앙 집중적으로 수집하지 않아도 된다. '깃옵스'는 이론적으로 중앙 관리 시스템이 필요하다. 애플리케이션 관리 업데이트를 할 때도 깃에서 업데이트를 해야 한다. 배포 환경의 상태에 대한 전체적인 그림은 깃이 관리한다. 이 그림을 벗어난 롤백, 로드 밸런서 변경, 서버 그룹의 수동 시작 등의 변화는 존재하지 않는다.

인스턴스 수준 실시간 상태 조회

깃옵스 부류의 시스템은 서버 그룹의 개별 인스턴스 상태를 추적하지 못한다. 예를 들어 AWS EC2는 가상 머신 각각의 생존 가능성을 보장하지 않는다. 그저 오토 스케일링 그룹이 최선을 다해 인스턴스 수를 일정하게 유지할 뿐이다. 쿠버네티스도 개별 파드의 존속성을 보장하지 않기는 매한가지다. 메트릭 텔레메트리에서 인스턴스 ID, 인스턴스 순서, 파드 ID 등을 태그로 지정하면 서비스 수준 목표 위반에 경고를 설정하고 장애 인스턴스 정보를 드릴다운할 수 있다. 또한 클러스터의 상태를 실시간으로 관찰하고 인스턴스 단위로 문제를 해결할 수 있다. 예를 들면 '서버 그룹' 메커니즘에 따라 장애 인스턴스를 로드 밸런서에서 제외시키고 다른 인스턴스를 구동해 사용자가 겪을 장애에 대처한다. 그동안 장애 인스턴스를 조사해 근본 원인을 확인한 후 최종적으로 종료시킬 수 있다.

운영적 유익성과는 달리 실시간 인스턴스 상태는 아티팩트 출처와 즉각적인 관련성은 없다. 실행 서버 그룹, 클러스터, 애플리케이션 명세에 사용할 **일부** 자료가 필요할 뿐이다. [예제 6-1]은 특정 수준의 출처 정보를 획득하는 과정을 직관적으로 표현한 자바 의사코드^{pseudocode} 모델이다. 이번 장은 의사코드를 자주 사용할 예정이다. 모델의 앞부분은 5.2절에서 정의했던 자원 유형을 캡슐화한다. `getApplications()` 등의 메서드 구현은 배포 자동화 방식에 따라 달라진다. 가령 스피나커에서 `getApplications()`는 게이트 서비스 API 호출에 해당한다. 이때 엔드포인트는 `/applications`다.

예제 6-1 실행 중인 배포 자산 목록

```
delivery
  .getApplications()
  .flatMap(application -> application.getClusters())
  .flatMap(cluster -> cluster.getServerGroups())

// 자산 구조
class Application {
  String name;
  Team owner;
  Stream<Cluster> clusters;
}

class Cluster {
  String cloudProvider;
  String name;
  Stream<ServerGroup> clusters;
}

class ServerGroup {
  String name;
  String region; // ❶
  String stack; // ❷
  String version;
  boolean enabled;
  Artifact artifact;
}
```

❶ us-east-1 같은 AWS 리전 정보. K8S에서 네임스페이스에 해당한다.

❷ test, production 등의 환경 승격 수준

깃옵스 시스템에서 getApplications()는 하나 이상의 깃 저장소 상태 정보를 나타낸다. 사설 데이터센터의 명명된 가상 머신들은 환경적 변화를 겪을 일이 거의 없어서 이 부분은 정적 목록으로 표현되며 수동으로 관리한다.

배포 스테이지가 얼마나 다양하든, 스테이트풀 전달 시스템은 데이터의 다양한 특성을 드릴다운할 수 있어야 한다. [예제 6-2]는 쿠버네티스에서 실행 공간을 점유한 애플리케이션을 골라 이들을 소유하고 있는 팀 목록을 추출한다.

예제 6-2 쿠버네티스에서 실행 중인 애플리케이션이 소속된 팀 조회

```
delivery
  .getApplications()
  .filter(application -> application.getClusters()
    .anyMatch(cluster -> cluster.getCloudProvider().equals("kubernetes")))
  .map(application -> application.getTeam())
  .collect(Collectors.toSet())
```

이러한 드릴다운 기능은 더 중요한 활용 가능성을 제시한다. 예를 들면 최신 보안 취약점을 전체 출처 체인에서 검색할 수 있다. 심각한 취약점이 발견되면 먼저 프로덕션 스택부터 조치하는 것이 바람직하다. 프로덕션으로 코드를 전달하는 하위 수준 환경은 그 다음 조치 대상이다.

서버 그룹에 포함된 **아티팩트**artifact를 판별하려면 릴리스의 불변 버전을 적절하게 관리해야 한다.

6.2 릴리스 버전 관리

소프트웨어 전달 라이프 사이클에서 아티팩트 저장소가 관여하는 시점은 지속적 전달 직후다. 아티팩트의 고유한 바이너리 버전은 아티팩트 출처 체인을 구성하는 첫 단계다. 스피나커는 파이프라인을 실행할 때 입력된 아티팩트를 추적하며 파이프라인 진행 과정에서 배포되는 자산들에 출처 정보 태그를 심는다. [그림 6-2]는 스피나커가 파이프라인에 입력된 도커 이미지의 태그와 다이제스트digest를 어떻게 추적하는지 보여준다.

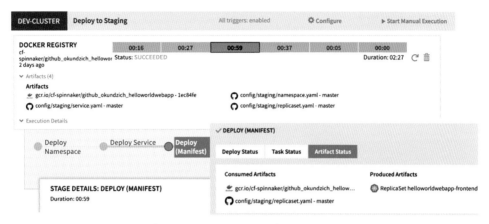

그림 6-2 스피나커의 아티팩트 식별(아티팩트는 다이제스트로 식별)

이미지 버전 태그로 코드를 고유하게 식별하려면 소스 코드와 의존성의 조합마다 고유하게 태그를 부여해야 한다. 즉 애플리케이션을 구성하는 소스 코드 **또는** 의존성이 변경되면 버전도 변경되어야 한다. 이 버전이야 말로 아티팩트를 식별하는 고유 버전이다.

CAUTION_ 도커 이미지 태그는 가변성

도커 레지스트리는 태그 불변성을 보장하지 않는다. 다이제스트는 불변이지만 태그와 1:1 관계는 아니다. 신규 도커 컨테이너를 레지스트리에 게시할 때는 일반적으로 'latest'라는 태그와 '1.2.0'이라는 정확한 버전 태그를 함께 지정한다. 'latest' 태그는 재정의하기 편리한 태그명이며 다음 버전이 게시되기 전까지 '1.2.0'과 동일한 다이제스트를 공유한다. 레지스트리 관점에서 보면 이미지 태그는 가변적이다. 'lastest'처럼 인간 친화적인 태그로 릴리스 프로세스를 구축하려면 절대 변하지 않는 고정된 버전을 함께 태그로 지정해야 한다.

배포 입력 아티팩트 유형은 클라우드 플랫폼에 따라 다르다. 클라우드 파운드리 같은 PaaS는 JAR 또는 WAR을 사용하며 쿠버네티스는 컨테이너 이미지를 쓴다. AWS EC2는 아마존 머신 이미지를 사용하고 데비안이나 RPM 같은 시스템 패키지를 통해 이미지를 '굽힌다'(5.4.1절 참고).

JAR, 컨테이너 이미지, 데비안/RPM 등 아티팩트 유형이 서로 달라도 버전 관리 체계를 수립할 때 고려할 사항은 동일하다.

이번 장에서 다룰 아티팩트 유형은 메이븐 저장소에 게시된 JAR 형태로 범위를 좁힐 것이다. 메이븐 저장소의 데비안 패키지도 같은 범주에 든다. 그러나 아티팩트 유형이 달라도 불변 버전이라는 최종 목표는 같다. 컨테이너 이미지를 레지스트리에 게시할 때도 마찬가지다.

6.2.1 메이븐 저장소

메이븐 아티팩트 저장소는 일반적으로 릴리스 저장소와 스냅샷 저장소로 구분한다. 릴리스 저장소 경로는 저장소의 기본 URL, 아티팩트 그룹, 아티팩트, 버전으로 구성된다. 그룹명에 포함된 마침표는 아티팩트의 실제 URL 경로에서 /로 변환된다. 그레이들에서 마이크로미터 코어 버전 1.4.1에 대한 의존성은 `implementation io.micrometer:micrometer-core:1.4.1`로 정의한다.

[그림 6-3]은 메이븐 센트럴에서 해당 아티팩트를 조회한 화면이다.

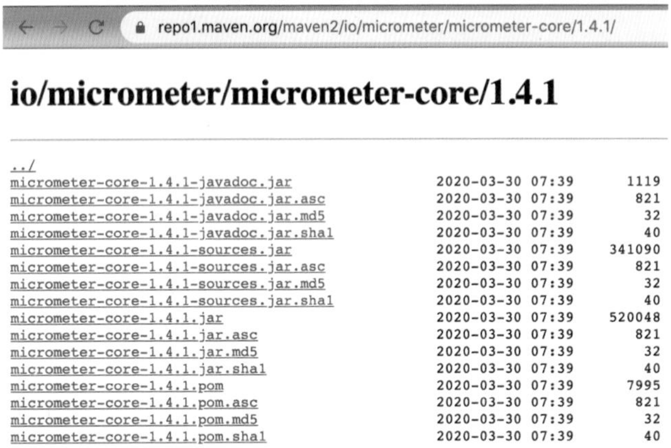

../		
micrometer-core-1.4.1-javadoc.jar	2020-03-30 07:39	1119
micrometer-core-1.4.1-javadoc.jar.asc	2020-03-30 07:39	821
micrometer-core-1.4.1-javadoc.jar.md5	2020-03-30 07:39	32
micrometer-core-1.4.1-javadoc.jar.sha1	2020-03-30 07:39	40
micrometer-core-1.4.1-sources.jar	2020-03-30 07:39	341090
micrometer-core-1.4.1-sources.jar.asc	2020-03-30 07:39	821
micrometer-core-1.4.1-sources.jar.md5	2020-03-30 07:39	32
micrometer-core-1.4.1-sources.jar.sha1	2020-03-30 07:39	40
micrometer-core-1.4.1.jar	2020-03-30 07:39	520048
micrometer-core-1.4.1.jar.asc	2020-03-30 07:39	821
micrometer-core-1.4.1.jar.md5	2020-03-30 07:39	32
micrometer-core-1.4.1.jar.sha1	2020-03-30 07:39	40
micrometer-core-1.4.1.pom	2020-03-30 07:39	7995
micrometer-core-1.4.1.pom.asc	2020-03-30 07:39	821
micrometer-core-1.4.1.pom.md5	2020-03-30 07:39	32
micrometer-core-1.4.1.pom.sha1	2020-03-30 07:39	40

그림 6-3 마이크로미터 코어 1.4.1 버전의 메이븐 센트럴 디렉토리 내용

JAR 바이너리(micrometer-core-1.4.1.jar) 외에 체크섬, 메이븐 폼POM 파일(모듈 정보), 소스, javadoc JAR 등이 함께 제공된다.

> **TIP 메이븐 릴리스 버전은 불변**
>
> 일반적으로 메이븐 저장소의 아티팩트 버전은 변경할 수 없다. 1.4.1 버전 저장소에는 1.4.1 외에 다른 코드를 게시하면 안 된다.

메이븐 스냅샷 저장소는 구조가 약간 다르다. [그림 6-4]는 `implementation io.rsocket:rsocket-core:1.0.0-RC7-SNAPSHOT`으로 선언한 의존성이 참조하는 메이븐 저장소다. RSocket의 스냅샷이 어떤 구조로 저장되는지 알 수 있다.

Index of libs-snapshot/io/rsocket/rsocket-core/1.0.0-RC7-SNAPSHOT

```
Name                                                    Last modified        Size

../
maven-metadata.xml                                      19-Apr-2020 08:34  1.37 KB
rsocket-core-1.0.0-RC7-20200204.195351-1-javadoc.jar->     -    -
rsocket-core-1.0.0-RC7-20200204.195351-1-sources.jar->     -    -
rsocket-core-1.0.0-RC7-20200204.195351-1.jar->            -    -
rsocket-core-1.0.0-RC7-20200204.195351-1.module->         -    -
rsocket-core-1.0.0-RC7-20200204.195351-1.pom->            -    -
rsocket-core-1.0.0-RC7-20200222.203307-2-javadoc.jar->    -    -
rsocket-core-1.0.0-RC7-20200222.203307-2-sources.jar->    -    -
rsocket-core-1.0.0-RC7-20200222.203307-2.jar->           -    -
rsocket-core-1.0.0-RC7-20200222.203307-2.module->        -    -
rsocket-core-1.0.0-RC7-20200222.203307-2.pom->           -    -
rsocket-core-1.0.0-RC7-20200225.110351-3-javadoc.jar->    -    -
rsocket-core-1.0.0-RC7-20200225.110351-3-sources.jar->    -    -
rsocket-core-1.0.0-RC7-20200225.110351-3.jar->           -    -
rsocket-core-1.0.0-RC7-20200225.110351-3.module->        -    -
rsocket-core-1.0.0-RC7-20200225.110351-3.pom->           -    -
rsocket-core-1.0.0-RC7-20200308.194304-4-javadoc.jar->    -    -
rsocket-core-1.0.0-RC7-20200308.194304-4-sources.jar->    -    -
rsocket-core-1.0.0-RC7-20200308.194304-4.jar->           -    -
rsocket-core-1.0.0-RC7-20200308.194304-4.pom->           -    -
```

그림 6-4 RSocket 1.0.0-RC7-SNAPSHOT이 게시된 스프링 아티팩토리 저장소

경로는 분명 **1.0.0-RC7-SNAPSHOT**을 나타내고 있지만 실제로 이 디렉터리에는 경로와 동일한 이름을 지닌 아티팩트가 없다. 대신 **SNAPSHOT** 부분이 타임스탬프로 대체된 아티팩트들이 게시되어 있다. [예제 6-3]의 **maven-metadata.xml** 파일 내용을 살펴보면 스냅샷 저장소에 게시된 마지막 타임스탬프 기록이 보존된 것을 알 수 있다.

예제 6-3 메이븐 메타데이터에 기록된 RSocket 1.0.0-RC7-SNAPSHOT 정보

```xml
<?xml version="1.0" encoding="UTF-8"?>
<metadata modelVersion="1.1.0">
  <groupId>io.rsocket</groupId>
  <artifactId>rsocket-core</artifactId>
  <version>1.0.0-SNAPSHOT</version>
  <versioning>
    <snapshot>
      <timestamp>20200423.184223</timestamp>
      <buildNumber>24</buildNumber>
    </snapshot>
    <lastUpdated>20200423185021</lastUpdated>
    <snapshotVersions>
      <snapshotVersion>
        <extension>jar</extension>
        <value>1.0.0-RC7-20200423.184223-24</value>
        <updated>20200423184223</updated>
      </snapshotVersion>
```

```
      <snapshotVersion>
        <extension>pom</extension>
        <value>1.0.0-RC7-20200423.184223-24</value>
        <updated>20200423184223</updated>
      </snapshotVersion>
      ...
    </snapshotVersions>
  </versioning>
</metadata>
```

새 스냅샷이 게시되면 `maven-metadata.xml`의 정보가 아티팩트 저장소의 정보로 갱신된다. 결국 `implementation io.rsocket:rsocket-core:1.0.0-RC7-SNAPSHOT`이라는 의존성은 불변 설정이 **아니다**. 배포 자산에 `1.0.0-RC7-SNAPSHOT` 태그를 지정해도 설정 당시의 최신 버전과 다시 연결된다고 보장할 수 없다. 배포 시점의 최신 타임스탬프는 다를 수도 있다.

따라서 메이븐 스냅샷은 아티팩트 출처 관리에 사용하기에 적합하지 않다. 아티팩트 저장소에서 바이너리 의존성을 고유하게 식별하지 않기 때문이다.

마이크로서비스는 하위 환경에서 테스트하던 후보 버전을 언제든지 프로덕션으로 **승격**promotion 할 수 있다는 점에서 라이브러리와 버전 관리 요건이 다르다. 가급적이면 저수준 환경에서 스냅샷 버전 유형으로 테스트하지 않는 것이 최선이다. 스냅샷 버전은 적합성 판단 과정을 거쳐 프로모션으로 승격시킬 때 '릴리스' 버전으로 다시 빌드해야 한다. 바이너리를 **재빌드**rebuild하면 시간뿐만 아니라 아티팩트 저장소도 낭비된다. 게다가 릴리스 빌드의 일부가 처음과 똑같이 작동하지 않을 위험이 있다. 빌드 시점의 머신의 환경이 결과 바이너리에 영향을 미칠 수 있기 때문이다.

마이크로서비스 버전 관리에 대한 모든 논의는 다음 두 가지 대원칙으로 요약된다.

고유성

소스 코드와 의존성의 조합을 고유하게 식별하는 버전 번호

불변성

저장소에 지정된 아티팩트 버전이 다른 버전으로 덮어씌워지지 않음

메이븐 스냅샷은 고유성 원칙을 만족시키지 못한다.

릴리스 버전 관리 기법은 여러 형태가 있다. 그중 접근 방식이 상대적으로 간단한 기법을 살펴볼 것이다. 두 원칙을 준수하고 오픈 소스를 사용하며 특별한 노력 없이 마이크로서비스 버전을 효과적으로 관리할 수 있는 기법이다.

6.2.2 빌드 도구를 이용한 릴리스 버전 관리

넷플릭스 네뷸라 제품군 중 릴리스 플러그인은 두 원칙을 모두 만족하는 버전 관리 워크플로를 제공한다. 여기에는 `final`, `candidate`, `devSnapshot` 등의 그레이들 태스크가 포함되며 빌드 과정에서 프로젝트에 버전을 지정한다. 일반적으로 라이브러리를 개발할 때는 스냅샷 버전을 먼저 생성한다. 스냅샷이 어느 정도 릴리스에 가까워지면 릴리스 후보 버전을 한 두 단계 거친 후 최종적으로 파이널 릴리스를 선정한다. 마이크로서비스의 버전 관리 방식은 약간 다르다. 앞서 언급했듯이 저수준 환경에서 실행되던 특정 코드를 언제든지 반복적으로 프로덕션에 올릴 수 있기 때문이다. [그림 6-5]는 이러한 승격이 진행되는 주기를 나타낸 흐름도다. 배포 파이프라인 마지막 단계에 마이너 릴리스 번호를 *N*으로 올리고 버전명을 태그로 지정해 다음 주기에 대비한다.

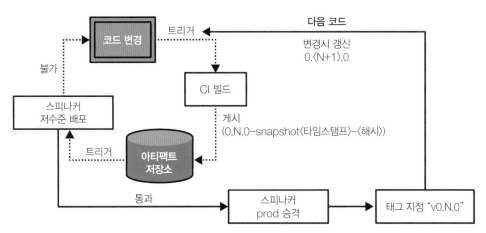

그림 6-5 마이크로서비스 릴리스 버전 관리 주기

한 주기는 아티팩트 빌드, 생성, 저장소 적재, 저수준 환경 전달 프로비저닝 자동화 등으로 구성된다. 이러한 주기는 배포가 최종적으로 프로덕션에 승격되기 전까지 여러 번 수행될 가능성이 있다. 단 한 번만 수행된다면 매우 이상적인 지속 배포 모델이라 할 수 있다. 저수준 환경에서 성공적으로 수행된 모든 배포가 프로덕션으로 승격됐으며 배포에 포함된 테스트 자동화도 통과했다는 뜻이다. 변경 사항을 꼭 이정도 수준까지 즉각적으로 반영할 필요는 없다. 배포 주기의 빈도는 버전 관리 체계를 수립할 때 중요한 고려 사항이 아니다.

네뷸라 릴리스 플러그인은 코드를 빌드할 때마다 저장소의 최신 태그를 확인하고 기본적으로 **다음** 마이너 버전으로 스냅샷을 생성한다. 라이브러리를 빌드할 때는 여기에 후보 버전, 최종 버전이 포함된다. 예를 들어 최신 태그가 **v0.1.0**이면 신규 빌드 버전은 0.2.0이 된다.

CI는 네뷸라 릴리스 플러그인을 사용해 그레이들 빌드를 실행하며 그 결과물로 불변 스냅샷이 생성된다. 배포가 최종적으로 프로덕션에 승격되기 전까지 마이너 리비전은 일관성을 유지한다. 승격이 완료되면 전달 자동화 시스템이 저장소에 태그를 지정한다. 가령 스피나커는 저장소에서 **./gradlew final**을 실행해 현재 마이너 릴리스 태그를 깃 원격 저장소에 푸시한다.

> **NOTE_ SaaS 릴리스 vs 패키지 소프트웨어 릴리스**
>
> 패키지 소프트웨어도 마이크로서비스의 일부로 구성할 수 있다. 스피나커 또한 다른 통합 배포에 포함시킬 수 있는 마이크로서비스 제품군이다. 일반적으로 패키지 소프트웨어는 일종의 구성 명세서를 추가적으로 제공한다. 이 명세서는 자체적으로 리비전이 지정되며 해당 소프트웨어에 담긴 각 마이크로서비스의 버전 정보를 담는다. 명세서에 포함된 버전들은 **함께** 테스트하고 작동해야 한다. 이러한 구성 명세서는 SaaS에서 마이크로서비스 실행 사본을 다수 생성할 때 유용하게 쓸 수 있다. 반면 프로덕션 환경은 단 하나의 실행 사본을 유지하는 경우가 많으므로 명세서가 불필요하다.

[예제 6-4]은 네뷸라 릴리스 플러그인 설정이며 그레이들 프로젝트 루트에 작성한다.

예제 6-4 그레이들 프로젝트의 네뷸라 릴리스 플러그인 설정

```
plugins {
  java
  id("nebula.release") version "LATEST" // ❶
  id("nebula.maven-publish") version "LATEST"
  id("nebula.maven-resolved-dependencies") version "LATEST"
}

project
```

```
    .rootProject
    .tasks
    .getByName("devSnapshot")
    .dependsOn(project
      .tasks
      .getByName("publishNebulaPublicationToArtifactory")) // ❷

project
  .gradle
  .taskGraph
  .whenReady(object: Action<TaskExecutionGraph> { // ❸
    override fun execute(graph: TaskExecutionGraph) {
      if (graph.hasTask(":snapshot") ||
        graph.hasTask(":immutableSnapshot")) {

        throw GradleException("You cannot use the snapshot or" +
          "immutableSnapshot task from the release plugin. " +
          "Please use the devSnapshot task.")
      }
    }
})

publishing {
  repositories {
    maven {
      name = "Artifactory" // ❹
      url = URI.create("https://repo.myorg.com/libs-services-local")
    }
  }
}
```

❶ LATEST 부분은 그레이들 플러그인 포털(*https://oreil.ly/_MRA2*)에 게시된 실제 버전으로 교체한다.

❷ CI가 devSnapshot 빌드를 실행할 때마다 아티팩트를 생성하고 아티팩토리에 게시한다. 파이널 빌드
는 게시 절차를 추가하지 않았다. 프로덕션으로 승격된 후 다음 스테이지에서 ./gradlew final을 실
행하면 마이너 릴리스 버전 v0.1.0으로 태그를 지정하고 저장소에 푸시하지만 추가로 아티팩트를 게
시하지 않는다. 이 태그의 존재가 곧 개발 주기 완료를 의미한다. 이후에 코드를 푸시하고 ./gradlew
devSnapshot을 행하면 다음 마이너 릴리스 버전으로 스냅샷이 생성된다(0.2.0-snapshot.<타임스
탬프>+<커밋 해시>).

❸ 다른 유형의 스냅샷 빌드 태스크를 사용하지 못하도록 차단한다. 네뷸라 릴리스 플러그인은
devSnapshot과 버전 형식이 다른 스냅샷 태스크를 몇 가지 더 제공한다.

❹ devSnapshot의 dependsOn 절에서 참조할 아티팩토리 저장소 정의

자동 테스트를 통과한 모든 커밋을 프로덕션으로 배포하는 지속 전달 모델도 있다. 저수준 환경에서 자동화 테스트 스위트를 검증할 필요가 없다면 이 모델은 마이너 릴리스마다 정확히 하나의 스냅샷을 생성한다. 아티팩트를 게시하기 전에 모든 검사를 수행하고 결과물을 충분히 신뢰한다면 불변 스냅샷 생성 단계를 완전히 건너뛸 수 있다. 즉시 프로덕션 승격 결정을 내리고 `./gradlew final`을 실행하면 된다. 이러한 전달 모델을 흔쾌히 도입할만한 기업은 많지 않다. 이 정도 수준의 자동화가 요구되는 경우도 거의 없다. 2.18절에서 언급했다시피 누구나 결국 '조직도를 나르게' 된다.

아티팩트 출처 체인을 구축하는 첫 단계는 모든 배포를 각기 고유한 불변 릴리스 버전과 연결하는 것이다. 그러려면 우선 전달 서비스가 모든 배포를 파악하고 각 배포마다 불변 릴리스 버전을 부여해야 한다. EC2의 오토 스케일링 그룹명, 쿠버네티스 태그 등이 이러한 정보에 해당한다. 배포와 버전을 매핑하는 환경이 조성되면 이제 모든 프로덕션 배포 자원과 아티팩트를 고유하게 조합해 아티팩트 저장소에 나타낼 수 있다.

[예제 6-5]는 이러한 방식으로 아티팩트 출처 체인의 얼개를 구하는 의사코드다.

예제 6-5 배포 자원과 아티팩트 버전 매핑

```
delivery
  .getApplications()
  .flatMap(application -> application.getClusters())
  .flatMap(cluster -> cluster.getServerGroups())
  .map(serverGroup -> serverGroup.getArtifact())// ❶

// 자산 구조
@EqualsAndHashCode(includes = {"group", "artifact", "version"}) // ❷
class Artifact {
  String group;
  String artifact;
  String version;
  Set<Artifact> dependencies; // ❸
}
```

❶ 반환되는 타입은 Stream<Artifact>다. 배포와 아티팩트는 1:1로 대응한다.

❷ devSnapshot은 소스 코드와 의존성 사이의 조합마다 고유한 불변 아티팩트 버전을 생성한다. 따라서 아티팩트의 그룹/아티팩트/버전 조합이 일치하면 아티팩트의 의존성도 동일하다고 보장할 수 있다.

❸ 의존성이 지정되는 부분. 아직 논의하지 않았다.

아티팩트 출처 정보에 의존성을 포함시키려면 몇 가지 설정이 더 필요하다.

6.3 의존성 해소 메타데이터

출처 체인을 더욱 깊숙하게 연결해 애플리케이션 의존성까지 도달하면 특정 **라이브러리**^{library} 버전이 포함된 배포 자산도 신속히 찾아낼 수 있다. 보안 취약점이 존재하는 버전을 찾을 때 유용하다.

일반적으로 애플리케이션과 메이븐 폼 파일을 게시하면 일차적인 의존성 정보가 `<dependencies>` 블록에 나열된다. 그레이들 빌드는 `dependencies { }` 섹션에 직접 나열한다. [예제 6-6]은 start.spring.io(*https://start.spring.io*)에서 생성한 샘플 애플리케이션의 일차 의존성들이다. 특히 `spring-boot-starter-actuator`와 `spring-boot-starter-webflux`는 필수적이다.

예제 6-6 스프링부트 샘플 애플리케이션의 일차 의존성

```
dependencies {
    implementation("org.springframework.boot:spring-boot-starter-actuator")
    implementation("org.springframework.boot:spring-boot-starter-webflux")
    testImplementation("org.springframework.boot:spring-boot-starter-test")
    testImplementation("io.projectreactor:reactor-test")
}
```

출처 체인을 구성할 때 테스트 의존성은 중요하지 않다. 테스트 의존성은 개발자의 로컬 컴퓨터에서 지속적 통합 빌드를 생성하는 동안에만 클래스패스에 있으면 된다. 배포 환경에서 실행될 최종 애플리케이션 패키지에는 포함되지 않는다. 테스트 의존성의 결함이나 취약점은 지속적 통합 환경 안에서 안전하게 통제되며 배포 애플리케이션의 실행 과정에 장애를 유발할 위험이 없다.

이 애플리케이션을 아티팩토리에 게시하면 바이너리와 함께 메이븐 폼 파일이 제공된다. [예제 6-7]은 이러한 폼 파일의 `dependencies` 영역이다.

예제 6-7 메이븐 폼 파일에 기록된 일차 의존성

```
<dependencies>
  <dependency>
    <groupId>org.springframework.boot</groupId>
    <artifactId>spring-boot-starter-actuator</artifactId>
    <version>2.3.0.M4</version>
    <scope>runtime</scope>
  </dependency>
  <dependency>
    <groupId>org.springframework.boot</groupId>
    <artifactId>spring-boot-starter-webflux</artifactId>
    <version>2.3.0.M4</version>
    <scope>runtime</scope>
  </dependency>
</dependencies>
```

물론 일차 의존성은 부차적인 **다른** 의존성을 낳는다. 일차 의존성에서 시작해 모든 하위 의존성을 재귀적으로 해소하는 과정을 일컬어 의존성 이행 종결transitive closure이라 한다.

아티팩트 저장소에서 각 의존성의 폼 파일을 재귀적으로 가져오면 이행 종결을 달성할 수 있다고 생각하기 쉬우나, 실은 그렇지 않다. 애플리케이션에서 해소하고 패키지에 포함시킨 이행 의존성도 빌드 과정에서 다른 제약 조건의 영향을 받을 수 있다. 가령 특정 라이브러리의 최신 버전에서 치명적인 버그가 수정되면 이전 버전은 사용하지 못하도록 막아야 한다. [예제 6-8]은 의존성 버전을 특정하는 그레이들 설정이다.

예제 6-8 버전 거부 및 대체

```
configurations.all {
  resolutionStrategy.eachDependency {
    if (requested.group == "org.software" &&
      requested.name == "some-library") {

      useVersion("1.2.1")
      because("fixes critical bug in 1.2")
    }
  }
}
```

해소 전략, 버전 강제 등 어떤 방법을 쓰든 애플리케이션 바이너리를 한번 게시하면 이행 종결 상태가 영속적으로 유지되어야 한다. 폼 파일을 이용하면 비교적 간단하게 영속성을 확보할 수 있다. 해소된 이행 종결 상태를 **\<properties\>** 엘리먼트에 기록해두고 이를 검증하는 도구를 만든다. 이 도구는 전체 조직에서 공통적으로 사용할 의존성 검증 도구다.

네뷸라 인포info(*https://oreil.ly/ASOpi*) 플러그인은 빌드 시점에 메타데이터를 취합해 **\<properties\>** 섹션에 추가하는 도구다. 기본적으로 네뷸라 인포는 깃 커밋 해시, 브랜치, 자바 버전, 빌드 호스트 등의 속성을 수집한다.

InfoBrokerPlugin을 사용하면 키-값 형태로 속성 정보를 추가할 수 있다. [예제 6-9]는 런타임 클래스패스에 포함된 이행 종결 의존성을 탐색하고 목록을 작성해 속성으로 추가하는 그레이들 설정이다. nebula.maven-publish는 nebula.maven-manifest(*https://oreil.ly/Bb-hM*) 플러그인을 포함한다. 이 플러그인은 인포 브로커가 관리하는 모든 속성을 읽어들여 폼 속성에 추가한다.

예제 6-9 모든 이행 의존성 목록 정렬 추출

```
plugins {
  id("nebula.maven-publish") version "LATEST" // ❶
  id("nebula.info") version "LATEST"
}

tasks.withType<GenerateMavenPom> {
  doFirst {
    val runtimeClasspath = configurations
      .getByName("runtimeClasspath")
    val gav = { d: ResolvedDependency ->
      "${d.moduleGroup}:${d.moduleName}:${d.moduleVersion}"
```

```
    }
    val indented = "\n" + " ".repeat(6)

    project.plugins.withType<InfoBrokerPlugin> {
      add("Resolved-Dependencies", runtimeClasspath
        .resolvedConfiguration
        .lenientConfiguration
        .allModuleDependencies
        .sortedBy(gav)
        .joinToString(
          indented,
          indented,
          "\n" + " ".repeat(4), transform = gav
        )
      )
    }
  }
}
```

❶ LATEST 부분은 그레이들 플러그인 포털(*https://oreil.ly/TNrDy*)에 게시된 최신 버전으로 교체한다.

[예제 6-10]은 이런 과정을 거쳐 폼 속성에 기록된 의존성 목록이다.

예제 6-10 폼 속성에 기록된 이행 종결 의존성 정렬 목록

```
<project ...>
  <groupId>com.example</groupId>
  <artifactId>demo</artifactId>
  <version>0.1.0</version>
  <name>demo</name>
  ...
  <properties>
    <nebula_Change>1b0f8d9</nebula_Change>
    <nebula_Branch>master</nebula_Branch>
    <nebula_X_Compile_Target_JDK>11</nebula_X_Compile_Target_JDK>
    <nebula_Resolved_Dependencies>
      ch.qos.logback:logback-classic:1.2.3
      ch.qos.logback:logback-core:1.2.3
      com.datastax.oss:java-driver-bom:4.5.1
      com.fasterxml.jackson.core:jackson-annotations:2.11.0.rc1
      com.fasterxml.jackson.core:jackson-core:2.11.0.rc1
      com.fasterxml.jackson.core:jackson-databind:2.11.0.rc1
```

```
      </nebula_Resolved_Dependencies>
    </properties>
  </project>
```

이제 `logback-core` 버전 1.2.3이 포함된 모든 배포를 검색할 수 있다. [예제 6-11]은 특정 `logback-core` 버전이 포함된 모든 서버 그룹 목록을 얻는 의사코드다. 특정 아티팩트의 의존성 목록은 해당 아티팩트의 폼 파일에서 얻는다. 아티팩트의 그룹/이름/버전을 조합해 폼 파일을 특정한 다음 아티팩트 저장소에서 다운로드하고 `<nebula_Resolved_Dependencies>`의 내용을 파싱하는 과정을 거쳐야 한다.

예제 6-11 배포 자원과 각각에 포함된 의존성을 매핑하는 의사코드

```
delivery
  .getApplications()
  .flatMap(application -> application.getClusters())
  .flatMap(cluster -> cluster.getServerGroups())
  .filter(artifact -> serverGroup
    .getArtifact()
    .getDependencies()
    .stream()
    .anyMatch(d -> d.getArtifact().equals("logback-core") &&
      d.getVersion().equals("1.2.3"))
  )
```

폼 파일의 의존성 목록은 좀 더 보기 좋게 꾸며 가독성을 높일 수 있다. 이행 종결 목록을 파싱하는 기능에는 영향을 미치지 않는다. [예제 6-12]는 이행 종결 의존성 목록을 최소 신장 트리^{minimum spanning tree} 형태로 가공하고 들여쓰기를 가미해 저장하는 설정이다.

예제 6-12 이행 종결 의존성을 폼 파일 속성에 트리 형태로 저장하는 빌드 설정

```
tasks.withType<GenerateMavenPom> {
  doFirst {
    val runtimeClasspath = configurations.getByName("runtimeClasspath")

    val gav = { d: ResolvedDependency ->
      "${d.moduleGroup}:${d.moduleName}:${d.moduleVersion}"
    }
```

```
val observedDependencies = TreeSet<ResolvedDependency> { d1, d2 ->
  gav(d1).compareTo(gav(d2))
}

fun reduceDependenciesAtIndent(indent: Int):
  (List<String>, ResolvedDependency) -> List<String> =
  { dependenciesAsList: List<String>, dep: ResolvedDependency ->

    dependenciesAsList + listOf(" ".repeat(indent) +
      dep.module.id.toString()) + (
        if (observedDependencies.add(dep)) {
          dep.children
            .sortedBy(gav)
            .fold(emptyList(), reduceDependenciesAtIndent(indent + 2))
        } else {
          // 하위 트리에 이미 출력했던 의존성은 건너뛴다.
          emptyList()
        }
      )
  }

project.plugins.withType<InfoBrokerPlugin> {
  add("Resolved-Dependencies", runtimeClasspath
    .resolvedConfiguration
    .lenientConfiguration
    .firstLevelModuleDependencies
    .sortedBy(gav)
    .fold(emptyList(), reduceDependenciesAtIndent(6))
    .joinToString("\n", "\n", "\n" + " ".repeat(4)))
  }
 }
}
```

이 빌드 설정을 적용하면 이행 의존성 속성 목록이 [예제 6-13]처럼 생성된다. 다른 도구에서 의존성 목록을 읽고 가공하는 데 지장을 주지 않으면서 가독성은 높였다. 추가된 요소는 화이트스페이스 뿐이다. 앞쪽의 공백을 제거하기만 하면 일반적인 목록과 똑같이 취급할 수 있다.

예제 6-13 트리 형식으로 폼 속성에 나열된 이행 종결 의존성

```
<project ...>
  <groupId>com.example</groupId>
  <artifactId>demo</artifactId>
```

```
<version>0.1.0</version>
<name>demo</name>
...
<properties>
  <nebula_Change>1b0f8d9</nebula_Change>
  <nebula_Branch>master</nebula_Branch>
  <nebula_X_Compile_Target_JDK>11</nebula_X_Compile_Target_JDK>
  <nebula_Resolved_Dependencies>
    org.springframework.boot:spring-boot-starter-actuator:2.3.0.M4
      io.micrometer:micrometer-core:1.3.7
        org.hdrhistogram:HdrHistogram:2.1.11
        org.latencyutils:LatencyUtils:2.0.3
      org.springframework.boot:spring-boot-actuator-autoconfigure:2.3.0.M4
      com.fasterxml.jackson.core:jackson-databind:2.11.0.rc1
      com.fasterxml.jackson.datatype:jackson-datatype-jsr310:2.11.0.rc1
        com.fasterxml.jackson.core:jackson-annotations:2.11.0.rc1
        com.fasterxml.jackson.core:jackson-core:2.11.0.rc1
        com.fasterxml.jackson.core:jackson-databind:2.11.0.rc1
  </nebula_Resolved_Dependencies>
</properties>
</project>
```

네뷸라 인포 활용법을 응용하면 커밋 정보를 취합해 `<nebula_Change>`에 기록할 수 있다.

6.4 소스 코드를 활용한 메서드 수준 정보 수집

의존성에서 한 걸음 더 나아가 아티팩트 버전을 소스 코드 수준에서 기록할 수 있다. 출처 체인의 마지막 단계다. 여기까지 완료되면 애플리케이션 소스 코드의 모든 메서드 정의와 호출 정보까지 출처 체인으로 연결된다. 이때 '애플리케이션'은 개념적으로 멀티 클라우드의 여러 클러스터에 걸쳐 배포된 애플리케이션들을 의미한다. 예를 들어 AWS EC2 IaaS 기반 배포 공간의 출처 체인은 [예제 6-14]처럼 구성된다.

예제 6-14 애플리케이션에서 소스 코드 메서드까지 이어지는 AWS EC2 출처 체인

```
애플리케이션
  -> 소유자 (팀)
  -> 클러스터
```

```
-> 서버 그룹
 -> 인스턴스
 -> 아마존 머신 이미지 (AMI)
   -> 데비안
    -> JAR (또는 WAR)
      -> 깃 커밋
       -> 소스 추상 구문 트리  ❶
         -> 클래스
           -> 메서드 선언
             -> 메서드 호출
     -> 의존성
       -> 깃 커밋
        -> 소스 추상 구문 트리
          -> 클래스
            -> 메서드 선언
              -> 메서드 호출
```

❶ 이 부분을 어떻게 구성하는지가 이번 절의 주제다.

이 체인은 고유하게 식별되는 메타데이터를 이용해 모든 출처를 샅샅이 연결한다. 그 결과 현재 실행 중인 프로덕션 환경에 대한 거의 모든 질문에 해답을 제공할 수 있다. 다음에 제시할 상황들은 이제 정확한 답안이 존재하며, 이러한 답안은 배포 공간의 실시간 상태에 따라 자동으로 갱신된다.

서드 파티 오픈 소스 라이브러리의 제로 데이 취약점

보안팀은 사내에서 사용하는 서드 파티 오픈 소스 라이브러리의 취약점을 파악해야 한다. 취약점을 노리고 악용하려는 시도는 늘 존재한다. 민감한 개인 식별 정보가 노출되면 막대한 법적 책임을 져야 할 뿐만 아니라 기업의 브랜드 이미지도 심각한 타격을 입는다. 이미 취약점이 널리 퍼진 상태라면 보안팀은 두 단계에 걸쳐 조치를 취한다. 우선 취약한 메서드를 호출하는 프로덕션 자산을 파악하고 그 중에서 외부에 공개된 자산을 집중적으로 보완한다. 다음은 내부 도구와 프로덕션 배포 과정에 주목한다. 저수준 환경의 애플리케이션 코드에 존재하는 취약점이 배포 경로를 통해 프로덕션에 전파되지 못하도록 처리한다. 첫 번째 단계에서 보안팀은 취약한 메서드에 관여된 팀과 집중적으로 소통해야 한다. 취약점으로 이어지는 실행 경로를 보유한 팀은 과연 어디인가?

플랫폼팀이 특정 API를 만료시키거나 변경할 때

사내 도구팀이 제공하고 관리하는 A/B 테스트 확인 라이브러리가 있다. 테스트 대상 요청을 구별하기 위해 모든 마이크로서비스팀이 사용하는 도구다. 도구팀은 이 라이브러리를 사용하는 API를 수정하려고 한다. 깃허브 엔터프라이즈의 소스 코드 검색 기능으로 해당 API를 검색하자 현재 사용되지 않는 코드가 일부 발견되었다. 도구팀이 API를 이대로 수정했을 때 실제로 영향을 받게 될 코드는 어디에서 개발되고 배포되고 있는가? 어느 팀들이 영향을 받는가? 조직의 규모가 작다면 각 팀과 개별적으로 모임을 갖거나 피드백 회의를 진행하며 API 변경 사항을 공유할 수 있다. 그러나 이 API의 영향 범위가 예상보다 훨씬 광범위하다면 작업을 점진적으로 진행하거나 혹은 논의 자체를 원점으로 되돌려야 한다.

마이크로서비스 실행 경로에 존재하는 메서드를 식별하는 방식은 두 가지 있다.

실행 경로 실시간 모니터링

자바 실행 프로세스에 에이전트를 연결하면 메서드 호출 현황을 모니터링할 수 있다. 호출 메서드 시그니처를 일정 기간 이상 관찰하면 실행 결과가 도달하는 경로를 거의 모두 취합할 수 있다. 일례로, 보안 취약성 분석 전문 도구인 스닉^{snyk}(*https://snyk.io*)은 실행 경로를 실시간으로 모니터링하는 자바 에이전트를 제공한다. 에이전트는 취약점이 존재하는 부분을 메서드 수준에서 검색하고 경고를 발생시킨다. 이러한 실시간 모니터링 도구는 실행 경로의 규모를 **축소**해서 보고하는 경향이 있다. 예외 처리처럼 실행 빈도가 낮은 일부 경로는 누락될 가능성이 크기 때문이다.

소스 코드 정적 분석을 통한 실행 경로 취합

추상 구문 트리(*https://oreil.ly/f0r4M*)는 소스 코드 구조를 표현하는 방식의 일종이며 몇몇 자바 도구를 이용해 생성할 수 있다. 추상 구문 트리를 따라가면 메서드 호출 지점이 드러난다. 소스 저장소의 모든 클래스를 추상 구문 트리로 나타내고 메서드 호출 지점을 취합하면 잠재적 실행 경로를 모두 파악할 수 있다. 이 방식은 실행 경로 집합을 **과장**해서 보고하는 경향이 있다. 절대로 참이 될 수 없는 조건문 안에서 메서드를 호출하면 실제 실행 경로가 없다고 봐야 한다. 또한 절대로 요청될 일이 없는 URI와 매핑되는 메서드도 마찬가지다

이 둘은 각각 실행 경로를 축소/과장 보고하는 특성이 있으므로 적절히 조합해서 쓰면 좋다. 실시간 모니터링을 바탕으로 메서드 사용 현황을 보고하는 애플리케이션은 우선적인 보완 대상이다. 두 번째 방식을 병행해 잠재적 실행 경로를 평가할 수 있다.

정적 분석 도구는 소스 코드를 평가할 수 있어야 한다. [예제 6-15]에 다시 등장한 `nebula.info`와 `nebula.maven-publish` 조합은 소스의 깃 커밋 해시와 브랜치 정보를 제공한다. 특정 서버 그룹에서 실행되고 있는 아티팩트 버전과 그 안에 포함된 소스 코드를 결부시키기에 충분한 정보다. 또한 애플리케이션 아티팩트의 이행 종결 의존성을 따라가면 각 의존성의 폼 파일이 나타나며, 각 의존성이 소스 코드를 검증할 때 사용한 커밋 해시와 브랜치를 특정할 수 있다.

예제 6-15 폼 속성에 깃 해시와 브랜치를 기록하기 위한 그레이들 플러그인 설정

```
plugins {
    id("nebula.maven-publish") version "LATEST"
    id("nebula.info") version "LATEST"
}
```

[예제 6-16]은 폼 속성에 기록된 해시와 브랜치 정보로 손쉽게 취합할 수 있다.

예제 6-16 깃 해시와 브랜치가 기록된 메이븐 폼 속성

```
<project ...>
    <groupId>com.example</groupId>
    <artifactId>demo</artifactId>
    <version>0.1.0</version>
    <name>demo</name>
    ...
    <properties>
        <nebula_Change>1b0f8d9</nebula_Change>
        <nebula_Branch>master</nebula_Branch>
    </properties>
</project>
```

코드 구조 검색 도구의 실행 경로 분석 능력을 평가할 때는 오픈라이트를 기준으로 삼으면 좋다.

6.4.1 오픈리라이트를 이용한 코드 구조 검색

오픈리라이트^{OpenRewrite}(*http://github.com/openrewrite*) 프로젝트는 자바를 비롯한 여러 소스 코드에 사용할 수 있는 대규모 리팩터링 생태계다. 엔지니어링 조직 전체에서 기술적 부채를 제거하도록 설계되었다. 리라이트는 다음을 포함한 다양한 워크플로와 결합한다.

- 그레이들이나 메이븐 빌드 태스크로 코드를 검색하고 교정한다.
- 전사적 수준에서 코드를 검색하고 임의의 복잡도를 지닌 패턴을 식별한다.
- 보안 취약점을 개선하고, 지원 종료 API의 사용처를 제거하고, 제반 기술 전환(예: Junit 어썰트^{asserts}를 AssertJ로) 작업 등에 대량 풀리퀘스트^{pull-request}를 발행한다.
- 전사적으로 대량의 깃 커밋을 생성한다.

오픈리라이트는 소스 코드의 구조와 형식을 바탕으로 추상 구문 트리^{abstract syntax tree}(AST)를 가공한다. 이 AST는 원본 형식과 함께 출력되어 코드 재구성 작업에 활용된다. 리라이트는 AST를 고차원적으로 검색하고 리팩터링하는 기능을 제공하며 이 기능에 대한 유닛 테스트도 함께 제공한다.

리라이트 AST가 출처 체인 구축에 기여하는 핵심적인 기능은 다음 두 가지다.

타입 속성

각 AST 엘리먼트는 타입 정보를 담는다. 예를 들어 소스 코드에서 myField를 참조한다면 Rewrite AST의 `myField` 엘리먼트는 `myField`의 타입 정보를 담는다. 타입 정의가 해당 소스 파일이나 프로젝트 외부에 있더라도 올바른 정보를 가져올 수 있다.

비순환과 직렬화

타입 정보를 포함하는 대부분의 AST는 잠재적으로 순환적 구조를 형성한다. `class A<T extends A<T>>` 형태로 선언하는 제네릭은 이러한 순환을 유발하는 대표 요소며, 일반적으로 자바 추상 빌더 타입 등에서 쉽게 발견할 수 있다. 리라이트는 순환 구조를 끊고 직렬화 어노테이션을 타입에 추가한다. 그 결과 잭슨^{Jackson} 등의 라이브러리로 AST를 직렬화 또는 역직렬화 시킬 수 있다.

타입 속성은 코드 패턴을 정확하게 검색할 수 있는 수단이다. [예제 6-17]의 구문에서 **logger**
가 SLF4J인지 또는 로그백Logback인지 알려면 타입 속성이 필요하다. 이처럼 메서드를 호출하는
인스턴스의 클래스 타입을 수신자 타입이라고 부른다.

예제 6-17 수신자 타입이 모호한 로깅 구문

```
logger.info("Hi");
```

타입 속성이 부여된 AST를 전사적으로 생성하려면 임의의 계산 복잡도를 감수해야 한다. 의존
성 해소, 소스 코드 구문 분석, 타입 속성을 모두 추적해야 하기 때문이다. 기본적으로 바이트
코드 생성 직전까지의 자바 컴파일 작업이나 다름없다. 리라이트 AST는 직렬화시킬 수 있으
므로 지속적 통합 환경에서 컴파일 산출물로 저장해뒀다가 추후 일괄 작업으로 한 번에 처리할
수 있다.

특정 소스 파일을 분석한 AST 직렬화 데이터에 타입 정보까지 포함되어 있으면 동일 패키지
또는 저장소의 다른 소스 파일이 없어도 독립적으로 코드를 리팩터링하거나 검색할 수 있다. 방
대한 소스를 검색하거나 리팩터링하는 작업도 선형적이고 확장 가능한 작업으로 탈바꿈한다.

자바 소스 코드의 리라이트 AST 생성

자바 소스 코드에서 리라이트 AST를 생성하려면 먼저 [예제 6-18]에 있는 두 방식 중 하나로
JavaParser를 생성한다. 둘 사이의 차이점은 생성자 인수로 전달하는 런타임 클래스패스다.

예제 6-18 JavaParser 인스턴스 생성[1]

```
JavaParser();
JavaParser(List<Path> classpath);
```

클래스패스는 선택 조건이다. 어쨌든 각 엘리먼트에 타입 속성을 지정하기 위해 **최선의 노력**best
effort을 다하기 때문이다. 전사적으로 검색할 용도로 AST를 저장할 때는 추후 어떤 식으로 검색
에 활용할지 알 수 없기 때문에 모든 타입 속성을 저장하는 게 좋다. 검색 유형은 다음과 같이

---

1 옮긴이_본서의 OpenRewrite 예제 코드는 2버전 rc를 기준으로 작성됐다. OpenRewrite 7버전은 내장 메서드 builder()를 사용
  해 JavaParser 인스턴스를 생성한다. 아울러, 최신 버전 예시를 자세히 배우고 싶다면 공식 문서(*https://docs.openrewrite.org/*
  tutorials/writing-a-java-refactoring-recipe)를 참고하기 바란다.

크게 세 종류로 분류한다.

타입이 필요 없는 유형

화이트스페이스 자동 교정처럼 단순히 구문 스타일을 리팩터링할 때는 소스 작성 형식만 엄격하게 검사하면 된다. AST 엘리먼트에 타입 정보가 필요 없으며 검색 결과에도 영향을 주지 않는다.

부분적으로 필요한 유형

구아바 라이브러리 사용 중에 지원 종료 예정 메서드를 사용한 곳이 있는지 파악해야 할 때가 있다. 이런 경우에는 구아바 바이너리 파일의 경로만 이용해 JavaParser를 생성해도 좋다. AST의 타입 정보는 제한적으로 기록되겠지만 소기의 목적을 달성하기에 충분하다. 이때 바이너리 파일의 버전은 프로젝트에서 사용한 구아바 버전과 달라도 된다.

모든 타입 정보가 필요한 유형

컴파일 과정에서 AST를 수집해 한 곳에 모을 때는 전체 타입 정보를 모두 기록해 임의의 코드 검색에 대비해야 한다. 추후 어떤 방식으로 검색을 시도할지 알 수 없기 때문이다.

JavaParser는 [예제 6-19]처럼 자바 프로세스의 런타임 클래스패스를 통해 파서를 생성하는 간편 메서드를 제공한다.

예제 6-19 컴파일 의존성을 제공하는 JavaParser 생성 방식

```
new JavaParser(JavaParser.dependenciesFromClasspath("guava"));
```

이 도구는 '아티팩트명'으로 의존성을 탐색한다. 아티팩트명은 group:artifact:version 중에서 artifact 부분에 해당한다. 예를 들어 구글 구아바 의존성이 com.google.guava:guava:VERSION으로 설정됐다면 아티팩트명은 guava다.

JavaParser 인스턴스가 있으면 [예제 6-20]처럼 parse 메서드에 프로젝트 파일 경로를 List<Path> 형태로 전달해 모든 소스 파일을 분석할 수 있다.

예제 6-20 자바 소스 파일 목록 분석

```
JavaParser parser = ...;
List<J.CompilationUnit> cus = parser.parse(pathsToSourceFiles);
```

J.CompilationUnit

package, import, class/enum/interface 정의가 포함된 자바 소스 파일의 최상위 AST 엘리먼트다. `J.CompilationUnit`은 자바 소스 코드 리팩터링 및 검색 작업에 사용할 기초적인 빌딩 블록이다.

JavaParser

문자열을 분석해 AST를 구성하는 `parse` 메서드는 여러 오버로드가 있다. 다양한 검색과 리팩터링 작업에 대응해 신속하게 유닛 테스트를 구성할 수 있다.

JVM 언어의 일종인 코틀린^Kotlin은 [예제 6-21]처럼 다중행 문자열을 사용할 수 있어 특히 편리하다.

예제 6-21 자바 소스 파싱

```
val cu: J.CompilationUnit = JavaParser().parse("""
    import java.util.Collections;
    public class A {
        Object o = Collections.emptyList();
    }
""")
```

이 코드는 즉시 활용할 수 있는 단일 `J.CompilationUnit`을 반환한다. 다중행 문자열은 JEP-355(*https://oreil.ly/9p7X8*)로 제정된 프리뷰 제안이므로 자바 언어도 지원한다. jdk15부터는 일반적인 자바 코드를 이용해 깔끔하게 Rewrite 유닛 테스트를 작성할 수 있다.

[예제 6-22]에 있는 `dependencyFromClasspath` 메서드는 유닛 테스트를 구성할 때 특히 유용하다. 테스트 런타임 클래스패스를 파서에 바인드하기 전에 변환 모듈을 통해 가공할 수 있다. 해당 의존성의 AST는 모든 클래스, 메서드 등에 대한 참조가 유닛 테스트에 맞게 생성된다.

예제 6-22 타입 정보 클래스패스를 지정한 소스 파싱

```
val cu: J.CompilationUnit = JavaParser(JavaParser.dependenciesFromClasspath("guava"))
    .parse("""
        import com.google.common.io.Files;
        public class A {
            File temp = Files.createTempDir();
        }
    """)
```

리라이트 검색

[예제 6-23]은 앞선 예제를 확장해 구아바의 Files#createTempDir() 메서드 사용처를 검색한다. findMethodCalls의 인수는 AspectJ 구문(*https://oreil.ly/4UaEQ*) 형식으로 전달하며 포인트컷pointcut 검색에 활용할 수 있다.

예제 6-23 리라이트 검색

```
val cu: J.CompilationUnit = JavaParser(JavaParser.dependenciesFromClasspath("guava"))
    .parse("""
        import com.google.common.io.Files;
        public class A {
            File temp = Files.createTempDir();
        }
    """)

val calls: List<J.MethodInvocation> = cu.findMethodCalls(
    "java.io.File com.google.common.io.Files.createTempDir()");
```

J.CompilationUnit은 다음과 같은 다양한 검색 메서드를 제공한다.

boolean hasImport(String clazz)

특정 요소를 import하는지 확인한다.

boolean hasType(String clazz)

소스 파일이 특정 타입을 참조하는지 확인한다.

Set⟨NameTree⟩ findType(String clazz)

특정 타입의 모든 AST 엘리먼트를 반환한다.

cu.getClasses()를 이용하면 소스 파일에 포함된 개별 클래스 수준까지 검색 영역을 넓힐 수 있다.

List⟨VariableDecls⟩ findFields(String clazz)

지정한 클래스 안에서 특정 타입을 참조하는 필드를 검색한다.

List⟨JavaType.Var⟩ findInheritedFields(String clazz)

상위 클래스로부터 상속된 필드를 찾는다. 해당 클래스 안에는 일치하는 AST 엘리먼트가 없다. 그러나 특정 필드가 상위 클래스에서 상속됐을 때 이 필드를 검색하도록 설정할 수 있다.

Set⟨NameTree⟩ findType(String clazz)

지정한 클래스 안에서 특정 타입을 참조하는 모든 AST 엘리먼트를 검색한다.

List⟨Annotation⟩ findAnnotations(String signature)

특정 시그니처와 일치하는 모든 어노테이션을 검색한다. 시그니처는 AspectJ 포인트컷의 어노테이션 정의를 따른다.

boolean hasType(String clazz)

지정한 클래스가 특정 타입을 참조하는지 확인한다.

hasModifier(String modifier)

클래스에 특정 접근 제한자(public, private, static 등)가 지정됐는지 확인한다.

isClass()/isEnum()/isInterface()/isAnnotation()

선언된 타입의 종류를 확인한다.

AST는 이외에도 많은 검색 메서드를 제공한다.

JavaSourceVisitor를 확장하고 **visitXXX** 메서드를 상속받아 구현하면 검색 방문자visitor를 다양하게 응용할 수 있다. 복잡하게 생각할 필요 없다. [예제 6-24]의 **FindMethods** 클래스는 **visitMethodInvocation** 메서드만 확장해서 메서드 호출 시그니처를 검색하는 용도로 쓴다.

예제 6-24 리라이트를 이용한 메서드 검색 클래스 구현

```
public class FindMethods extends JavaSourceVisitor<List<J.MethodInvocation>> {
    private final MethodMatcher matcher;

    public FindMethods(String signature) {
        this.matcher = new MethodMatcher(signature);
    }

    @Override
    public List<J.MethodInvocation> defaultTo(Tree t) {
        return emptyList();
    }

    @Override
    public List<J.MethodInvocation> visitMethodInvocation(J.MethodInvocation method) {
        return matcher.matches(method) ?
          singletonList(method) :
          super.visitMethodInvocation(method);
    }
}
```

[예제 6-25]는 커스텀 방문자로 인스턴스를 생성한 다음 루트 AST 노드를 전달해 **visit**을 호출한다. **JavaSourceVisitor**는 모든 타입을 반환할 수 있다. 기본 반환 타입은 **defaultTo** 메서드에 정의하고 **reduce**를 오버라이드해서 원하는 타입으로 제한한다.

예제 6-25 커스텀 리라이트 방문자 호출

```
J.CompilationUnit cu = ...;

// 방문자의 반환 타입을 지정하면
// AST 엘리먼트 방문 범위를 축소할 수 있다.
new MyCustomVisitor().visit(cu);
```

자바 소스 리팩터링

소스 코드에서 메서드 호출 수준까지 아티팩트 출처 체인을 설정하면 코드에 표적을 지정해 **교정**remediating할 수 있다. 배포된 자산들은 각 바이너리에 매핑되고, 바이너리는 커밋 정보에 매핑된다. 바로 이 커밋을 표적으로 AST를 생성하고 리팩터링에 활용한다.

자바 코드 리팩터링은 AST 루트가 담긴 `J.CompilationUnit`에서 시작되며 핵심 메서드는 `refactor()`다. 다양한 리팩터링 작업에 대해 곧이어 자세히 설명할 것이다. 일단 리팩터링 프로세스가 끝나면 `fix()`를 호출해 `Change` 인스턴스를 생성한다. [예제 6-26]은 리팩터링 결과에서 깃 diff를 생성하고 원본과 수정본을 출력하는 전체 프로세스 예시다.

예제 6-26 엔드투엔드 자바 소스 코드 파싱 및 수정부 출력

```
JavaParser parser = ...;
List<J.CompilationUnit> cus = parser.parse(sourceFiles);

for(J.CompilationUnit cu : cus) {
    Refactor<J.CompilationUnit, J> refactor = cu.refactor();

    // 리팩터링 작업

    Change<J.CompilationUnit> change = refactor.fix();

    change.diff(); // 깃 스타일 패치
    // 패치 파일 참조 경로 지정
    change.diff(relativeToPath);

    // 원본 파일을 교체할 때
    // 사용할 수정된 소스 출력
    J.CompilationUnit fixed = change.getFixed();
    fixed.print();

    // 결과물에서 화이트스페이스를 제거해 유닛 테스트 대비
    fixed.printTrimmed();

    // 이전에 존재하지 않았던 새로운 컴파일 단위를 합성하면
    // null이 반환된다.
    @Nullable J.CompilationUnit original = change.getOriginal();
}
```

rewrite-java는 저수준 리팩터링에 쓰이는 빌딩 블록들을 제공한다. 예를 들어 java.util.List 필드를 모두 java.util.Collection으로 변경하려면 [예제 6-27]처럼 ChangeFieldType을 사용한다.

예제 6-27 필드 타입 변경을 검사하는 유닛 테스트

```
@Test
fun changeFieldType() {
    val a = parse("""
        import java.util.List;
        public class A {
            List collection;
        }
    """.trimIndent())

    val fixed = a.refactor()
            .visit(ChangeFieldType(
                    a.classes[0].findFields("java.util.List")[0],
                    "java.util.Collection"))
            .fix().fixed

    assertRefactored(fixed, """
        import java.util.Collection;

        public class A {
            Collection collection;
        }
    """)
}
```

rewrite-java 모듈은 다음과 같이 다양한 리팩터링 기능을 제공한다. IDE에서 제공하는 개별 리팩터링 도구와 유사하다.

- 클래스, 메서드, 변수 등에 어노테이션을 추가한다.
- 클래스에 필드를 추가한다.
- import를 추가하거나 제거한다. * 표시로 지정한 import를 확장하거나 축소한다.
- 필드명을 변경한다. 해당 필드가 정의된 위치뿐만 아니라 이 필드를 사용하는 다른 소스 파일의 참조 위치도 변경한다.
- 필드 타입을 변경한다.

- 리터럴 표현식을 변경한다.

- 메서드명을 변경한다. 메서드를 참조하는 곳도 모두 포함된다.

- 인스턴스 메서드를 정적 메서드로 변경한다.

- 정적 메서드를 인스턴스 메서드로 변경한다.

- 트리에 존재하는 특정 타입의 참조를 모두 변경한다.

- 메서드 인수를 삽입/삭제한다.

- 특정 구문을 삭제한다.

- 필드 정보를 이용해 생성자를 만든다.

- 변수명을 바꾼다.

- 메서드 인수를 재정렬한다.

- 괄호를 해제한다.

- 인터페이스를 구현한다.

각 작업들은 JavaSourceVisitor를 확장시킨 JavaRefactorVisitor로 정의한다. 이들은 AST를 변형하기 위해 설계된 도구들이며 최종적으로 리팩터링 작업이 끝날 때 Change 객체로 연결된다.

방문자는 커서를 둘 수 있다. 커서는 지금까지 트리에서 순회한 AST 엘리먼트 스택을 유지하는 역할을 한다. 추가 메모리 공간이 필요한 대신 AST 엘리먼트 위치를 기반으로 여러 작업을 할 수 있다. 커서 상태를 이용하는 리팩터링 작업은 많지 않다. [예제 6-28]은 최상위 클래스를 final로 지정하는 리팩터링 작업의 예시다. 내부 클래스를 쓰면 클래스 선언이 중첩되므로 커서를 사용해 클래스가 최상위 수준인지 판단한다. 리팩터링 작업은 작업 그룹 패키지와 작업 내용을 식별할 수 있도록 정규화된 이름을 지정해야 한다.

예제 6-28 각 클래스의 최상위 클래스를 final로 지정하는 리팩터링 작업

```
public class MakeClassesFinal extends JavaRefactorVisitor {
    public MakeClassesFinal {
        super("my.MakeClassesFinal");
        setCursoringOn();
    }

    @Override
    public J visitClassDecl(J.ClassDecl classDecl) {
```

```
        J.ClassDecl c = refactor(classDecl, super::visitClassDecl);

        // 최상위 클래스만 final로
        if(getCursor().firstEnclosing(J.ClassDecl.class) == null) {
            c = c.withModifiers("final");
        }

        return c;
    }
}
```

방문자는 andThen(anotherVisitor)를 호출해 연쇄적으로 호출할 수 있다. 리팩터링 작업을 저수준 컴포넌트 파이프라인으로 구축할 때 유용하다. 예를 들어 ChangeFieldType이 필드를 검색할 때는 AddImport 비지터를 연결해 import를 새로 추가한다. 참조할 대상이 없어진 import가 있으면 RemoveImport를 연결해 제거한다.

소스 교정 플랫폼은 오픈 소스 생태계에서 지속적인 성장세를 이어가고 있다.

드디어 출처 체인이 완성되었다. 애플리케이션부터 소스 코드 메서드에 이르기까지 고유한 정보의 편린을 이어나갔다. 이제 배포 공간을 더욱 세밀하게 관찰할 수 있으며 시스템에 대한 다양한 궁금증에 실시간으로 답할 수 있다.

시선을 돌려 안정성 구축의 또 다른 측면에 초점을 맞춰보자. 바로 바이너리 의존성 관리다.

6.5 의존성 관리

바이너리 의존성은 일반적으로 그레이들 빌드 파일이나 메이븐 폼 파일에 정의된다. 의존성의 존재는 시스템에 일련의 선결 과제를 부여한다. 이번 장은 그중 몇 가지를 살펴보고 해결 전략을 제시할 것이다. 각 전략들은 빌드 도구 계층에 적용한다.

일부 조직은 **큐레이션**curation을 통해 의존성의 파급력을 제한한다. 즉 큐레이션과 승인 절차를 거쳐 의존성을 추가한다. 따라서 메이븐 센트럴이나 JCenter 같은 공용 아티팩트 저장소 소스에 의존하지 않는다. 큐레이션 방식으로 의존성을 관리할 때는 부차적인 작업이 필요하다. 특히 다른 라이브러리를 큐레이션 집합에 추가하면 이행 종결transitive closure 정보를 함께 추가해야 한다. 또한 큐레이션 절차는 신규 아티팩트를 기피하도록 부추기는 경향이 있다. 다소 오래된 라이브러리 버전을 유지하다가 보안 취약점과 버그를 늘리는 결과를 초래하기도 한다. 일반적으로 큐레이션을 도입하는 가장 큰 목적이 보안성 **개선**이라는 점을 고려하면 매우 역설적인 결과다. 큐레이션 의존성 방식은 이러한 반대 급부를 잘 평가하고 도입해야 한다.

6.5.1 버전 불일치

의존성 집합 중 일부 버전이 충돌하면 전체 집합이 제대로 작동하지 않는다. 잭슨이 대표적인 예다. 큐레이션 방식으로 아티팩트 저장소를 운영하면 버전 불일치 가능성이 지속적으로 증가한다.

스프링부트의 신규 버전과 이행 의존성을 큐레이션 저장소로 가져오는 상황을 가정해보자. [그림 6-6]은 그레이들의 `dependencyInsight` 태스크를 실행한 결과 화면이다. 스프링부트의 이행 의존성 종결 목록에 포함된 잭슨 의존성과 경로가 나타난다.

이 목록은 해당 프레임워크가 직접적으로 사용하는 잭슨 모듈만 나열한다. 그 외 `jackson-module-kotlin`, `jackson-module-afterburner`, `jackson-modules-java8` 등은 포함되지 않는다. 이러한 모듈 중 하나를 사용하는 기존 마이크로서비스가 있다면 스프링부트 업데이트 시 문제가 된다. 큐레이션 저장소에 포함된 스프링부트가 신규 버전으로 업데이트되면 모듈은 그대로 유지된다. 나머지도 신규 버전으로 업데이트되기 전까지는 런타임 전후를 막론하고 버전 불일치 문제가 발생할 가능성이 크다.

```
com.fasterxml.jackson.core:jackson-core:2.10.3
+--- com.fasterxml.jackson.core:jackson-databind:2.10.3
|    +--- org.springframework.boot:spring-boot-starter-json:2.2.6.RELEASE
|    |    \--- org.springframework.boot:spring-boot-starter-web:2.2.6.RELEASE
|    |         \--- compileClasspath (requested org.springframework.boot:spring-boot-starter-web)
|    +--- com.fasterxml.jackson.datatype:jackson-datatype-jdk8:2.10.3
|    |    \--- org.springframework.boot:spring-boot-starter-json:2.2.6.RELEASE (*)
|    +--- com.fasterxml.jackson.datatype:jackson-datatype-jsr310:2.10.3
|    |    \--- org.springframework.boot:spring-boot-starter-json:2.2.6.RELEASE (*)
|    \--- com.fasterxml.jackson.module:jackson-module-parameter-names:2.10.3
|         \--- org.springframework.boot:spring-boot-starter-json:2.2.6.RELEASE (*)
+--- com.fasterxml.jackson.datatype:jackson-datatype-jdk8:2.10.3 (*)
+--- com.fasterxml.jackson.datatype:jackson-datatype-jsr310:2.10.3 (*)
\--- com.fasterxml.jackson.module:jackson-module-parameter-names:2.10.3 (*)
```

그림 6-6 스프링부트에 포함된 잭슨 모듈의 이행 의존성

동적 버전은 또 다른 문제를 일으킨다.

6.5.2 동적 버전 제약

안타깝게도 자바 빌드 도구는 NPM 셀렉터(*https://oreil.ly/17iNf*)와 같은 시맨틱 버전 관리 및 고급 범위 선택 기능이 여전히 미비하다. 그레이들은 latest.release나 2.10.+처럼, 메이븐은 RELEASE나 (,2.11.0]처럼 다소 엉성한 방식으로 버전 범위를 지정할 수 있다.

+ 선택자는 가급적 지양하는 것이 좋다. **사전 순서**로 버전을 정렬하기 때문에 2.10.9는 2.10.10 이후로 간주된다.

메이븐의 범위 선택기는 정적이지 않은 상한선에 고정된다. 다음 릴리스가 나오면 해당 버전이 정의된 모든 곳에서 상한선을 업데이트해야 한다.

유명 오픈 소스 라이브러리는 대부분 공개 저장소에 집중적으로 릴리스를 개시한다. 그러나 그 중에는 매우 주기적으로 릴리스 후보를 개시하는 라이브러리도 있다. 사람에게는 명백히 달라 보이는 버전도 빌드 도구에게는 그렇지 않다. latest.release(그레이들)나 RELEASE(메이븐)는 릴리스 버전과 후보 버전을 구분하지 못한다. 가령 잭슨 라이브러리는 2020년 3월 latest.release로 2.11.0.rc1을 게시했으며 2019년 9월에는 2.10.0.pr1 버전을 게시했었다. 'pr'은 'pre-release'를 의미하는 접미사다. 결과적으로 두 버전 모두 'latest release'의 취지에 부합하지 않는다.

릴리스 후보 패턴은 빌드 설정에서 차단할 수 있다. 아티팩트 집합을 둘로 나눠 각각을 메이븐 저장소로 설정하는 기법이다. [예제 6-29]는 잭슨 모듈 저장소를 구성할 때 릴리스 후보와 그 외 버전을 나눈다.

예제 6-29 잭슨 릴리스 후보 버전을 차단하는 그레이들 설정

```
repositories {
  mavenCentral {
    content {
      excludeVersionByRegex("com\\.fasterxml\\.jackson\\..*", ".*",
        ".*rc.*")
    }
  }
  mavenCentral {
    content {
      includeVersionByRegex("com\\.fasterxml\\.jackson\\..*", ".*",
        "(\\d+\\.)*\\d+")
    }
```

```
    }
  }
```

후보 버전과 더불어 미사용 의존성이 일으키는 문제도 고려해야 한다.

6.5.3 미사용 의존성

미사용 의존성은 마이크로서비스의 크기를 불필요하게 늘린다. 그러나 이러한 문제는 사소한 축에 든다. 사용하지 않는 의존성으로 하위 기능이 자동으로 구성되면 심각한 문제를 초래할 수 있다.

한번은 스프링 데이터 REST 취약점(*https://oreil.ly/m6n_W*)이 세간에 화제가 된 적이 있었다. 놀랍게도 이 취약점은 해당 라이브러리를 사용하지 않는 애플리케이션까지 영향을 미쳤다. 클래스패스에 존재하던 이 라이브러리를 스프링이 자동으로 설정해 REST 엔드포인트에 공격 지점을 노출시켰다.

주스 거버네이터Governator(*https://oreil.ly/yrGcx*)는 클래스패스의 모든 주스 모듈을 자동으로 설정한다. 거버네이터의 검색 메커니즘은 패키지명에 제한을 두지 않으며 클래스패스 바깥에 존재하는 의존성도 포함한다. 자동으로 설정된 주스 모듈은 의도치 않게 클래스패스 모듈을 의존하는 경우가 있다. 이러한 클래스패스 의존성이 삭제되면 실제로 사용하지 않는 주스 모듈도 애플리케이션에 장애를 발생시킨다.

미사용 의존성은 네뷸라 린트Lint(*https://oreil.ly/4YFe8*) 플러그인에서 자동으로 감지하고 제거할 수 있다. [예제 6-30]은 그레이들 프로젝트의 네뷸라 린트 설정이다.

예제 6-30 미사용 의존성을 처리하는 네뷸라 린트 설정

```
plugins {
  id "nebula.lint" version "LATEST"
}

gradleLint.rules = ['unused-dependency']
```

`nebula.lint`를 적용하면 태스크 그래프의 마지막 단계가 실행된 후 `lintGradle` 태스크가 실행된다. 린트 결과는 [그림 6-7]처럼 콘솔에 표시된다.

```
warning     dependency-parentheses     parentheses are unnecessary for dependencies
build.gradle:22
compile('org.codenarc:CodeNarc:latest.release')

warning     dependency-parentheses     parentheses are unnecessary for dependencies
build.gradle:23
testCompile('com.netflix.nebula:nebula-test:3.1.0')

✕ 2 problems (0 errors, 2 warnings)
```

그림 6-7 네뷸라 린트의 의존성 경고 출력

./gradlew fixGradleLint를 실행하면 빌드 스크립트가 자동으로 수정된다. 자동 수정 프로세스가 진행되면 [그림 6-8]처럼 모든 위반 사항과 교정 내용이 나열된다.

```
:fixGradleLint
fixed       dependency-parentheses     parentheses are unnecessary for dependencies
build.gradle:22
compile('org.codenarc:CodeNarc:latest.release')
replaced with:
compile 'org.codenarc:CodeNarc:latest.release'

fixed       dependency-tuple           use the shortcut form of the dependency
build.gradle:23
testCompile group: 'com.netflix.nebula', name: 'nebula-test',
  version: '+'
replaced with:
testCompile 'com.netflix.nebula:nebula-test:+'

Corrected 2 lint problems

BUILD SUCCESSFUL
```

그림 6-8 의존성 문제를 자동으로 수정하는 네뷸라 린트 프로세스

마지막으로 다룰 주제는 미사용 의존성과 완벽한 대칭을 이루는 문제 상황이다.

6.5.4 명시적으로 사용된 미선언 의존성

애플리케이션 클래스는 이행 의존성 정보를 기반으로 클래스를 임포트한다. 1차 종속성은 이행 종속성을 클래스패스에서 적절히 처리하고 난 뒤 제거된다. 또는 이행 종속성이 클래스패스에 남지 않도록 의존성 트리가 변경된다.

네뷸라 린트는 선언되지 않은 의존성도 자동으로 감지하고 추가할 수 있다. [예제 6-31]은 의존성을 자동으로 추가하는 그레이들 프로젝트 설정이다.

```
plugins {
  id "nebula.lint" version "LATEST"
}

gradleLint.rules = ['undeclared-dependency']
```

일단 1차 의존성으로 추가되면 의존성의 버전보다 가시성이 더 중요한 의미를 지닌다.

6.6 마치며

이번 장은 올바른 소프트웨어 전달 주기를 형성하는 기본적인 요건들을 소개했다. 또한 배포 자산을 역으로 추적해 그곳에 실린 소스 코드와 매핑하는 방법을 배웠다. 마이크로서비스가 세분화되고 배포 자산이 늘어날수록 시스템의 현황을 조회하는 역량이 부각된다. 프로덕션 실행 코드 안에 담긴 특정한 패턴을 검색하고 위치를 파악할 수 있어야 한다.

모든 마이크로서비스 아키텍처는 태생적으로 장애 유발 가능성을 보유한다. 다음 장은 장애의 규모를 제한하고 피해를 보상할 수 있는 트래픽 관리 및 호출 복원 패턴에 대해 논의한다.

트래픽 관리

클라우드 네이티브 애플리케이션에 있어 외부 서비스 및 리소스의 장애와 가용성 저하는 익숙한 존재다. 이번 장은 로드 밸런싱과 호출 탄력성 패턴을 바탕으로 탄탄한 완화 전략을 수립한다. 전자는 플랫폼, 게이트웨이 등 클라이언트 측 기술과 관련 있으며 후자는 재시도, 비율 제한, 벌크헤드, 서킷 브레이커 등으로 구성된다. 이들이 함께 어우러져 마이크로서비스가 지속적으로 작동하도록 돕는다.

모든 조직이 이 기술들을 도입할 필요는 없다. 트래픽 관리 시스템의 복잡도와 서비스 운영 난이도는 서로 반대 급부 관계에 있다. 사용자 경험 예측성을 높일 것인지 또는 전체적인 실패율을 낮출 것인지에 대한 절충이다. HTTP 클라이언트와 다운스트림 서비스 사이에 REST 호출을 구현하는 건 쉽고, 호출 재시도를 구현하는 건 그보다 조금 더 어렵다. 서킷 브레이커와 폴백 기능은 더더욱 복잡하다. 그러나 구현이 점점 복잡해질수록 더 높은 안정성으로 보상받는다.

트래픽 관리 기술은 조직이 보유한 애플리케이션의 특성에 근거해 선정한다. 서킷 브레이커를 도입하려면 서킷 브레이커를 적용하기에 적합한 지점이 있어야만 한다. 또한 마이크로서비스를 구성하는 주력 프레임워크의 개발 언어도 중요하다. 자바는 앞서 언급한 기술들을 지원하는 일급 라이브러리가 완비되어 있으며 스프링으로 대변되는 범용 프레임워크와 쉽게 통합된다. 그러나 다른 언어와 비교하면 미비한 기능도 일부 있는 관계로, 자바 라이브러리의 유연성을 다소 포기하고 사이드카 또는 서비스 메시를 대용하는 경우도 있다.

7.1 잠재적 장애 요소가 많은 마이크로서비스

마이크로서비스가 사용자와 주고받는 상호작용이 늘어날수록 저가용성 인스턴스가 발생할 가능성은 높아진다. 다운스트림 서비스에 부하가 가중되면 서비스가 중단될 위험에 처한다.

호출 복원 패턴은 다운스트림 서비스에 부정적 영향을 미치는 방식으로 서비스를 보호한다. 최종 사용자에게 제공되는 서비스는 축소되지만 그 덕분에 서비스는 유지된다. 예를 들어 넷플릭스는 평소에 사용자 맞춤 추천 목록을 제공하다가 개인화 서비스의 가용성이 저하되면 추천 목록을 일반형으로 교체한다.

이러한 조치는 다양한 로드 밸런싱 전략으로 구현한다.

마이크로서비스는 일반적으로 분산 시스템 복원력을 높이기 위해 여러 가용 영역에 수평 확장 가능하도록 배포된다. 마이크로서비스들은 정적으로 유지되지 않는다. 언제나 일부는 릴리스(배포 또는 카나리), 확장, 이동, 장애 등의 상황에 처해 있으며 모두 같은 상태인 경우는 없다. 일부는 일시적으로 중단되거나 성능이 저하되기도 한다. 이렇듯 역동적이고 변화무쌍한 시스템은 서비스의 최초 진입점을 파악하고 트래픽을 전달할 인스턴스를 선정하기까지 전과정을 동적으로 라우팅할 수 있는 트래픽 방법론을 도입해야 한다.

트래픽 제어는 주로 애플리케이션 프레임워크 코드 또는 지원 인프라를 통해 구현한다. 플랫폼, 게이트웨이 로드 밸런서, 서비스 메시 등은 후자에 속한다. 두 곳 모두에 구현하는 경우도 있다. 일반적으로 애플리케이션 프레임워크에 구현하는 쪽이 더 유연하게 작동하며 비즈니스 도메인 특성에 맞게 가공하기도 쉽다. 개인화 추천 목록은 일반 목록으로 대체해도 되지만 결제나 청구 서비스는 마땅한 대체재가 없다. 기술적 구현을 고민하기에 앞서 해당 서비스의 비즈니스 도메인을 이해해야 한다.

7.2 시스템의 동시성

'동시성'이란 마이크로서비스가 한 번에 처리할 수 있는 요청 수를 의미한다. 일반적으로 모든 시스템은 태생적으로 동시 처리 능력에 한계가 있으며 CPU, 메모리 등의 리소스 정보를 통해 한계를 추산할 수 있다. 블로킹 방식으로 요청을 처리하는 다운스트림 서비스의 처리 능력도 좋은 근거 자료다. 한계를 벗어난 요청 시도는 즉각적으로 응답할 수 없으므로 대기열에 보관하거나 거부해야 한다. 통상적인 톰캣 기반 자바 마이크로서비스는 톰캣 스레드풀의 최대 스레드 수가 곧 서비스의 동시 처리 능력의 한계를 나타낸다. 물론 톰캣 스레드풀보다 적은 동시 처리 요청으로 시스템 자원이 고갈되기도 한다. 톰캣 스레드풀 초과 요청은 운영체제가 응답 대기열에 추가해 효과적으로 관리한다.

요청 처리 비율이 응답 처리 능력을 넘어선 기간 동안 서비스는 제대로 작동하지 못한다. 대기열이 늘어나면 대기 시간도 길어지며 대기열 요청이 제거되기 전까지는 요청 처리 과정이 시작되지 않는다. 결국 대기 중인 요청은 시간 초과로 중단되기 시작한다.

이번 장은 동시 처리 능력 초과로 인한 연쇄 장애를 방지하는 전략을 다룬다. 여기서 로드 밸런싱이란 서비스 부하가 장애를 유발하지 않도록 사전에 트래픽을 제어하는 기법을 의미한다.

7.3 플랫폼 로드 밸런싱

IaaS(예: AWS, GCP, 애저), CaaS(예: 쿠버네티스), PaaS(예: 클라우드 파운드리) 등 최신 런타임 플랫폼은 모두 기본적으로 클러스터 로드 밸런서를 제공한다. 로드 밸런서는 주로 클러스터 인스턴스에 트래픽을 분산하는 라운드 로빈round robin 기능 등을 제공하지만 그 외에 다른 여러 역할도 함께 수행한다. 가령 AWS 엘라스틱 로드 밸런서는 TLS 말단 처리, 콘텐트 기반 라우팅, 고정 세션 등의 기능을 제공한다.

온프레미스 환경은 여전히 IIS, 엔진엑스, 아파치 등을 이용한 단순하고 정적인 로드 밸런싱 기법이 널리 쓰인다. 명명된 가상 머신이나 물리적 서버 단위로 트래픽을 분배한다.

더 복잡한 상황 조건을 논의하기 전에 이 방식이 잘못된 것이 아님을 밝혀두고자 한다. 트래픽 제어 기법의 적합도는 서비스 규모에 맞게 평가해야 한다. 특정 지역에 국한된 보험 서비스는 주로 전문 요원들을 대상으로 애플리케이션을 제공하므로 사용자 수용 요구치가 극히 안정적이다. 이러한 서비스는 활성–활성 배포 전략을 도입해 데이터센터 장애에 대비하고 복원력을 확보할 수 있다. 그러나 그 트래픽 패턴은 더 복잡한 게이트웨이나 클라이언트 로드 밸런싱과는 어울리지 않는다.

7.4 게이트웨이 로드 밸런싱

소프트웨어 기반 게이트웨이는 오픈 소스로 쉽게 구현할 수 있다. 스프링 클라우드 게이트웨이 (*https://oreil.ly/yTMx-*)는 이 분야의 최신 기술이 집약된 화신 같은 존재다. 선배격인 넷플릭스 줄^{Zuul}(*https://oreil.ly/fNqHm*)이 제공했던 개발자 경험으로부터 많은 영향을 받았다.

런타임 플랫폼의 트래픽 로드 밸런싱 능력은 가용성 최적화 측면에서 한계를 보인다. 레이턴시류의 가용성 정보는 호출하는 쪽이 정확히 관찰할 수 있다. 따라서 레이턴시를 가용성 신호로써 관찰할 때는 로드 밸런서와 애플리케이션 호출이 서로 비슷한 입장에 놓인다. 그러나 사용률 유형의 신호를 측정할 때는 서버가 가장 정확한 정보를 제공한다. 게다가 유일한 출처인 경우가 많다. 이러한 두 가용성 신호를 조합해야 가장 효과적인 로드 밸런싱 전략을 구축할 수 있다.

사이트 신뢰성 향상을 위한 로드 밸런싱의 과제는 에러율이 높은 서버로부터 트래픽을 멀리 떨어뜨리는 것이지 응답 시간 단축이나 최적화가 **아니다**. 응답 시간을 최적화시키다 보면 정상 인스턴스나 그룹으로 트래픽이 **몰려**^{herd} 과부하가 걸리고 결국 장애로 이어지곤 한다. 고에러율 인스턴스를 우회하는 전략을 취하면 최적 성능은 보장하지 못할지라도 여력이 충분한 인스턴스로 트래픽을 분산시킬 수 있다. 클러스터의 모든 인스턴스에 과부하가 걸린다면 제아무리 탁월한 로드 밸런싱 전략도 소용이 없다. 그러나 인스턴스에 과부하가 걸리는 상황은 대부분 일시적인 요인과 제한된 규모로 발생한다.

클러스터 내부에서 불규칙하게 실행되는 모든 프로세스는 인스턴스 집합 일부에 일시적으로 과부하를 유발한다. GC 및 VM 중단, 데이터 업데이트, 캐시 스와핑 등 모든 인스턴스에 동시에 발생할 가능성은 없다. 이러한 불규칙성은 과부하 프로세스들을 클러스터 단위로 조정하지 않을 때 더 도드라지는 경향이 있다. 동기화된 시간을 기준으로 모든 인스턴스가 데이터를 업데이트한다면 클러스터 단위 조정이 존재하는 셈이다. 조정의 부재에 대한 예시로, GC 중단을 일으키는 요인을 고려해보자. 요청을 처리할 때 할당이 발생하면 결국 GC 이벤트로 이어진다. 트래픽은 로드 밸런싱 전략에 관계없이 클러스터 전체에 불규칙하게 분산될 확률이 높다. 따라서 할당과 GC 이벤트도 불규칙하게 발생한다.

오토스케일링 이벤트나 무중단 배포를 통해 서비스에 추가된 인스턴스는 구동 직후 가용성이 저하되는 현상이 있다. 서버리스 기술이 대중화되어 구동 소요 시간보다 헬스 체크 통과 여부가 더 중요한 관심사로 부각되고 있다. 애플리케이션 인스턴스가 정상적으로 서비스에 안착됐는지만 판단하는 것이다. 그러나 콜드 스타트의 두 번째 단계는 JVM의 JIT 최적화, 작업 데이터의 메모리 매핑 등이 이루어지는 중요한 고비다. [그림 7-1]은 첫 요청이 발생한 직후 서비스의 성능 변화를 나타낸 그래프다. 이러한 두 번째 단계에 완화 전략이 필요한 이유를 단적으로 보여준다.

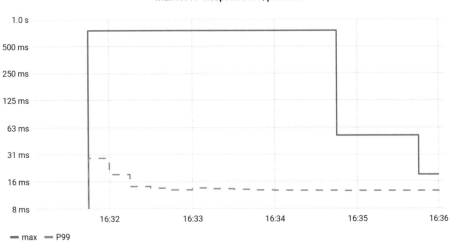

그림 7-1 P99를 월등히 상회하는 최초 요청 응답 시간

이 그래프는 [예제 7-1]의 프로메테우스 쿼리로 생성한다.

예제 7-1 /persons 엔드포인트의 P99와 최대 레이턴시를 구하는 프로메테우스 쿼리

```
http_server_requests_seconds_max{uri="/persons"}
histogram_quantile(
  0.99,
  sum(
    rate(
      http_server_requests_seconds_bucket{uri="/persons"}[5m]
    )
  ) by (le)
)
```

인스턴스가 탑재된 하드웨어의 성능이 저하되면 다른 인스턴스보다 처리 속도가 느려진다. 노이지 네이버[noisy neighbor]가 늘어났을 때도 비슷한 현상이 발생한다. 경우에 따라서 영구적으로 성능이 저하되기도 한다.

라운드 로빈 기법은 이러한 상황을 타개할 명쾌한 해법이다. [그림 7-2]는 에지^{edge} 게이트웨이에 구성된 라운드 로빈 방식 로드 밸런서 아키텍처를 나타낸다.

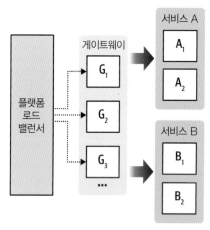

그림 7-2 API 게이트웨이를 활용한 로드 밸런서

플랫폼 로드 밸런서는 라운드 로빈 방식으로 게이트웨이 인스턴스에 사용자 트래픽을 분산한다. 그림상으로 게이트웨이 클러스터는 하나, 에지 후방의 마이크로서비스는 여럿이다. 게이트웨이 인스턴스는 서비스 인스턴스와 직접 통신하며 넷플릭스 유레카나 해시코프 컨설 같은 디스커버리 서비스로부터 인스턴스 명세를 제공받는다. 게이트웨이 단계에서 부하를 분산하면 플랫폼 로드 밸런서가 개별 마이크로서비스를 직접 상대할 필요가 없다.

이러한 기본적 구성을 토대로 애플리케이션 인스턴스의 가용성을 고려한 로드 밸런싱 전략을 점진적으로 발전시켜나간다. 전략이 갖춰진 다음에는 그에 따른 부작용을 점검하는 것도 잊지 않아야 한다. 부작용을 숙고하고 예측하는 과정에서 각자 적합한 로드 밸런싱 전략을 수립할 수 있다. 여러분의 최종 목표는 기술적 수단과 자신의 도메인별 지식을 결속시키는 것이다.

7.4.1 최단 대기열 합류

라운드 로빈보다 윗길에 있는 가장 단순한 '적응형' 로드 밸런서는 아마도 '최단 대기열 합류^{join the shortest queue}'일 것이다.

최단 대기열 합류 기법을 구현하려면 로드 밸런서의 시야에 있는 인스턴스들의 가용성 신호를 비교해야 한다. 인플라이트in-flight 요청 정보는 이런 상황에 쓰기 좋다. 가령 로드 밸런서가 애플리케이션 인스턴스 3개에 트래픽을 직접 전달하며 그중 2개에 인플라이트 요청이 있다고 가정하자. [그림 7-3]에서 로드 밸런서가 신규 요청을 수신하면 인플라이트 요청이 없는 인스턴스로 요청을 전달한다. 몇 가지 최소/최대 통계만 있으면 대상 인스턴스를 선정할 수 있으므로 연산 비용이 저렴할 뿐만 아니라 구현하기도 쉽다.

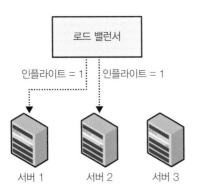

그림 7-3 단일 로드 밸런서와 최단 대기열 합류

그러나 이러한 기법은 로드 밸런서 인스턴스가 두 개 이상 존재하면 제대로 작동하지 않는다. 앞선 예시는 모든 인플라이트 요청이 단일 로드 밸런서를 통과한다고 가정하며 이들 중에서 전달 인스턴스를 선정한다. 그러나 로드 밸런서 풀에 여러 밸런서 인스턴스가 있다면, 각 밸런서는 다른 밸런서에서 발생한 인플라이트 요청을 인식하지 못한 채 각자 독립적으로 판단을 내린다.

[그림 7-4]는 1번 로드 밸런서가 잘못된 판단을 내리게 될 환경을 보여준다. 다른 로드 밸런서 노드가 관리하는 인플라이트 요청을 알지 못한 채 불완전한 정보를 근거로 요청 전달 인스턴스를 선정하게 된다. 화살표는 인플라이트 요청을 나타낸다. 신규 요청이 유입되기 전에 1번 로드 밸런서는 서비스 1과 2에 인플라이트 요청을 연결한다. 2번 로드 밸런서는 서비스 2와 3에 하나씩, 3번 로드 밸런서는 서비스 3에 3개의 인플라이트 요청을 둔다. 1번 로드 밸런서는 자신이 보유한 인플라이트 요청만 인식하므로 서비스 3에 배정된 요청이 가장 적다고 판단하고 신규 요청을 전달한다. 그러나 실제로 서비스 3은 가장 많은 4개의 인플라이트 요청을 처리한다.

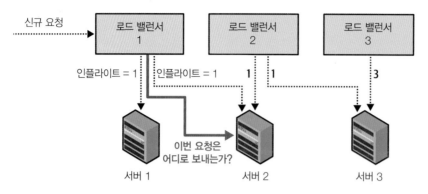

그림 7-4 다중 로드 밸런서 노드의 최단 대기열 합류

최단 대기열 합류 기법은 로드 밸런서의 관점만을 근거로 구현되는 로드 밸런싱이다. 이 기법의 맹점 중 하나는 처리량이 낮은 애플리케이션에서 발견된다. 이때 로드 밸런서는 전체 클러스터 인스턴스 중 인플라이트 요청이 발생하는 일부만 고려한다. 만일 인플라이트 요청이 전혀 없는 인스턴스가 둘이면 무작위로 하나를 선택하게 된다. 사용률 외에 다른 정보는 판단 근거로 활용하지 않기 때문이다.

> **CAUTION_ 로드 밸런서들을 조율하려는 시도는 지양해야 한다**
> 로드 밸런서 사이에서 인플라이트 요청 상태를 공유하는 방법은 없을지 고민하는 이가 있을 것이다. 그러나 이러한 분산 조율은 실현하기 어려운 과제며 가급적 시도하지 않는 편이 좋다. 엔지니어링 측면에서 선택은 둘 중 하나다. 피어peer 기반 분산 상태 시스템을 고쳐 쓰는 것 또는 공유 데이터저장소를 활용하는 것이다. 후자는 통상적인 일관성, 가용성, 파티션 등을 감안해 선정해야 한다.

다음으로 설명할 기법은 로드 밸런싱의 대상이 되는 인스턴스가 직접 정보를 제공한다.

7.4.2 인스턴스의 가용성 및 사용률

인스턴스 관점에서 측정한 가용성과 사용률을 로드 밸런서에 제출하면 모든 로드 밸런서가 인스턴스 상태 정보를 동일하게 공유할 수 있다. 구체적인 구현 방식은 두 종류다.

폴

상태 확인용 엔드포인트로부터 세부 정보 데이터를 추출해 각 인스턴스의 사용률을 측정한다.

수동 추적

서버에서 전달하는 응답 헤더를 수동으로 추적한다. 현재 사용률 데이터가 헤더에 담긴다.

두 방식 모두 구현하기 쉽고 장단점도 뚜렷하다.

io.micrometer:micrometer-registry-health 모듈에 포함된 HealthMeterRegistry는 마이크로미터의 MeterRegistry 구현체 중 하나다. 이 레지스트리는 메트릭 데이터를 가용성 신호로 변환하고 로드 밸런서가 감시할 헬스 지표health indicator에 매핑한다.

HealthMeterRegistry는 서비스 수준 목표로 구성하며 각 목표는 프레임워크 헬스 지표에 매핑된다. 또한 로드 밸런서가 헬스 체크 엔드포인트를 조회할 때마다 샘플링된 데이터를 제공한다.

마이크로미터는 광범위한 자바 애플리케이션 유형에 통용되는 서비스 수준 목표들을 기본적으로 제공한다. 스프링부트 액추에이터actuator는 micrometer-registry-health가 설정되면 공통 서비스 수준 목표들을 자동으로 설정한다. [예제 7-2]는 HealthMeterRegistry 생성 예시다.

예제 7-2 범용 서비스 수준 목표로 구성한 HealthMeterRegistry

```
HealthMeterRegistry registry = HealthMeterRegistry
  .builder(HealthConfig.DEFAULT)
  .serviceLevelObjectives(JvmServiceLevelObjectives.MEMORY)
  .serviceLevelObjectives(JvmServiceLevelObjectives.ALLOCATIONS)
  .serviceLevelObjectives(OperatingSystemServiceLevelObjectives.DISK)
  .build();
```

이러한 SLO들을 프레임워크 수준 헬스 지표에 연결하면 전반적인 애플리케이션 상태를 판단하는 정보로 통합할 수 있다. 스프링부트 액추에이터의 헬스 엔드포인트는 [그림 7-5]처럼 기본 SLO 집합으로 구성된다.

```json
{
    "status": "OUT_OF_SERVICE",
    "components": {
        "apiErrorRatio": {
            "status": "OUT_OF_SERVICE",
            "details": {
                "value": "20%",
                "mustBe": "<1%",
                "errorOutcome": "SERVER_ERROR",
                "uriMatches": "/api/**",
                "unit": "percent"
            }
        },
        "diskSpace": {
            "status": "UP",
            "details": {
                "total": 1000240963584,
                "free": 862786252800,
                "threshold": 10485760
            }
        },
        "jvmGcLoad": {
            "status": "UP",
            "details": {
                "value": "0.01%",
                "mustBe": "<50%",
                "unit": "percent CPU time spent"
            }
        },
        "jvmPoolMemory": {
            "status": "UP",
            "details": {
                "value": "0.08%",
                "mustBe": "<90%",
                "unit": "percent used"
            }
        },
        "jvmTotalMemory": {
            "status": "UP",
            "components": {
                "jvmGcOverhead": {
                    "status": "UP",
                    "details": {
                        "value": "0.01%",
                        "mustBe": "<20%",
                        "unit": "percent CPU time spent"
                    }
                },
                "jvmMemoryConsumption": {
                    "status": "UP",
                    "details": {
                        "value": "9.09%",
                        "mustBe": "<90%",
                        "unit": "maximum percent used in last 5 minutes"
                    }
                }
```

그림 7-5 스프링부트 액추에이터 헬스 엔드포인트에 나열된 서비스 수준 목표

서비스 수준 목표는 직접 정의할 수 있다. [예제 7-3]은 헬스 체크 엔드포인트에서 서버 사용률 데이터를 샘플링하도록 `api.utilization` 목표를 정의하며 스프링부트 액추에이터는 이 목표를 `HealthMeterRegistry`에 자동으로 추가한다. `HealthMeterRegistry`를 직접 구현할 때는 생성 시점에 추가할 수 있다.

예제 7-3 서버 사용률을 나타내는 커스텀 ServiceLevelObjective

```
@Configuration
class UtilizationServiceLevelObjective {
  @Bean
  ServiceLevelObjective apiUtilization() {
      return ServiceLevelObjective
        .build("api.utilization") // ❶
        .baseUnit("requests") // ❷
        .failedMessage("Rate limit to 10,000 requests/second.") // ❸
        .count(s -> s.name("http.server.requests") // ❹
          .tag("uri", "/persons")
          .tag("outcome", "SUCCESS")
        )
        .isLessThan(10_000); // ❺
  }
}
```

❶ 서비스 수준 목표의 명칭. 헬스 지표로 노출될 때는 미터명처럼 정규화된 이름으로 변환된다. 스프링부트는 apiUtilization(카멜케이스 방식)으로 표시한다.

❷ 사용률 측정 단위를 붙여 출력 결과의 가독성을 높인다.

❸ 목표를 달성하지 못한 사유를 간략히 설명한다.

❹ 처리량(카운트)을 측정한다. 이 부분은 게이지, 총 타이머 시간, 분포 요약, 장기 작업 타이머, 백분위수 등으로 측정할 수 있다.

❺ 측정 임곗값. 서비스가 수신하는 초당 요청 수를 검사한다. 이 수치가 10,000을 넘으면 헬스 엔드포인트를 모니터링하는 모든 대상에 서비스 불능 상태를 알린다.

게이트웨이는 애플리케이션의 헬스 지표를 확인하고 상황에 맞게 응답한다. 헬스 지표는 항상 UP으로 보고하되 애플리케이션에 설정한 특정 임곗값을 초과했을 때 OVERLOADED 등으로 상태를 변경하도록 설정하면 좋다. 임곗값을 동적 설정 서버에서 가져오면 더욱 편리하다. 중앙 서버 설정만 바꾸면 모든 인스턴스의 임곗값을 한 번에 변경할 수 있다. 가장 좋은 방법은 사용률 초과 여부를 로드 밸런서가 판단하도록 일임하는 것이다. 한층 세분화된 기준을 적용할 수 있다.

7.4.3 헬스 체크

플랫폼 로드 밸런서가 '게이트웨이' 역할을 겸할 때가 있다. AWS 애플리케이션 로드 밸런서가 대표적이다. 이들은 가용성 정보 중에서 주요한 일부만 활용한다. 가령 플랫폼 로드 밸런서는 대부분 헬스 체크 경로와 포트를 설정할 수 있다. 그러나 경로를 /actuator/health로 설정하더라도 가져오는 정보는 HTTP 응답 상태뿐이다. 세부적인 사용률 정보를 선별하고 임곗값과 비교해 판단을 내리도록 설정할 수는 없다. 이때 임곗값 설정과 헬스 체크는 온전히 애플리케이션 코드의 몫이다. Health.up() 또는 Health.outOfService() 등을 반환해 상태를 알려야 한다. 애플리케이션에 이러한 임무를 맡기면 안 된다는 법은 없다. 그러나 이렇게 하려면 개발 당시에 이미 운영 환경의 성능 정보를 알아야 하며 배포 환경에 대한 유연성은 자연히 떨어지기 마련이다. 디지털오션DigitalOcean은 플랫폼 로드 밸런서 측에서 헬스 체크 기능을 지원한다. 쿠버네티스 로드 밸러서용 'health check' 설정(*https://oreil.ly/yYBzh*)이 [예제 7-4]에 나와있다. AWS 오토 스케일링 그룹이나 구글 클라우드 로드 밸런서도 헬스 체크 설정을 지원한다. 애저Azure 로드 밸런서는 유사하게 'helth probe'라는 설정을 제공한다.

예제 7-4 인스턴스 사용률을 확인하는 쿠버네티스 로드 밸런서 설정

```
metadata:
 name: instance-reported-utilization
  annotations:
    service.beta.kubernetes.io/do-loadbalancer-healthcheck-port:80
    service.beta.kubernetes.io/do-loadbalancer-healthcheck-protocol:http
    service.beta.kubernetes.io/do-loadbalancer-healthcheck-path:/actuator/health
    service.beta.kubernetes.io/do-loadbalancer-healthcheck-check-interval-seconds:3
    service.beta.kubernetes.io/do-loadbalancer-healthcheck-response-timeout-seconds:5
    service.beta.kubernetes.io/do-loadbalancer-healthcheck-unhealthy-threshold:3
    service.beta.kubernetes.io/do-loadbalancer-healthcheck-healthy-threshold:5
```

헬스 지표를 설정할 때는 애플리케이션의 가용성을 한 번에 보여주는 핵심 성능 지표를 찾아내야 한다. 또한 애플리케이션의 약점을 드러내야 한다. 과도한 트래픽이 발생하는 모든 지점이

곧 애플리케이션의 약점이며 종내 문제를 일으킨다. 앞선 예시들은 /persons 엔드포인트를 이러한 핵심 지표로 골라 사용률 가용성을 측정했다. 엔드포인트나 HTTP 응답 결과를 복수로 측정해도 상관없으며 HTTP 엔드포인트 처리량을 나타내는 여러 지표들을 조합해도 좋다. 앞서 배웠던 사용률 지표들도 이번 장에서 응용하기 좋다. 이벤트 기반 애플리케이션에서 메시지 대기열이나 카프카 토픽이 소비하는 메시지 비율이 적절한 예다. 애플리케이션이 여러 실행 경로를 통해 사용률이 제한된 자원과 상호작용할 때는 리소스 사용률도 성능 지표 용도로 활용할 수 있다. 데이터소스나 파일 시스템이 이러한 자원에 해당한다. [그림 7-6]은 모든 실행 경로가 데이터소스와 상호작용한다.

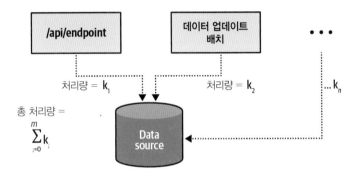

그림 7-6 여러 실행 경로에서 병목 현상이 발생할 때 데이터소스의 처리량 측정

헬스 지표를 구성하려면 우선 start.spring.io(*https://start.spring.io*)에서 스프링부트 애플리케이션을 생성할 때 io.micrometer:micrometer-core을 런타임 의존성으로 추가한다. 그다음 [예제 7-5]의 설정을 추가한다.

예제 7-5 application.yml 설정

```
management:
  endpoints.web.exposure.include: health
  endpoint.health.show-details: always
```

이제 http://APP_HOST/actuator/health의 응답 결과에 인스턴스가 스스로 측정한 사용률 정보가 포함된다. 사용률이 얼마나 포화 상태와 가까운지는 '양자택일' 알고리즘에 중요하지 않다. 둘 중 수치가 낮은 쪽에 가중치를 둔다. 단 게이트웨이/로드 밸런서가 '양자택일' 알고리즘에 제공된 인스턴스 중 일부를 걸러낼 때는 합리적인 임계점이 필요하다. **지나치게 높은** 사용률이 어느 정도인지 이해해야 임계점을 설정할 수 있으며, 그러기 위해서는 도메인별 지식을 일정 수준 이상 갖춰야 한다.

각 인스턴스의 사용률을 지속적으로 폴링하면 로드 밸런서 노드 수에 비례해 추가로 부하가 발생한다. 반면 서비스의 처리량이 낮으면 사용률 현황을 더욱 정확하게 파악할 수 있다는 장점이 있다. 특히 로드 밸런서의 폴링 속도가 요청 속도를 **초과**할 때 효과적이다.

수동 전략은 특정 인스턴스에 마지막으로 도달한 요청을 통해 최신 사용률 정보를 얻는 기법이다. 인스턴스의 처리량이 높을수록 사용률 측정 결과도 정확하다.

인스턴스 사용률이나 헬스 정보는 무작위 휴리스틱에 제공할 기초 데이터다. 이어지는 절에서 더 자세히 다룬다.

7.4.4 양자택일

'양자택일'은 무작위로 두 서버를 선택하고 일부 기준 요건이 최대치가 되면 그중 하나를 선정하는 기법이다.

기준을 여럿으로 나눠 정의하면 의도치 않게 특정 집단으로 선택이 편중될 위험을 낮출 수 있다. 흔히 벌어지는 다음과 같은 상황을 떠올려보자. 자신이 받은 요청을 모두 소화하지 못하는 인스턴스가 있다. 여기서 실패한 응답은 성공한 응답보다 응답 시간이 더 짧다. 결국 이 인스턴스는 사용률이 낮게 측정된다. 로드 밸런서가 사용률만을 기준으로 인스턴스를 선택한다면 비정상 인스턴스에 **더** 많은 요청을 배정하기 시작할 것이다.

다음 세 조건을 집계하고 극대화시켜 양자택일에 활용하면 좋다.

클라이언트 헬스
인스턴스 연결 에러 지표

서버 사용률
인스턴스가 제공한 가장 최근 사용률 지표

클라이언트 사용률

해당 로드 밸런서에서 인스턴스로 배정한 인플라이트 요청 수

기준 조건을 좀 더 견고하게 세우려면 두 서버를 선택하기에 앞서 필요 없는 서버들을 걸러내야 한다. 풀의 규모가 크고 저성능 인스턴스가 많으면 상대적으로 정상 인스턴스를 검색하는 CPU 비용이 상승한다. 불필요한 검색 시도 횟수가 많기 때문이다. 필터링 단계를 사전에 두면 클러스터 일부가 영구적으로 기능을 잃은 상태라 해도 정상 인스턴스 사이에서 양자택일 알고리즘이 제대로 작동할 수 있다.

이러한 알고리즘이 콜드 스타트까지 감안하려면 마지막에 조정 단계를 추가해야 한다.

7.4.5 인스턴스 보호관찰

인스턴스가 구동될 때 두 번째 워밍업 단계까지는 무리하게 사용률을 요청할 필요가 없다. 신규 인스턴스를 향한 요청 수를 정적으로 제한하면 신규 인스턴스 과부하를 간단히 방지할 수 있다. 로드 밸런서가 신규 인스턴스로부터 한 번 이상 사용률 응답을 수신하는 순간 이러한 보호관찰probation 기간을 해제하면 된다.

신규 인스턴스 요청을 정적으로 제한한다는 개념은 인스턴스의 수명에 맞춰 요청 속도를 점진적으로 제한하는 기법으로 확장된다. 마이크로미터에 내장된 `process.uptime` 메트릭을 통해 인스턴스의 생존 기간을 계산할 수 있다.

로드 밸런싱 전략을 세울 도구가 갖춰졌으니 이제 의도하지 않은 부작용을 고려해볼 차례다.

7.4.6 스마트 로드 밸런싱의 노크온 효과

양자택일 로드 밸런서의 임무는 가용성 부족에 시달리는 인스턴스에서 트래픽을 우회시키는 것이었다. 이로 인해 다음과 같은 효과가 발생한다.

- (롤링) 블루/그린 배포에서 두 클러스터 간 트래픽을 분배할 때 성능이 낮은 쪽은 정량 분배보다 낮은 트래픽을 수신한다.

- 같은 이유로, 카나리 분석 자동화 구성에서 베이스라인과 카나리는 서로 다른 비율로 트래픽을 수신한다.
- 인스턴스와 많은 상호작용을 하기 전의 초기 신호들은 신뢰도가 낮으며 이상 신호를 신속하게 감지하지 못할 가능성이 있다.
- 요청 분산은 라운드 로빈 방식 로드 밸런서만큼 균일한 결과를 보장하지 않는다.

[예제 7-3]은 단위 시간당 비율로 인스턴스 사용률을 측정했다. 가용성 신호는 시간이 지나면 소멸되기 때문이다. 사용률이 불안정했던 시기가 지나면 해당 사용률은 더 이상 데이터에 반영되지 않는다.

가용성이 낮았던 인스턴스는 회복 기간을 거쳐 정상화되기도 한다. 결국 로드 밸런서는 양자택일에서 이 인스턴스를 다시 선택하고 트래픽을 배치할 가능성이 있다.

일부 마이크로서비스 아키텍처는 게이트웨이를 감안하지 않고 설계된다. 당연히 마이크로서비스 간 요청이 항상 게이트웨이를 통해 오가는 것은 아니다.

7.5 클라이언트 측 부하 분산

세 번째 선택지는 클라이언트 측 로드 밸런서 구현으로, 호출 주체가 로드 밸런싱 결정권을 갖는다. 그간의 역사 속에서 새롭게 부상했던 로드 밸런싱 전략은 대부분 클라이언트 측 로드 밸런싱을 통해 검증 과정을 거쳤다. 클라우드 플랫폼의 존 회피/선호, 최저 가중 응답 시간 선호 등의 기술도 예외는 아니다. 이러한 전략들은 기능적 일반성을 확보한 뒤 플랫폼 로드 밸런서의 기능으로 재탄생하는 경향을 보인다.

[그림 7-7]은 A 서비스가 클라이언트 측 로드 밸런서로 B 서비스에 트래픽을 분산하는 상호작용 과정을 보여준다. 클라이언트측 로드 밸런서는 A 서비스의 애플리케이션 코드 일부로 구현된다. 인스턴스 목록은 일반적으로 유레카나 컨설 등의 디스커버리 서비스에서 얻고 로드 밸런서는 B 인스턴스를 선정해 트래픽을 전달한다. 따라서 B 서비스 앞 단에 플랫폼 로드 밸런서가 필요하지 않다.

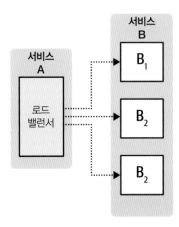

그림 7-7 클라이언트측 부하 분산

클라이언트측 로드 밸런싱은 다양한 목적으로 활용된다. 원래는 유레카나 컨설 등에 구현된 서비스 디스커버리 메커니즘에서 서버 IP나 호스트명을 동적으로 가져오기 위해 사용했다.

> **NOTE_ 왜 클라우드 로드 밸런서가 아니라 서비스 디스커버리인가**
>
> 넷플릭스가 유레카를 처음 개발했을 때는 아직 AWS VPC가 없었고 엘라스틱 로드 밸런서는 호스트명을 항상 인터넷에 노출했다. 내부 마이크로서비스를 공개 인터넷으로 노출하고 싶지 않았던 넷플릭스는 유레카를 통해 중앙 집중적 사설 로드 밸런서를 실현하고 AWS의 구형 ELB 구조를 대체했다. 이전에는 마이크로서비스 단위로만 구현할 수 있었던 기능이었다. 넷플릭스 시스템을 AWS로 마이그레이션할 당시에 VPC가 있었다면 유레카는 결코 탄생하지 못했을 것이다. 지금의 유레카가 보여준 사용성은 단순한 클러스터 인스턴스 로드 밸런싱을 월등히 넘어선다. 유레카는 이벤트 기반 마이크로서비스의 블루/그린 배포에도 쓰인다. [표 5-1]을 참고하면 유레카를 통해 비활성 클러스터 인스턴스를 서비스에서 제외시킬 수 있다. 모든 조직에 필요한 기능은 아니다. 일부는 사설 클라우드 로드 밸런서를 관리하는 것이 더 쉽다.

스프링 클라우드는 클라이언트 측 로드 밸런싱 추상화 기능을 제공한다. 이 기능에 동반된 일반적인 고려 사항들을 [예제 7-6]처럼 매우 직관적으로 코드에 반영할 수 있다. 여기서 생성된 `WebClient`를 이용해 서비스 목록을 일정 기간 동안 캐시에 담거나 인스턴스를 선정한다. 또한 `DiscoveryClient`를 구성해 가용 서비스 목록을 얻을 수 있다.

```
@Configuration
@LoadBalancerClient(
  name = "discovery-load-balancer",
  configuration = DiscoveryLoadBalancerConfiguration.class
)
class WebClientConfig {
  @LoadBalanced
  @Bean
  WebClient.Builder webClientBuilder() {
    return WebClient.builder();
  }
}

@Configuration
class DiscoveryLoadBalancerConfiguration {
  @Bean
  public ServiceInstanceListSupplier discoveryClientServiceInstances(
    ConfigurableApplicationContext context) {

    return ServiceInstanceListSupplier.builder()
      .withDiscoveryClient()
      .withZonePreference()
      .withHealthChecks()
      .withCaching()
      .build(context);
  }
}
```

로드 밸런싱의 역할은 서버 선정에 국한되지 않는다. 99분위를 넘는 장기 대기 요청을 차단하는 클라이언트측 로드 밸런싱 전략도 있다.

7.6 헤지 요청

N개의 요청 중 레이턴시 분포 상위 1%에 속하는 요청이 한 개 이상일 확률은 $(1-0.99^{N})*$ 100%을 통해 2장에서 확인했다. 또한 레이턴시는 거의 늘 다봉분포를 형성하며 상위 1%는 일반적으로 99분위보다 1~2배 이상 성능이 떨어진다는 것도 증명했다. 100개의 개별 리소스 상

호작용 중 상위 1% 레이턴시가 한 번 이상 발생할 확률은 $(1-0.99^{100})*100\% = 63.3\%$으로 표현할 수 있다.

다운스트림 서비스나 리소스를 호출할 때 상위 1% 레이턴시가 미치는 악영향을 완화하는 전략 중 효능이 검증된 한 가지가 있다. 여러 요청을 다운스트림으로 보낸 뒤 최초로 도착하는 응답만 수락하고 나머지는 버린다.

일종의 헤지[hedge] 요청을 추가로 보내는 기법이다. 이 기법은 당황스럽게도 요청 수를 오히려 늘린다. 요청을 늘리면 다운스트림의 부하가 선형적으로 증가하며 **부차적** 다운스트림 등으로 팬아웃되어 선형을 넘어서는 규모로 요청을 발생시킬 가능성도 있다. 그러나 통상적으로 기업 서비스의 처리량은 총 가용량에 미치지 못하는 경우가 많다. 또한 주력 서비스는 액티브/액티브 방식으로 확장해 탄력성을 확보하고 지역별 장애의 파급력을 제한한다. 모두 서비스의 복원 능력을 높이는 요인들이다. 헤지 요청은 이런 여분의 가용 자원을 쓸모 있게 활용하는 수단이다. 최악의 레이턴시가 발생하는 빈도를 크게 줄여 최종 사용자의 응답 시간을 개선한다.

헤지 요청을 활용하려면 다운스트림 서비스에 대한 도메인 지식이 필요하다. 신용 카드 청구 요청을 서드 파티 결제 시스템에 세 번씩 보낼 수는 없는 노릇이다. 따라서 헤지 요청은 일반적으로 애플리케이션 코드에서 생성한다.

> **CAUTION_ 헤지 요청은 서비스 메시 측 로드 밸런서로 구현할 수 없다**
>
> 호출 애플리케이션에서 로드 밸런싱 결정을 내릴 때 도메인별 지식이 반드시 필요하다. 따라서 클라이언트측 로드 밸런싱을 서비스 메시에서 수행하려면 헤지 요청 기법은 사용할 수 없다. 헤지 요청은 99분위 이상의 롱테일 레이턴시를 보상하는 가장 간단하고 효과적인 수단이다. 이러한 특수 용도에 있어 서비스 메시가 애플리케이션 코드를 대체할 수 없다는 제한은 오히려 다른 일반적인 용도에 서비스 메시가 실제로 더 적합하다는 사실을 방증한다.

다음 논의 주제는 다운스트림 마이크로서비스 실패 보상이다. 서비스 과부하를 근원적으로 방지하는 수단도 함께 논의한다.

7.7 호출 복원 패턴

모든 예측은 과거 성능을 기반으로 수립된다. 로드 밸런서가 최적 인스턴스를 얼마나 정확하게 예측하고 선정하든 이 사실은 변함이 없다. 과거의 성능은 결코 미래의 결과를 보장해주지 않는다. 따라서 실패에 대비한 다른 복원 절차를 마련해야 한다. 완벽한 로드 밸런서를 앞세운 클러스터도 처리량은 제한적이다. 가용 자원이 가장 많은 인스턴스를 골라 정확하게 트래픽을 할당해도 한계 처리량 이상에 대응할 수는 없다. 서비스 과부하는 완전한 중단을 야기하며 마이크로서비스 아키텍처의 모든 계층은 이러한 과부하로부터 보호받아야 한다.

이러한 보호 메커니즘들이 모여 다양한 '배압backpressure' 구조를 형성한다.

> 배압은 서빙 시스템에서 요청 시스템을 향한 장애 신호 체계며, 요청 시스템이 자신과 서빙 시스템의 과부하를 막기 위해 도입하는 방지책이다. 배압을 고려해 설계한다는 것은 곧 과부하 및 시스템 장애 기간 동안 가용 리소스를 제한한다는 의미다. 이는 견고한 분산 시스템을 구축하는 기본 설계 원리 중 하나다. 일반적으로 배압 기능은 리소스가 제한되거나 장애가 발생했을 때 메시지나 에러를 통해 사용자에게 통보하는 절차를 동반하며, 동시에 메트릭이 증가한다. 타 시스템을 향한 접속과 요청에 발생하는 시간 초과나 지수 백오프도 핵심 요소다. 배압 메커니즘이 없다면 요청이 연쇄적으로 실패하거나 의도치 않게 메시지가 유실될 가능성이 높아진다. 시스템은 다른 시스템의 장애를 처리하지 못했을 때 자신이 의존하는 시스템으로 장애를 전파하는 경향이 있다.
>
> – 제프 호지스

호출 주체는 다음 4가지 패턴을 결합해 복원력을 높일 수 있다.

- 재시도
- 비율 제한
- 벌크헤드
- 서킷 브레이커

재시도는 간헐적으로 발생하는 장애에 대응하는 명쾌한 수단이지만 '재시도 폭풍storms'에 주의해야 한다. 최초 요청이 실패했을 때부터 재시도 압력이 누적돼 시스템에 과부하를 일으키면 안 된다. 그 외 패턴들은 문제가 없다. 우선 재시도부터 알아보자.

7.7.1 재시도

다운스트림 서비스는 순간적인 장애를 자주 겪는다. 스레드 풀 포화, 네트워크 접속 지연으로 인한 시간 초과 등 가용성을 저해하는 임시적 요인들이 많다. 이러한 요인들은 통상적으로 단시간 내에 스스로 소멸한다. 호출자는 다운스트림 호출을 래핑해 재시도를 구현하고 일시적 오류에 대처해야 한다. 재시도를 구현할 때는 다음 세 가지 요소를 고려하자.

- 재시도의 당위성. 서비스에 대한 도메인별 지식이 있어야 판단할 수 있다. 결제용 다운스트림 서비스가 시간 초과되었을 때 재시도를 허용해야 하는가? 최초의 요청 때문에 이중 결제가 발생하지는 않는가?

- 최대 재시도 횟수 및 시간 간격. [예제 7-7]은 여기에 지수 백오프exponential backoff까지 추가한다.

- 항상 고정된 응답이나 예외를 반환해야 할 재시도 유형. 입력 형식이 틀려 다운스트림이 400을 반환했다면 동일한 입력으로 재시도했을 때도 똑같은 결과가 돌아와야 한다.

예제 7-7 Resilience4J로 구현한 지수 백오프 재시도

```
RetryConfig config = RetryConfig.custom()
  .intervalFunction(IntervalFunction.ofExponentialBackoff(
    Duration.ofSeconds(10), 3))
  .maxAttempts(3)
  .retryExceptions(RetryableApiException.class)
  .build();

RetryRegistry retryRegistry = RetryRegistry.of(config);

Retry retry = retryRegistry.retry("persons.api");

retry.executeCallable(() -> {
  Response response = ...
  switch(response.code()) {
    case 401:
      // 인증 절차
    case 502:
    case 503:
    case 504:
      throw new RetryableApiException();
  }

  return response;
});
```

Resilience4J는 재시도 메트릭을 내장한다. [예제 7–8]은 마이크로미터 레지스트리에 재시도 레지스트리를 바인딩하는 구문이다.

예제 7-8 마이크로미터를 통한 재시도 메트릭 게시

```
TaggedRetryMetrics
    .ofRetryRegistry(retryRegistry)
    .bindTo(meterRegistry);
```

이 코드는 단일 게이지 메트릭인 `resilience4j.retry.calls`를 추가한다. 함께 포함된 `kind` 태그는 성공한 호출과 실패한 호출을 재시도 여부로 분류해서 나타낸다. 이 메트릭에 경고를 설정하면 `kind`가 `fail.with.retry`에 설정된 고정 임곗값을 넘어섰는지 알 수 있다. 호출이 발생하는 코드는 대부분 자체적으로 실행 시간을 측정한다. 가령 특정 작업을 수행하는 레스트 엔드포인트가 있고 다운스트림 서비스에 재시도 기능을 제공한다면 `http.server.requests` 메트릭을 통해 자체적인 실행 시간을 측정할 수 있다. 이 엔드포인트는 경고를 설정해 미리 장애를 인지해야 한다.

특정 서비스에 접근을 제한하는 공통 컴포넌트가 있다면 재시도 로직이 포함된 리소스를 보호하기 쉽다. 리소스 장애율이 높아질 때 경고를 받으면 애플리케이션에 다발적으로 장애가 발생할 가능성을 사전에 감지할 수 있다.

7.7.2 비율 제한

마이크로서비스의 부하는 시간의 흐름에 따라 자연스럽게 변화한다. 사용자 활동 양식, 예약 배치 프로세스 등에 영향을 받기 때문이다. 그러나 가끔 비정형 이벤트가 발동되어 폭발적 반응을 야기하는 경우가 있다. 하나의 마이크로서비스가 제공하는 비즈니스 기능이라도 갑자기 부하가 증가하면 리소스 부담이 가중되며 SLO 이하로 가용성이 낮아질 위험에 처한다. 비율 제한(혹은 조절^{throttling}) 기법을 도입하면 비록 제한된 처리량이나마 요청에 대응하도록 서비스를 지속시킬 수 있다.

Resilience4J를 이용하면 여러 조건에 맞춰 비율 제한 패턴을 구현할 수 있다. [예제 7–9]는 청구 내역과 결제 서비스용 다운스트림을 호출할 때 비율 제한을 적용하는 코드다. [그림 7–8]은 예제 서비스에서 벌어지는 상호작용을 나타낸다.

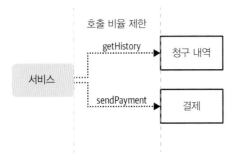

그림 7-8 호출 복원 서비스 상호작용 예시

예제 7-9 Resilience4J로 구현한 비율 제한기

```java
RateLimiterConfig config = RateLimiterConfig.custom()
  .limitRefreshPeriod(Duration.ofMillis(1))
  .limitForPeriod(10) // ❶
  .timeoutDuration(Duration.ofMillis(25)) // ❷
  .build();

RateLimiterRegistry rateLimiterRegistry = RateLimiterRegistry.of(config);

RateLimiter billingHistoryRateLimiter = rateLimiterRegistry
  .rateLimiter("billingHistory");
RateLimiter paymentRateLimiter = rateLimiterRegistry
  .rateLimiter("payment", config); // ❸

// 컴포넌트 또는 구현 일부에서
// 다운스트림 서비스로 HTTP 요청을 실행한다.
BillingHistory billingHistory = ...
Payments payments = ...

// 스프링 웹플럭스 라우터 사양
RouterFunction<ServerResponse> route = route()
      .GET("/billing/{id}", accept(APPLICATION_JSON),
    RateLimiter.decorateFunction(
      billingHistoryRateLimiter,
      BillingHistory::getHistory
    )
  )
      .POST("/payment",
    RateLimiter.decorateFunction(
      paymentRateLimiter,
      Payments::sendPayment
```

```
      )
    )
      .build();
```

❶ 비율 제한기가 허용하는 동시 작업 한계치

❷ 비율 제한기가 포화됐을 때 스레드가 차단되기까지의 대기 시간

❸ 서비스 특성에 따라 비율 제한기의 설정을 다르게 입력할 수 있다. 가령 일부 서비스는 다른 것보다 동시
처리 능력이 높아야 한다.

Resilience4J는 비율 제한 메트릭을 내장한다. [예제 7-10]은 마이크로미터 레지스트리에 비
율 제한 레지스트리를 바인딩하는 구문이다.

예제 7-10 마이크로미터를 통한 비율 제한 메트릭 게시

```
TaggedRateLimiterMetrics
  .ofRateLimiterRegistry(rateLimiterRegistry)
  .bindTo(meterRegistry);
```

이렇게 하면 [표 7-1]의 메트릭이 게시된다.

두 메트릭은 서로 다른 방면에서 두각을 보인다. 가용 권한(available.permissions)은 흥미
로운 **예측** 지표다. 권한이 0에 도달하거나 가까워지고 있지만 대기 스레드가 적다면 최종 사용
자 경험은 아직 문제가 없다는 의미다. 반면 대기 스레드(waiting.threads)는 좀 더 반응적인
조치를 요하는 지표다. 응답 시간이 중요하고 대기 스레드가 자주 발생하지 않는 서비스라면
이 지표에 민감하게 반응해야 한다. 대기 스레드가 늘어나면 최종 사용자 경험에 문제가 있다
는 뜻이며 다운스트림 서비스 규모를 확장할지 검토해야 한다.

표 7-1 Resilience4J가 제공하는 비율 제한 메트릭

메트릭명	타입	설명
resilience4j.ratelimiter.available.permissions	게이지	가용 권한 수 또는 동시 처리 여력
resilience4j.ratelimiter.waiting.threads	게이지	대기 스레드 수

아틀라스에서 대기 스레드에 경고를 설정하려면 [예제 7-11]처럼 고정 임곗값과 비교한다.

예제 7-11 아틀라스의 비율 제한 경고 임곗값

```
name,resilience4j.ratelimiter.waiting.threads,:eq,
$THRESHOLD,
:gt
```

[예제 7-12]에 보이듯 프로메테우스도 개념은 비슷하다.

예제 7-12 프로메테우스의 비율 제한 경고 임곗값

```
resilience4j_ratelimiter_waiting_threads > $THRESHOLD
```

7.7.3 벌크헤드

마이크로서비스는 일반적으로 여러 다운스트림 서비스에 요청을 보낸다. 한 서비스의 가용성만 저하되어도 여기 의존하는 다른 서비스까지 응답 불가 상태에 놓일 위험이 있다. 의존 서비스가 블로킹 방식으로 요청을 처리하며 스레드 풀까지 사용한다면 더더욱 어려운 상황에 놓인다. 마이크로서비스 **A**가 마이크로서비스 **B**를 포함한 여러 다운스트림 서비스에 요청을 보낼 때, **B**를 향한 요청을 유발하는 트래픽은 전체 중 작은 일부에 불과하다. 그러나 **A**가 **B**뿐만 아니라 다른 모든 다운스트림 서비스에 대한 요청을 하나의 공용 스레드 풀에서 처리한다면 그 일부의 트래픽이 **A** 서비스 전체를 마비시킬 수 있다. **B** 서비스에 장애가 발생하고 요청이 차단되기 시작하면 **A**의 스레드 풀이 점점 포화되기 때문이다.

벌크헤드 패턴은 다운스트림 서비스를 서로 격리하고 각 서비스의 동시 처리 능력을 제한한다. 이 개념을 구현하면 앞선 예시 상황에 효과적으로 대처할 수 있다. **B** 서비스에 장애가 생겼을 때, **B** 서비스 호출을 동반한 요청은 배제하고 그 외 요청은 **A** 서비스가 계속 응답할 수 있다.

Resilience4J를 이용하면 [예제 7-13]처럼 여러 조건을 설정해 벌크헤드 패턴을 구현할 수 있다.

```
BulkheadConfig config = BulkheadConfig.custom()
    .maxConcurrentCalls(150) // ❶
    .maxWaitDuration(Duration.ofMillis(500)) // ❷
    .build();

BulkheadRegistry registry = BulkheadRegistry.of(config);

Bulkhead billingHistoryBulkhead = registry.bulkhead("billingHistory");
Bulkhead paymentBulkhead = registry.bulkhead("payment", custom); // ❸

// 컴포넌트 또는 구현 일부에서
// 다운스트림 서비스로 HTTP 요청을 실행한다.
BillingHistory billingHistory = ...
Payments payments = ...

// 스프링 웹플럭스 라우터 사양
RouterFunction<ServerResponse> route = route()
    .GET("/billing/{id}", accept(APPLICATION_JSON),
  Bulkhead.decorateFunction(
    billingHistoryBulkhead,
    BillingHistory::getHistory
  )
)
    .POST("/payment",
  Bulkhead.decorateFunction(
    paymentBulkhead,
    Payments::sendPayment
  )
)
    .build();
```

❶ 벌크헤드로 제한할 동시 처리 호출 수

❷ 벌크헤드가 포화됐을 때 스레드가 차단되기까지의 대기 시간

❸ 서비스 특성에 따라 벌크헤드의 설정을 다르게 입력할 수 있다. 가령 일부 서비스는 다른 것보다 동시 처리 능력이 높아야 한다.

Resilience4J는 벌크헤드 메트릭을 내장한다. [예제 7–14]는 마이크로미터 레지스트리에 벌크헤드 레지스트리를 바인딩하는 구문이다.

```
TaggedBulkheadMetrics
  .ofBulkheadRegistry(bulkheadRegistry)
  .bindTo(meterRegistry);
```

[표 7-2]는 Resilience4J가 제공하는 벌크헤드 메트릭 항목들이다. 동시 호출 빈도(concurrent. calls)가 0에 이르거나 가까워지면 경고가 발생하도록 설정하면 좋다.

표 7-2 Resilience4J가 제공하는 벌크헤드 메트릭

메트릭명	타입	설명
resilience4j.bulkhead.available.concurrent.calls	게이지	가용 권한 수 또는 동시 처리 여력
resilience4j.bulkhead.max.allowed.concurrent.calls	게이지	최대 가용 권한

아틀라스에서 대기 스레드에 경고를 설정하면 [예제 7-15]처럼 고정 임곗값과 비교한다. 경고가 남발되지 않도록 :roll-count를 활용하기 좋은 예다.

예제 7-15 아틀라스의 벌크헤드 경고 구간

```
name,resilience4j.bulkhead.available.concurrent.calls,:eq,
$THRESHOLD,
:lt
```

[예제 7-16]에 보이듯이, 프로메테우스도 개념은 비슷하다.

예제 7-16 프로메테우스의 벌크헤드 경고 구간

```
resilience4j_bulkhead_available_concurrent_calls < $THRESHOLD
```

7.7.4 서킷 브레이커

서킷 브레이커는 벌크헤드 기법을 살짝 비틀어 확장한 패턴이다. [그림 7-9]처럼 폐쇄closed, 개

방open, 반개방half-open 상태로 실행 구간이 보호되는 유한 상태 기계finite state machine 형태로 작동한다. 폐쇄와 반개방 상태는 실행 경로가 유지되며 열린 상태는 애플리케이션에서 정의한 폴백 경로로 전환된다.

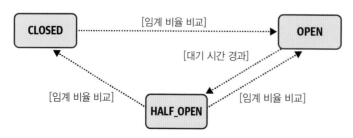

그림 7-9 서킷 브레이커의 상태 구성도

넷플릭스의 추천 영화 목록은 서킷 브레이커가 적용된 대표 기능이다. 추천 목록은 가입자의 과거 시청 기록 등을 기반으로 개개인에 독립적인 선호도를 계산해 선정한다. 개인화 서비스 호출을 보호하는 서킷 브레이커가 열린 상태로 전환되면 일반 콘텐츠 목록을 대체재로 가져와 응답한다.

일부 비즈니스 기능은 장애가 발생했을 때 사용자에게 제시할 대안이 마땅히 없다. 가령 사용자의 지불을 수락하는 기능은 장애에 대비한 합리적인 대체재가 없다고 봐야 한다. 추후 처리할 수 있도록 어딘가에 저장해두어야 한다.

성공하거나 실패한 실행 결과는 원형 버퍼에 보관된다. 원형 버퍼가 가득차면 사전에 설정된 임곗값과 실패율을 비교하고, 초과한 경우에는 서킷 브레이커 상태를 폐쇄에서 개방으로 변경한다. 서킷이 열리면 일정 시간 동안 실행을 멈췄다가 반개방 상태로 변경해 소량의 트래픽을 통과시킨다. 이 트래픽은 다시 실패율을 계산해 임계치와 비교하고 허용 수준일 경우 회로를 폐쇄 상태로 되돌린다.

넷플릭스 히스트릭스Hystrix (*https://oreil.ly/By0-M*)는 오픈 소스 서킷 브레이커의 효시격 라이브러리다. 여전히 유명하지만 이제는 연한이 다 해 유지만 되고 있다. Resilience4J는 히스트릭스에서 영감을 받아 제작된 라이브러리로 더욱 진보한 서킷 브레이커 패턴을 구현한다. 특히 라이브러리 보안을 개선했으며 다양한 스레딩 모델을 지원한다. [예제 7-17]은 Resilience4J로 구현한 서킷 브레이커 예시다.

```
CircuitBreakerConfig circuitBreakerConfig = CircuitBreakerConfig.custom()
  .failureRateThreshold(50)
  .waitDurationInOpenState(Duration.ofMillis(1000))
  .ringBufferSizeInHalfOpenState(2)
  .ringBufferSizeInClosedState(2)
  .build();

CircuitBreakerRegistry circuitBreakerRegistry = CircuitBreakerRegistry
  .of(circuitBreakerConfig);

CircuitBreaker billingHistoryCircuitBreaker = circuitBreakerRegistry
  .circuitBreaker("billingHistoryCircuitBreaker");
CircuitBreaker paymentCircuitBreaker = circuitBreakerRegistry
  .circuitBreaker("payment", circuitBreakerConfig); // ❶

// 컴포넌트 또는 구현 일부에서
// 다운스트림 서비스로 HTTP 요청을 실행한다.
BillingHistory billingHistory = ...
Payments payments = ...

// 스프링 웹플럭스 라우터 사양
RouterFunction<ServerResponse> route = route()
      .GET("/billing/{id}", accept(APPLICATION_JSON),
    CircuitBreaker.decorateFunction(
      billingHistoryCircuitBreaker,
      BillingHistory::getHistory
    )
  )
      .POST("/payment",
    CircuitBreaker.decorateFunction(
      paymentCircuitBreaker,
      Payments::sendPayment
    )
  )
      .build();
```

❶ 서비스의 특성에 따라 서킷 브레이커 설정을 다르게 입력할 수 있다.

Resilience4J는 개방 회로를 모니터링하는 서킷 브레이커 메트릭을 내장한다. [예제 7–18]처럼 서킷 브레이커 레지스트리를 마이크로미터 레지스트리에 바인딩할 수 있다.

```
TaggedCircuitBreakerMetrics
  .ofCircuitBreakerRegistry(circuitBreakerRegistry)
  .bindTo(meterRegistry);
```

[표 7-3]은 Resilience4J가 **각** 서킷 브레이커마다 제공하는 메트릭 항목들이다.

표 7-3 Resilience4J가 제공하는 서킷 브레이커 메트릭

메트릭명	타입	설명
resilience4j.circuitbreaker.calls	타이머	성공 또는 실패한 전체 요청 수
resilience4j.circuitbreaker.state	게이지	state 태그의 상태 (open, closed 등)에 따라 0 또는 1이 지정됨
resilience4j.circuitbreaker.failure.rate	게이지	서킷 브레이커의 실패율

개방 상태로 전환된 **모든** 서킷 브레이크는 게이지 메트릭에서 **최대치**를 집계해 경고 지점을 설정할 수 있다. 이 시점에 사용자는 이미 폴백 응답을 받거나 장애를 직접 경험하고 있을 것이다.

아틀라스는 [예제 7-19]처럼 개방 상태를 확인하고 경고 조건을 설정한다.

예제 7-19 아틀라스의 서킷 브레이커 경고 임곗값

```
name,resilience4j.circuitbreaker.state,:eq,
state,open,:eq,
:and,
:max,    ❶
1,
:eq
1
```

❶ 개방 상태인 서킷 브레이커는 이 부분과 일치할 때 경고가 발생한다.

프로메테우스도 개념은 비슷하다. [예제 7-20]에서 sum(..) > 0 또는 max(..) == 1을 쓰면 아틀라스 쿼리와 동일한 효과를 낸다

```
sum(resilience4j_circuitbreaker_state{state="open"}) > 0
```

서비스에 따라 경고가 남발될 가능성도 있다. 서킷이 순간적으로 열렸다가 닫히는 경우를 무시할 수 있는 상황이라면 `resilience4j.circuitbreaker.calls`에 에러율 지표를 설정해도 좋다. 경고가 발생하기 전까지 일정 횟수만큼 폴백 응답이 제공된다.

다음 절에서 코드와 환경 조건의 변화에 따라 경고 임곗값 자체가 조절되도록 유연성을 향상시키는 방법을 논의한다.

7.7.5 적응형 동시성 제한

이제껏 제시한 비율 제한, 벌크헤드, 서킷 브레이커 등의 호출 복원 패턴은 사전 예방 또는 사후 조치를 통해 부하를 효과적으로 방어하는 데 초점을 맞춘다. 각각은 자신만의 고유한 수단을 이용해 동시성을 제한한다.

이들은 마이크로서비스가 실제로 프로덕션에서 실행되기 전에 임곗값을 설정한다. 비율 제한기가 단위 기간 동안 실행할 요청 수를 제한하고, 벌크헤드가 동시 처리 능력을 제한하고, 서킷 브레이커가 장애(과부하 포함) 발생 인스턴스에서 부하의 원인을 제거할 때, 모두 각자의 임곗값 기준으로 조치를 취한다. 그러나 아무리 면밀한 성능 테스트를 거쳐 결정된 임곗값도 시간이 지남에 따라 현실과 괴리가 생기기 마련이다. 코드, 다운스트림 클러스터 규모, 가용성 등 현실적 변화를 유발하는 요인은 다양하다.

고정된 임곗값 검증이나 수동적 선정 절차를 적응형 판단 과정으로 대체하는 것이야 말로 이 책 전체를 관통하는 주제다. 예측 알고리즘으로 임곗값을 설정했던 2장과 카나리 분석 자동화를 구성했던 5장에서 이를 목도한바 있다. 동시성 제한이라는 영역 또한 앞서와 비슷하게 적응형 요소를 도입할만한 지점이 있다.

7.7.6 호출 복원 패턴 선정

코드 구현 결과만 보면 벌크헤드, 비율 제한기, 서킷 브레이커 패턴은 서로 놀라우리만치 비슷하다. 사실 세 패턴이 관장하는 영역은 [그림 7-10]에 보이듯 서로 겹치는 부분이 있다.

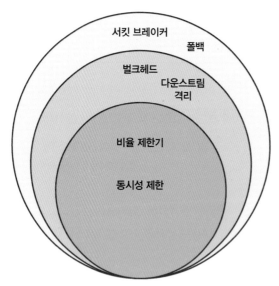

그림 7-10 세 가지 호출 복원 패턴의 역할 중첩

세 패턴 모두 동시 처리 비율을 제한하지만 각기 다른 메커니즘을 사용한다. [표 7-2]는 이러한 메커니즘을 요약해 나열한다.

표 7-4 다양한 호출 복원 패턴의 비율 제한 메커니즘

패턴	제한 메커니즘	비고
비율 제한	간격당 비율 제한	순간적인 동시성에 제한을 두지 않는다. 가령 트래픽 스파크는 제한 대상이 아니다. 단, 간격당 동시성이 한계치를 초과하면 제한한다.
벌크헤드	즉각적인 동시 처리 수준 제한	신규 요청이 발생하는 순간 동시성을 제한한다. 다운스트림 응답 시간에 영향을 미치며 요청 수를 직접적으로 제한하지 않는다.
서킷 브레이커	에러 대응형(일부는 다운스트림의 태생적 동시 처리 한계로 인해 발생)	RPC 요청 시간이 초과되거나 다운스트림 서비스(또는 로드 밸런서)가 HTTP 502(unavailable) 등의 오류로 응답한다. 다운스트림이 포화되기 시작할 때를 제외하면 순간적 또는 간격당 처리 비율을 제한하지 않는다.

이렇듯 비율 제한, 벌크 헤드, 서킷 브레이커의 메커니즘이 서로 다르기 때문에 단일 코드 블록에 한 개 이상의 패턴을 적용해 보호하는 경우는 거의 없다.

지금까지 Resilience4J을 이용해 호출 복원 패턴을 구현하는 방법을 논의했다. 이번 절에서 호출 복원력은 애플리케이션을 개발하는 쪽의 관심사였다. 다음 절에서 서비스 메시를 통해 복원력을 외재화시키는 방법을 배우고 애플리케이션 구현 방식과 비교해 어떤 차이가 있는지 살펴본다.

7.7.7 서비스 메시를 통한 구현

트래픽 관리 임무에서 애플리케이션을 배제시키는 결정은 각 조직이 [표 7–5]에 나열된 여러 항목에 가중치를 부여해 최종적으로 판단해야 한다. [표 7–5]의 '애플리케이션 책임'이라 함은 해당 항목이 애플리케이션 코드로 구현되거나 공유 라이브러리의 바이너리 의존성으로 자동 설정된다는 뜻이다. 각 항목에 배정된 가중치는 예시일 뿐이며 조직마다 다르다. 가령 다양한 프로그래밍 언어를 사용하는 조직은 언어 지원 쪽에 훨씬 더 높은 가중치를 할당해도 된다. 독자 여러분의 판단에 맡긴다.

표 7-5 트래픽 관리 측면에서 산정한 서비스 메시 대 애플리케이션 비교 배점표(고득점=고비용)

	서비스 메시	애플리케이션 책임
언어 지원 = 5	낮음: 신^{thin} 클라이언트만으로 메시에 접속할 수 있음 (1 x 5 = 5)	높음: 각 언어에 맞게 독립적으로 구현해야 함 (5 x 5 = 25)
런타임 지원 = 5	높음: 이스티오와 쿠버네티스 CRD처럼 특정 런타임에 귀속됨 (5 x 5 = 25)	낮음: 특정 런타임에 국한된 기능을 이용하지 않는 한 영향이 없음 (1 x 5 = 5)
배포 복잡도 = 4	보통: 배포 절차를 변경해야 함 (3 x 4 = 12)	매우 낮음: 배포에 전혀 영향을 미치지 않음 (0 x 4 = 0)
반(反)유연성 = 3	보통: 알려진 패턴은 메시에서 적용 가능. 그 외는 즉시 대응 불가(3 x 3 = 9)	보통: 새로운 패턴을 도입하려면 스택 전반에 걸쳐 의존성을 업데이트해야 함 (4 x 3 = 12)
운영 비용 = 2	높음: 리소스 소모량이 높음 (5 x 2 = 10) 메시 업그레이드 관련된 운영 경험은 애플리케이션 풋프린트와 무관함	낮음: 애플리케이션마다 프로세스나 컨테이너를 추가할 필요가 없음 (1 x 2 = 2)
총 비용	5 + 25 + 12 + 9 + 10 = 61	25 + 5 + 0 + 12 + 2 = 44 (현 조건 하에서 최선의 선택지)

앞서 설명한 양자택일 로드 밸런서는 서비스 메시 내부에서 완전히 캡슐화시킬 수 없다. 애플리케이션 코드와 함께 조율해야 제대로 구현할 수 있는, 다소 정교한 로드 밸런서기 때문이다.

애플리케이션 코드와 조율할 영역이 없는 트래픽 관리 기법은 단점이 있다. 이스티오의 리퀘스트 타임아웃(https://oreil.ly/ZvOIn)을 살펴보자. 설정된 초과 시간 이후 사이드카 프록시는 호출자와 접속을 끊지만 애플리케이션 인스턴스는 해당 요청을 계속 처리하고 있다. 블로킹 스레드 풀 모델을 사용하는 기존 톰캣 애플리케이션은 시간 초과 이후에도 스레드가 소모된다.

현재 이스티오는 벌크헤드 형태에 가까운 '서킷 브레이커'만 지원한다. 최대 접속 또는 요청을 제어하는 방식으로 서비스의 동시성을 즉각적으로 제한하기 때문이다. [예제 7-21]의 YAML 설정을 이스티오에 적용하면 벌크헤드가 작동하는 지점을 애플리케이션 쪽에서 쿠버네티스 커스텀 리소스 정의로 옮길 수 있다.

예제 7-21 이스티오 서킷 브레이커

```
apiVersion: networking.istio.io/v1alpha3
kind: DestinationRule
metadata:
  name: billingHistory
spec:
  host: billingHistory
  subsets:
  - name: v1
    labels:
      version: v1
    trafficPolicy:
      connectionPool:
        tcp:
          maxConnections: 150
```

이러한 구현 방식은 서비스 메시의 반유연성을 드러낸다. 이스티오의 트래픽 관리 정책은 YAML로 구사할 수 있는 수준 이상으로 정교하게 수립할 수 없다. 애플리케이션 코드를 벗어나는 순간 이러한 제한된 표현력이 **필수** 조건이 된다는 점을 유념해야 한다.

최근 마크업 언어들은 일반적으로 더 복잡한 규칙을 수용하는 방향으로 진화하는 추세다. 이스티오 CRD YAML이 이러한 추세를 따른다면 조만간 불리언[boolean] 로직도 추가할 수 있다. 다중 조건(https://oreil.ly/vA0ng) 설정부에서 그 가능성을 보여준다. 루프 구조 또한 필수적인 로직이다.

다시 한번 강조하지만 소프트웨어 엔지니어링이 추구하는 가치는 주기적으로 순환하는 경향이 있다. 정적 설정이나 마크업을 이용해 애플리케이션 개발 과정을 단순화시키려는 열망은 흥미로운 결과를 낳았다. 1.5.3절에서 언급했던 XSLT의 사례를 떠올려보자. 선언적 언어로 출발한 XSLT는 점진적으로 튜링 완전 언어의 지위를 얻었다. 매우 의미심장한 전환점이다. 이 순간부터 설정 자체가 소프트웨어의 형상을 갖추기 시작하며, 모든 설정 요소를 정적 분석만으로 검증할 수 없게 되기 때문이다. 코드와 설정을 분리하려는 원래의 목표도 방향을 잃고 멀어진다.

7.7.8 RSocket 구현

리액티브 스트림Reactive Stream은 논블로킹 배압이 포함된 비동기 스트림 표준을 제시한다. RSocket (*https://rsocket.io*)은 리액티브 스트림의 의미 체계를 구현한 영속적 양방향 원격 프로시저 호출 프로토콜이다. 2014년 제정된 리액티브 선언문Reactive Manifesto (*https://oreil.ly/YLrAY*)은 배압에 대해 다음과 같이 설명한다.

> 감당하기 어려운 부하가 한 컴포넌트에 발생하면 시스템 전체가 합리적인 방식으로 대응해야 한다. 과부하 상태의 컴포넌트에서 치명적인 장애가 발생하거나 아무런 제어를 받지 않고 메시지가 유실되어서는 안 된다. 장애에 대처할 수 없고 장애를 용납할 수도 없다면 컴포넌트는 상단의 컴포넌트들에 자신의 과부하 상태를 알려 부하를 줄이도록 해야 한다. 배압은 시스템이 부하를 버티고 정상적으로 응답하도록 유지시키는 핵심 피드백 메커니즘이다. 배압은 사용자에게 전달되기까지 여러 연쇄 단계를 거쳐 응답성이 저하될 수 있지만, 부하에 대항해 시스템의 복원력을 보장하고 시스템 자신이 부하를 분산시킬 다른 자원을 활용할 수 있을지에 대한 정보를 제공한다.
>
> – 리액티브 선언문

네트워크 계층 전반에 배압 개념을 구현하면 애플리케이션 코드나 사이드카 프로세스에서 비율 제한, 벌크헤드, 서킷 브레이커의 필요성을 매우 효과적으로 배제할 수 있다. 애플리케이션 인스턴스는 가용성 저하를 자체적으로 관찰하고 호출자에게 배압을 가한다. 결과적으로 호출자는 장애 애플리케이션 인스턴스를 호출하지 않게 된다.

배압을 확장해 애플리케이션 스택의 상하단을 아우르면 인프라를 한층 더 진화시킬 수 있다. 이미 R2DBC(*https://r2dbc.io*)가 데이터베이스 상호작용 영역까지 배압을 확장했다.

Netifi(*https://www.netifi.com*)는 이 개념을 근간으로 전체 제어 플레인을 구축했다. 서비스 메시의 단점을 대거 보완한 대체재라고 불릴만 하다.

7.8 마치며

모든 프로덕션 마이크로서비스 아키텍처는 장애 및 성능 저하를 예측하고 대비해야 한다. 이번 장은 로드 밸런싱에서 시작해 호출 복원 패턴에 이르기까지 여러 전략을 설명하고 각 상황에 대응할 태세를 갖췄다.

이러한 패턴들은 거의 전적으로 애플리케이션 코드를 통해 구현한다. 또한 메트릭 측정 및 분산 추적 등 애플리케이션 코드에 영향을 미치는 다른 횡단^{crosscutting} 관심사와 마찬가지로, 플랫폼 엔지니어링팀이 개입해 조직 전반에 걸쳐 모범적인 코어 라이브러리를 기본적으로 제공할 여지가 있는 분야다. 조직이 보유한 전체 마이크로서비스에 공통적으로 설정할 수 있다면 더욱 좋을 것이다.

이 책은 이전보다 더 안정적인 시스템을 향한 여정을 담은 기록이다. 여러분은 이 책이 도달한 지점보다 최대한 더 멀리 나아가기 바란다. 여정 곳곳에 배치된 거점에 도달할 때마다 여러분의 비즈니스가 더 나아지고 있음을 깨닫기 바란다. 출발할 때는 단순히 시스템의 현상태를 측정했을 뿐이지만 도착하고 나면 최종 사용자의 일상적 경험에 대한 고도의 인식 체계가 구축될 것이다. 디버그 가능성 신호를 지속적으로 추가해 장애를 인식하고 장애가 발생하는 이유를 스스로 되물어야 한다. 전달 파이프라인을 개선해 소프트웨어를 지속적으로 빌드하는 동안 시스템에 장애가 끼어들 가능성을 제한해야 한다. 배포 자산 상태를 관찰하는 기능을 구축해 변경 사항을 조직 전체에 반영하는 합리적인 방안을 추론할 수 있어야 한다. 장애 예측에 상응하는 이러한 보상 기제들은 이전보다 더욱 신뢰할 수 있는 시스템을 구축하는 여정의 종착지가 될 것이다.

무엇보다도 모든 거점마다, 관문이 아닌 가드레일을 세워야 한다는 것을 잊지 않길 바란다.

INDEX

INDEX

INDEX

INDEX

INDEX